规制与自治

大学管理体制变革研究

孙明英 著

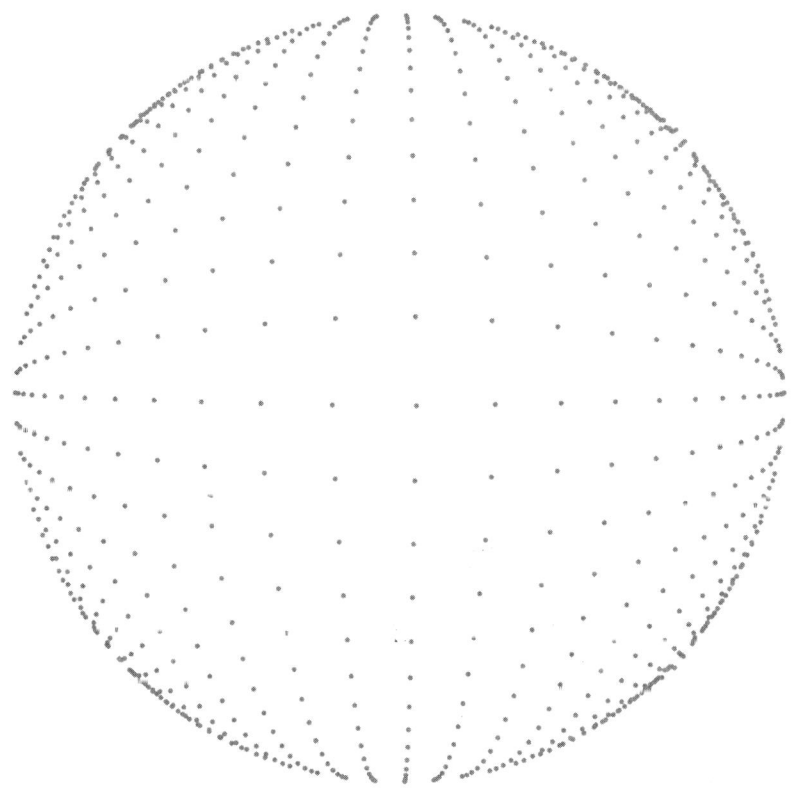

Regulation and Autonomy
A Study on the Reform of University Management System

中国社会科学出版社

图书在版编目（CIP）数据

规制与自治：大学管理体制变革研究/孙明英著.—北京：中国社会科学出版社，2019.8
ISBN 978-7-5203-5025-9

Ⅰ.①规… Ⅱ.①孙… Ⅲ.①高等学校—管理体制—体制改革—研究—中国 Ⅳ.①G647

中国版本图书馆 CIP 数据核字（2019）第 200633 号

出 版 人	赵剑英
责任编辑	孙铁楠
责任校对	邓晓春
责任印制	张雪娇

出　　版	中国社会科学出版社
社　　址	北京鼓楼西大街甲 158 号
邮　　编	100720
网　　址	http://www.csspw.cn
发 行 部	010-84083685
门 市 部	010-84029450
经　　销	新华书店及其他书店

印刷装订	环球东方(北京)印务有限公司
版　　次	2019 年 8 月第 1 版
印　　次	2019 年 8 月第 1 次印刷
开　　本	710×1000　1/16
印　　张	17
插　　页	2
字　　数	253 千字
定　　价	98.00 元

凡购买中国社会科学出版社图书，如有质量问题请与本社营销中心联系调换
电话：010-84083683
版权所有　侵权必究

目 录

在探索大学运行与成长中重生 …………………………… 冯增俊(1)

第一章 绪论 …………………………………………………… (1)
第一节 问题的提出 ……………………………………… (1)
第二节 文献综述 ………………………………………… (6)
第三节 基本概念 ………………………………………… (22)
第四节 研究方法 ………………………………………… (26)
第五节 研究意义 ………………………………………… (36)
第六节 研究创新与不足 ………………………………… (37)

第二章 大学管理变革：历史演进视角 ……………………… (39)
第一节 西方大学管理变革 ……………………………… (39)
第二节 国内省属大学管理变革 ………………………… (73)
本章小结 …………………………………………………… (80)

第三章 计划指令式的大学管理（1949—1991）…………… (82)
第一节 计划理财 ………………………………………… (82)
第二节 计划招生与分配 ………………………………… (90)
第三节 统一机构与人事管理 …………………………… (95)
第四节 统一规划专业 …………………………………… (101)
第五节 计划教学管理 …………………………………… (104)
第六节 科研分配制 ……………………………………… (108)

第七节　计划对外交流 ·················· (111)
　　　本章小结 ······················ (111)

第四章　松散粗放式的大学管理(1992—2006) ········ (114)
　　　第一节　松散财务管理 ················· (114)
　　　第二节　招生管理：粗放式指标分配 ··········· (124)
　　　第三节　编制与自主聘任相结合的人事管理 ········ (129)
　　　第四节　放松学科专业管理 ··············· (134)
　　　第五节　指标评估规制教学 ··············· (138)
　　　第六节　项目竞争制科研 ················ (143)
　　　第七节　逐步扩大对外交流 ··············· (146)
　　　本章小结 ······················ (146)

第五章　"有序规范"的大学管理(2007—2017) ······· (148)
　　　第一节　条款审批规范财务 ··············· (148)
　　　第二节　招生计划的审批与依赖 ············· (158)
　　　第三节　严控编制下的机构与人事 ············ (163)
　　　第四节　学科专业管理：框架下的审批 ·········· (182)
　　　第五节　教学管理：规范指导与质量监控 ········· (190)
　　　第六节　科研管理：照章办事 ·············· (196)
　　　第七节　对外交流与合作管理：程序审批 ········· (201)
　　　本章小结 ······················ (205)

第六章　讨论：政府与大学规制关系 ············· (208)
　　　第一节　大学管理体制演进特征 ············· (208)
　　　第二节　政府与大学规制关系理论回应 ·········· (224)
　　　本章小结 ······················ (233)

第七章　结论与启示 ···················· (235)
　　　第一节　个案研究发现：政府与大学合力 ········· (235)

第二节　大学管理体制变革启示：走向规制与
　　　　自治的平衡 ………………………………………（239）

附录　访谈对象 …………………………………………（245）

参考文献 …………………………………………………（248）

后记 ………………………………………………………（263）

在探索大学运行与成长中重生

冯增俊

孙明英新作《规制与自治：大学管理体制变革研究》是她在博士学位论文基础上修改而成的，她结合工作经历和需要，选择了大学管理体制变革这个主题，由此使这一攻读博士学位之路，竟然成了她数年深陷困顿、艰难跋涉的难忘历程，如她所言，加上预备考学前的研读准备，真可谓十年磨剑。

其实，在孙明英选题之初，我就多次同她谈到，这样的主题对做博士学位论文是一个莫大的挑战。几经反复斟酌，她依然不舍，可见之前的工作让她对这个主题有很浓的兴趣，然数年不懈探究调整，尽管后来落定在"规制与自治"的维度上分析研究大学管理体制的变革和发展，但依然是一个宏大的题材和考量维度，不仅相关研究文论汗牛充栋，且分析间更是众说纷纭，莫衷一是，见仁见智。各国大学差异很大，难有相同一致的管理体系，不论是早期英国殖民者给遍布全球的殖民国家带去大英帝国的大学体系，还是尔后包括中国等诸多发展中国家竭尽全力套搬模仿发达国家的大学，几乎都没有办出一所管理体制相同的大学。孙明英从事高等教育研究多年，对这个问题自有至深体会，选定这一研究主题，其间执着坚毅，不惧艰难，可谓是专精敬业了。然论文虽经多次反复，从一写理论稿，二再加实证研究，三再出综合研究的新稿，从广阔探索到具体案例析解，从理论界定到寻求规律创新，解迷惑析疑困，非一般人所能想象。唯有经历过，方有鞭辟入里，达至深悟而新知。我想这应当是孙明英攻读博士学位中得到的最重要收获。有人说，没有痛苦的博士求学经历是不合格的，她对此当自有一番深刻的体会。

《规制与自治：大学管理体制变革研究》另一值得关注的重点是，该研究系统地分析探讨了大学管理体制下的自治这一概念。自治曾被极大地放大推高，看成是政治昌明和专权独裁的分界点。其实，早在1965年卡扎米亚斯在《教育的传统与变革》中就已断言，大学的自治、教育的专权不过是一种不同发展阶段下管理体制的选择，不是评判民主与专制的标准。而且，大学自治也随着时代发展发生了质的转变，从早期大学自行其是的"内自治"，到行会、教会控制下的"外自治"，再到国家通过各种法规和制度管控下的大学自治，"规制与自治"这一对矛盾逐步走向在法规制度下由大学自主自觉实施其规制的"新自治"。这种自治是法治社会下的大学管理体制的必然发展，也是政府走出简单直接管理进入法理化社会对大学各方利益作用体进行相关协调规范，再由大学自主按这些法规要求办学的新治理体制。当然，这些规制不是自然而来的，是通过不断摸索如何按大学办学规律从而协调各方利益提出来的，由于时代在变化，大学也在不断发展，每所大学的办学形式和要求也不尽相同，加之人的认识也有不断深化的过程，因此这种大学自治具有从初级到高级阶段发展的特点，出现了有些大学治理上较为协调，有些大学特别是地方大学管理体制较为粗犷等特点。孙明英在书中对此作了积极的探讨，是非常有意义的。

《规制与自治：大学管理体制变革研究》进行了较为深入的理论探讨，以此为基础对中国近几十年来大学管理体制变革进行了研究，通过列述中国大学管理体制变迁让我们看到创设规制并非一蹴而就，不仅受制要素很多，对自治理解常常陷于表面字义，由此造成的迷离困顿同样也成为变革的阻力，而且从变革政府计划管控出现的粗放简单到大学失去约束后出现的自行放任等管理问题，让我们有机会审视大学管理体制不同层面走向自主管理的发展中极易出现的问题和症结所在，体会到这是一个现代大学不断成长的漫长过程。该书在纵向考察的基础上从财务、人事、教务、学科专业设置，以及人才管理、科研工作等方面较详尽地分析了当下中国地方大学的管理体制变革，在这里既窥探到中国在改革大学管理体制上借鉴国外经验和推进自主创新的努力，从中体会到中国高等教育发展政府统筹上的困难和大学推行自主管理上的问题。一方面是传统教育管理的惯性力量，另一方面是简单套用国外大学以及他校经验带来的盲区，再者是探索新路的困境和新管理体制建立的政策瓶颈等，都给作为后发型的中国大学发展带来了许多难以克服的障碍。孙明英的研究为我们了解中国大学如何从施行单一的行政管理到推进规制下的大学自治上所处的境况，尚有很长的路要走。

《规制与自治：大学管理体制变革研究》颇具研究特色之处还在于突出以某一地方大学案例的实证研究特色，这不仅使理论研究呈现出鲜活的实践性，从描述具体的管理场景中呈现出管理体制变革的时代特点，使我们在具体的管理行为和活动的实际素材里理解中国大学管理体制改革，从细微里体验中国大学管理体制变革实践的得失成败。在该书对中国地方大学管理事项的描述中，让我们能从那些平时耳熟能详的现象中窥见大学发展的本质症结，如何建立反映大学发展的新规制，大学能结合自身特点和教育规律并凭借这些规制更好地兼容不同利益体，更有效地组织管理体制回应发展的新要求，留得住人才，调动师生的积极性等，探讨大学发展的独有特性，找出问题的成因和改革的主要对策。

中国的大学通过多年移植模仿学习西方大学，有种苦苦寻求办学真谛非要办出好大学的苦行僧样式。上百年来以至于今日这种过于绝对的模仿行为由于没有取得预期效果，反而让我们突然间发现，中国的大学发展更应当依据中国自身，更应当也只能是在服务中国发展的进程中获得，更应当也只能是在创新中国教育中找到自己的发展道路，完成创建新的规制，走向真正自治，在服务中国的目标下把科层管理、人本管理以及从林法则等充分地糅合一体，实现政府、社会、市场与学校之间的真正良性循环协调互助发展的新模式。我认为这是孙明英这本新作的最大贡献，也是我读这本新作最深刻的体会。谨忝为序。

中山大学教育现代化研究中心
2018 年 8 月 18 日

第一章 绪论

第一节 问题的提出

大学作为一个资源依赖型组织,随着政府资源分配能力的增强,不得不接受政府的规制。随着高等教育作用的日益发挥,以及在高等教育从精英走向大众化的过程中,各国政府高度关注高等教育质量,纷纷把高等教育管理纳入国家重大议题。我国的公办大学中省属本科占到重要一级,2000年"中央和省级政府两级管理、以地方统筹管理为主"的高等教育行政管理体制基本确定,那么以省级政府为主的初衷是提高大学服务地方社会的积极性和多样性,省属本科这个群体接受中央和省级政府双重管理。

早在1985年《中共中央教育体制改革的决定》中就提出了"简政放权,落实和扩大大学办学自主权"这一政策目标。这个政策是国家在经济体制改革的背景之下,即计划经济开始向市场经济转型之际提出来的。当高度集权管理与大学面向社会自主办学不相匹配时,国家仍然对大学采用直接管理模式显然不具有正当性。经济学家研究告诉我们,政府规制不具有正当化之后,就会出现规制不匹配,需要寻求替代进路,这个替代进路就是放松规制。[①] 那么"简政放权"也就是政府发出的放松对大学的规制,扩大大学办学自主权的信号,至今仍然是管理体制变革不断深化的内容。例如,2016年国务院总理李

---

① [美]史蒂芬·布雷耶:《规制及其改革》,李洪雷等译,北京大学出版社2008年版,第281页。

克强在北京召开的高等教育改革创新座谈会上,提出大学要发展,需要给予必要的自主权①。

在放松规制上,国家的重大举措是1998年颁布了《中华人民共和国高等教育法》,赋予大学享有招生、学科专业设置、教育教学、科学研究与社会服务、国际交流与合作、财产管理与使用、机构设置与人事管理七个方面的自主权,需要明晰的是这七项自主权并非完全的自治,前提是要遵守国家有关规定和法律框架。并且国务院从2015年以来陆续取消中央指定地方实施行政审批的决定下,教育行政部门同时深化行政审批改革。教育行政部门取消部门审批,仍然强调"放管结合"。然而在简政放权的过程中,出现"一放就乱,一乱就收,一收就死"的困境。② 由此就产生了这样一个问题:要扩大大学办学自主权,政府与大学之间是一种怎样的管理关系?讨论政府与大学之间的管理关系,国内外学者常用自治、规制、控制、管制等概念来加以分析,政府放权,国外学者常用政府放松规制来描述。那么自治是从大学的角度来看待问题,而规制则是从政府的角度来看待问题。

关于政府与大学管理关系,已有不少研究做出了阐释。大学是要自治,还是需要政府规制本身就是存在争论的古老学术问题。研究者到今天已经普遍认同政府规制的不可缺乏下,政府规制与大学自治之间如何来平衡又成了研究者关注的焦点,而在这个焦点之下,研究者更多是集中对政府过度干预的批判,以及对政府下放什么权力,如何下放权力的研究。比如,研究者认为政府过度规制阻碍大学之间的竞争,不利于大学发展。③ 不同的理念就会产生不同的管理模式,使得大学管理异常复杂。洪堡(Wilhelm von Humboldt)最早从知识创造本身的角度,提出只有学者才具有管理学术事务的能力,那么国家官

---

① 李克强:《简除烦苛,给学校更大办学自主权》,http://www.moe.gov.cn/jyb_xwfb/moe_2082/zl_2016n/2016_zl24/201604/t20160425_240065.html。
② 周光礼:《中国大学办学自主权1949—2010:政策变迁的制度解释》,《中国教育法制评论》2011年第9期。
③ [美]H.汉斯曼:《高等教育中国家与市场的关系》,《北京大学教育评论》2005年第3期。

员不具备有管理大学的能力,因此国家的任务是为大学提供保护,并且给予大学完全的自治。[①] 尼夫(Neave)则从利益相关者视角,对完全的自治定义作出重大修正,认为国家是大学最重要的利益相关者,并且国家之外还存在其他的社会利益相关者,因此完全的自治不存在。尼夫发展了大学自治的公共定义,即大学自主将外部利益相关者需求纳入自我决策。[②] 中国学者指出大学的本质属性是学术性与受控性的统一,因此大学自治与政府规制是统一体。[③] 伯顿·克拉克(Burton Clark)著名的三角形协调理论,说明处于政府、大学、市场三者协调的关系,自治才是有序的,政府并不会对大学直接干预,以协调的方式来确保大学的自治。[④] 市场转型下形成的互动关系理论说明,政府下放权力给予大学自治时,政府并没有退出,而是政府参与互动中。委托—代理理论从理性经济人和信息不对称两个假设中,说明给予大学自治,政府的作用激励代理人与之目标一致。显然诸种理论都在说明,政府需要放松对大学的规制,改变对大学的规制工具,给予大学自治权。

追溯到大学源头,欧洲中世纪的博洛尼亚大学和巴黎大学作为大学的原型形成了"行会自治"的传统。早期大学就是一个教学组织,大学按照行会的形式建立起来。在中世纪,教会取得对社会的统治权时,行会式的大学自然也被纳入教会管理中。大学也需要通过教会对其合法地位予以承认来维护自身利益,教皇或者国王通过颁发"特许状"来承认大学的合法地位。[⑤] 获得"特许状",便成为学术法人,

---

[①] [德]威廉·冯·洪堡:《论国家的作用》,林荣远等译,中国社会科学出版社1998年版,第48页。

[②] Tight, M. ed., *Academic Freedom and Responsibility*, London: Srhe and Open University Press, 1988, pp. 337–349.

[③] 孙绵涛等:《学术自由性与受控性的对立统一——学术自由大学本质观的重新审视》,《教育研究》2011年第6期。

[④] [美]伯顿·R.克拉克:《高等教育系统:学术组织的跨国研究》,王承绪等译,杭州大学出版社1994年版,第158页。

[⑤] [英]海斯汀·拉斯达尔:《中世纪的欧洲大学:大学的起源》,崔延强等译,重庆大学出版社2011年版,第7页。

获得"大学"称号。即便教会和当局都希望能控制大学，在人员准入与教学科目控制上大学与教皇争夺抗衡。"行会自治"是在教会与市政当局夹缝中的自治，在教会和当局给予特权的时候起到了保护的作用，但在斗争的过程中大学的力量偏下风，最终被纳入宗教专制当中。到14世纪20年代，大学具有监视异端邪说的责任[①]。教会或者国王在给予大学特权时，大学培育成为"智慧之花"。而当教会或者国王严格审查大学时，反而造成了大学的僵化。

工业革命促进了欧洲社会巨变，民族国家纷纷获得主体地位，国家强力排斥教会把大学纳入社会管理中。然而，不同的国家管理体制表现不同，18世纪法国大革命后拿破仑重组大学为国家和工业服务，高等教育置于国家控制之中，采用中央集权制度。德国同样把大学纳入国家管理，并没有采纳中央集权制，而是各邦国分权治理，并给予大学充分的学术自由。19世纪德国大学拥有高度的学术自治，呈现出国家官僚管制之下的教授治校体制。国家立法规定大学的双重属性，法律规定大学既是法人团体，又属于国家机构。国家机构性质决定由政府创办、出资、管理，政府制定大学治理的规章法律、决定组织结构，这就体现为科层制自上而下照章办事的特点。国家充当的角色是提供物质条件，并不干预大学内部事务。国家的责任是管理人事和财政，而在学术方面国家不予干预。政府控制大学人事，但以科学竞争能力为标准选拔教授。政府包括联邦和州政府采用详细的规章制度管理大学，并且拨款方式严格按项目拨款（item allocation）。德国这种国家科层管理模式下，大学自治限定在教授学术自治层面。在精英教育阶段，德国这种管理体制为德国大学赢得世界声誉。

这种体制维持的前提是在精英大学阶段，难以适应知识经济和全球化的趋势。而当社会需求发生了新的变革时，政府科层制管理以及教授学术自治就出现了变革的危机。由政府统一管理的大学，纷纷得以松绑，以效率和竞争为口号的市场机制开始渗入大学的管理。随着

---

① William J. Courtenay, "Inquiry and Inquisition: Academic Freedom in Medieval Universities", *Church History*, Vol. 58, No. 2, June 1989, pp. 168 – 181.

经济全球化以及欧盟的统一进程，德国大学管理吸收盎格鲁-撒克逊模式，提升大学整体自治。德国在国家投入减少以及规模扩大时放松对大学规制，开始改变财政投入方式，增加整体拨款部分，扩大了大学财政的自由裁量权。2004年日本国立大学法人化，法人化实际上是给予大学自治，以此来面向社会自我筹资。[1]

与此同时，对于自由发展的大学，政府加大协调，比如美国白宫的努力，促使参议院引入一个内阁级的教育部，执行联邦监督教育，提高大学的社会绩效。政府放权，大学自治得以相应增加。大学对地区经济作用增加，外部利益相关者，比如产业部门介入大学决策。政府对大学的管理，就在更大程度上透过市场来对大学产生影响。美国大学日益由自治的机构向公共管制转变，但是这种管制并不是像欧洲大陆比如德国那种政府官僚制定规章制度的模式，而是通过立法、资助等方式以市场为中介来刺激大学服务公共利益。

这两种路径都在展示政府通过放松规制，以及改变规制工具，以此提高大学面向社会获取资源的能力，即提升大学自治。从国内趋势来看，中国改革的走向也是强调放松规制，促使大学面向社会自主办学。"简政放权，落实和扩大大学办学自主权"意味着从政府集中管理向自治政策转变，给予大学办学自主权，并上升到了立法层面。然而中国改革的现实并非如此，现有的管理体制与中华人民共和国成立头17年的管理体制并无实质性变化，依然属于政府强制干预的逻辑。[2]

那么本书关注的问题为：目前政府如何对大学进行规制，大学的自治空间到底有多大，为什么会产生这种规制关系。关于这个问题的探讨，已有研究主要从政府角度解释，认为政府对大学的规制，是政府运用统制型权威直接管理大学的沿袭。[3] 政府把握了权力和资源，

---

[1] Keiko Yokoyama, "Entrepreneurialism in Japanese and UK Universities: Governance, Management, Leadership and Funding", *Higher Education*, Vol. 52, No. 3, 2006, pp. 523-555.

[2] 谢庆奎：《论政府发展的目标与途径》，《新华文摘》2002年第11期。

[3] 胡建华：《从文件化到法律化：改善大学与政府关系之关键》，《苏州大学学报（教育科学版）》2015年第4期。

但是政府科层制的形式理性与大学本身学术实质理性无法共存,政府放权给大学和市场才是本质上的管理体制变革。① 因此,政府干预大学模式由"守夜人"模式到"家长制"和"掌舵者"模式,向"合作模式"转变。② 可见,现有的研究基本都是站在政府的角度来理解这种规制关系,认为是政府单方面决定的,按政府的逻辑出现。但本书认为,仅仅将重点放在政府层面,只是分析政府客观的制约,却忽视了大学行动者本身的研究,不足以解释这种规制现象背后的逻辑。因此本书将选择 S 大学作为个案研究,深入到大学内部真实的管理场景展开质性研究,从大学行动者层面为出发点,去理解现有规制关系背后的逻辑。本书预期对政府与大学的规制关系提供一种新的解释,以及对如何促进大学面向社会自主办学提供政策思考。

第二节 文献综述

大学与政府的关系目前存在很多解释,研究者提炼出了不同的理论,诸种理论都在围绕大学自治还是政府规制的关系开展研究,现将文献综述如下。

一 政府规制理论

对政府规制(regulation)问题的专项研究,最早是从经济学家研究开始。二战之后,政府为了克服市场失灵,对大型公用企业、厂商采用法规和行政手段进行干预,经济学家就开始研究这一现象,并把这些手段称为政府规制,也有翻译者译为管制,那么规制就是国家对产业应用强制权力。③ 施蒂格勒(George J. Stigler)的研究被广泛提及,他在 1971 年提出政府规制并非代表公众的利益,而是倾向于保

---

① 钱民辉:《政府·市场·大学:谁决定大学教育的主流话语》,《北京大学学报(哲学社会科学版)》2015 年第 5 期。
② 蔡建英:《政府干预大学基本模式变迁及特征研究》,《公共治理》2012 年第 5 期。
③ 陈富良:《放松规制与强化规制——论转型经济中的政府规制改革》,上海三联书店 2001 年版,第 1 页。

护某些特殊利益集团，因此得出规制俘获理论。国家给产业和集团带来的利益包括：货币补贴，比如大学获得的国家公共资金；控制新竞争者进入；保护关税；能够影响替代物和补充物的干预；固定价格。1981年，他把政府规制理论扩张到对所有公共—私人关系的公共干预。施蒂格勒这种观点的前提是以西方政党轮流执政的政治过程为环境背景。他在对电力部门的案例研究中发现政府规制没有效果，因为单个电力部门不具有垄断市场的能力，并且规制并不能迫使公用事业的经营按照特定的价格和成本进行。于是得出一个中心观点，产业界主动谋求政府规制，以获得某种利益。[1]

然而政府规制使得交易成本巨大，对规制的批评集中在效益低下，程序不公正、拖延，结果根本无法预见种种弊端。史蒂芬·布雷耶（Stephen Breyer）从规制者的角度来分析规制的正当依据（justification），并不从一般因果关系和规制效果进行分析，认为规制的正当依据是市场失灵。因垄断权力的存在，如果不受规制，产业集团就会抬高价格而控制其产量。规制的其他正当化根据为：资源稀缺；父爱主义；不平等的讨价还价能力；合理化；道德风险。不同的正当依据就会产生政府不同的规制工具。[2] 规制不具有正当化之后，就会出现规制不匹配，需要寻求替代进路。竞争性行业中运用经典的规制加剧了不匹配的问题，可能远离规制将会更有好处。因此就需要对产业及其规制细节予以调查，不匹配然后放松规制。比如航空产业具有高度的竞争性，不适应于服务成本定价规制，因而对航空产业放松规制。

1989年，丹尼尔·F. 史普博（Daniel F. Spulber）提出市场失灵并不是政府规制的充分条件，政府规制可能会带来很大的行政成本。政府规制的实质在许多方面是一种资源的再分配，并且是一种政治过程，用来满足消费者或者产业集团的利益。规制政策可能是次优的，比如一刀切的法规、行政程序的复杂、制度约束。规制不能取得合理

---

[1] ［美］G. J. 施蒂格勒：《产业组织和政府管制》，潘振民译，上海三联书店1996年版，第210—215页。
[2] ［美］史蒂芬·布雷耶：《规制及其改革》，李洪雷等译，北京大学出版社2008年版，第49—50页。

效果不等于没有效果，可能会造成资源配置的低效率，因此规制的改革是必要的。①

上述观点说明，产业界具有谋求规制的倾向，而在规制不匹配时，需要放松规制，改变规制工具。这些观点仍然可以运用到政府对大学的规制研究中，启示我们在社会改革背景下，政府的规制束缚了大学面向社会自主办学时，就需要政府放松对大学的规制，改变规制工具，提升大学自治。

二 两种取向：完全自治抑或规制式自治

在大学与政府的关系中存在两种理论取向，其一是大学具有完全的自治。经典性代表源于 19 世纪的洪堡，洪堡的立论基础是从知识本身出发，认为大学是知识生产的场所。知识生产依靠学者的想象力和创造力，这种想象力和创造力获得，最重要的因素是给予教授们不受约束和外界干扰的自由环境。也正因为大学是知识生产的机构，从事学术事务的场所，而学术的事情只有教授才能懂得，只能由学者自身来处理学术事务，政府工作人员并不具备管理学术的能力，因此给予大学自治。这种自治因为强调学者的自由和对学术事务的管理，在某种程度上被描述为"学者自治"，以社团主义和集体协商的原则来治理大学。那么这种完全的自治，还强调一个前提，就是国家的保护，而不是干预，国家与大学之间是一种伙伴关系，大学作为"国家保护之地"。国家的任务是提供经济和组织保障，通过运用权力防止大学的封闭和僵化。其理由是从文化价值传递角度而言，大学虽然提供给国家和社会的不是直接利益，但是文化传承的价值远远超过了国家对大学的期待，因而是一种更高层次的利益。②

洪堡的观点被称为经典大学自治理论，大学具有最高程度的自治，这种纯粹的乌托邦形式建立在学者自由探索和研究与教学不可分

---

① ［美］丹尼尔·F.史普博:《管制与市场》，余晖等译，上海三联书店、上海人民出版社 1999 年版，第 78 页。
② ［德］威廉·冯·洪堡:《论国家的作用》，林荣远等译，中国社会科学出版社 1998 年版，第 48 页。

开的基础上。大学作为知识治理的场所，是一个自我合法化的团体，主要进行知识生产。[①] 学者自治最高权力集中在讲座上，教授讲座构成核心组织单位，授予最高程度的自治。1816年柏林大学制定了宪章。1919年魏玛宪法是德国历史上第一部实现民主制度的宪法。宪法规定了国家对教育的责任和权利，国家定位为高等教育的监督人和举办者，并在第142条规定"艺术、科学和教学自由"，"国家保护并培育高等教育"。

承继这一派理论的还有纽曼（John Henry Newman），1852年在《大学的理念》一书中，认为以知识本身为目标，而这种知识呈现出整体性，以培育人性和人格为目标，因此大学应远离政府以及社会的影响，应是完全自治的团体。这一派的观点被布鲁贝克（John S. Brubacher）称之为认识论传统，即仅仅从知识生产本身来研究大学自治。学者们普遍引用布鲁贝克的话加以说明大学自治的地位，即自治是大学最悠久的传统。[②] 大学自己制定行业规则，这实际上是欧洲中世纪行会自治理念的延续。然而，国家作为大学的保护者，而不参与对大学的监督，那么这种理想的基础是大学具有内生动力和对学术追求的自律精神。从科学知识和社会认知进化的场所两个方面来理解大学知识生产机构的价值，那么科学与认知都必须作用于社会，因此最初建立在与社会根本脱离的完全自治面临合法性问题。[③]

由此出现另一种理论取向，政府是大学最重要的利益相关者，也就是说大学的自治，需要接受政府的规制。这派理论取向，研究者从现代教育的本质特点，教育服从和参与人类实践并按照人类发展要求不断"生产"人类的本质特性来阐述。[④] 因此大学自治并非封闭式的行会自治，而是主动接受国家、社会规制的理性自觉，是一种规制式

[①] Federica Rossi, "The Governance of University-industry Knowledge Transfer", *European Journal of Innovation Management*, Vol. 13, No. 2, 2010, pp. 155–171.

[②] [美] 布鲁贝克:《高等教育哲学》，王承绪等译，浙江教育出版社1998年版，第21页。

[③] Gerard Delanty, "The Governance of Universities: What is the Role of the University in the Knowledge Society?", *The Canadian Journal of Sociology*, Vol. 27, No. 2, 2002, pp. 185–198.

[④] 冯增俊:《教育人类学》，江苏教育出版社1991年版，第103页。

的自治。这种理论取向认为洪堡自治理论中国家仅仅作为物资的提供者,而没有把社会经济需求纳入到大学学术活动和学生培养当中,在这个层面,大学并没有满足完全自治条件中说的大学的长远利益超出了国家的需求。大学的作用在国家和区域经济发展中增加,并且增加了新的外部利益相关者,这种变化产生了一种面向多种利益集团的复杂规制下的新自治。

于是,大学完全的自治,就转变成为能够反映外部利益相关者的规制式自治,大学需要主动建立起协调机制,满足大学服务社会服务国家的要求,产生了大学对规制自觉遵守的自治,因此相对于行会自治或者说完全自治更为契合社会需求。利益相关者指一个抽象的"规范有序协议",区分为三种协议:①国家:议会、政府、教育大臣;②学者、学生、行政人员(administrative personnel);③外部团体。此种观点代表性研究有:尼夫(Neave)把大学自治称为契约的自治,并划分为"私人定义"(private definition)和"公共定义"(public definition),"私人定义"指大学自我决定目标和功能,那么核心理念是大学自我决断,根植于学者具有决定他们工作特性的权力。"公共定义"指外部利益相关者决定大学的目标和功能。[1] 约翰·范德格拉夫(John H. Van de Graaff)等认为,大学自治的程度决定于大学与国家各级权力机关以及各种利益团体之间的协议,政府的作用是监督大学对社会负责。[2]

研究者从大学历史的演进中总结出大学自治并不是说脱离政府的干预,并且大学自治在国与国之间,以及不同大学之间有差别,因此是有限度以及有差别的自治。政府把大学作为实现政策工具的目标,使得政府加剧对大学的干预。同时在政府与大学之间的博弈中,教育主管部门拥有了国民收入再分配的空间,从谋求私利的角度而言,教育主管部门乐意干预大学。并且大学自身缺乏大学自律,即自我约束

---

[1] Tight, M. ed., *Academic Freedom and Responsibility*, London: Srhe and Open University Press, 1988, pp. 337-349.

[2] [加]约翰·范德格拉夫:《学术权力——七国高等教育管理体制比较》,王承绪等译,浙江教育出版社1989年版,第161页。

机制。于是两方面原因，使得大学自治难以实现。① "一放就乱，一收就死""打擦边球""用足政策"等是在解释大学对待政府规制时的常用词汇。汉斯曼（Henry Hansmann）教授认为，国家的高度规制阻碍了大学之间的竞争，竞争缺乏使得大学没有了进步的动力，于是提高大学活力的唯一办法就是放松政府规制，下放权力，而非简单的注入资金。②研究者以专业课程设置为例讨论了大学自治与政府规制，认为教育部权力来源缺失合理性，教育部对专业设置的规制超出了宏观管理的范围，其追求统一规范和便捷管理也与人才培养的多样性不相匹配，教育部规制的目标和手段都缺失合理性。③

政府过度规制使得大学失去灵活性，不少研究者从大学发展历史的描述中总结出，政府与大学关系的应然状态为规制与自治的平衡。政府适度控制，同时大学积极自治。④同样从大学发展的历史进程中，总结出政府规制大学的国际趋势为政府从直接管理到间接监督转变，认为中国政府干预过多，以至于自治不足，建议构建大学自治与政府规制之间的平衡。⑤学者孙绵涛等指出，当前大学改革的普遍呼声是，大学要自治，实现自主办学，不要成为政府的附庸，而现实与呼声呈现出悖论，即大学不得不接受政府的各种政策制度规范。认为这种悖论现象源于大学学术自由性和受控性的大学本质观，接受国家的法律法规和政府的宏观调控是大学本身受制于社会的体制和制度使然。⑥

上述两种取向都在说明大学自治的合理性。完全的自治不可能存在，政府作为大学最重要的利益相关者，必然会监督大学，现代教育

---

① 袁祖望：《论大学自治》，《现代大学教育》2006年第6期。
② ［美］H. 汉斯曼：《高等教育中国家与市场的关系》，《北京大学教育评论》2005年第3期。
③ 何兵等：《从专业课程设置析大学自治与政府管制》，《行政法学研究》2005年第2期。
④ 尹晓敏：《寻求政府控制与大学自治的平衡——世纪之交政府与大学关系的合理定位》，《高教探索》2007年第4期。
⑤ 宋福进等：《高等教育重点建设的政府干预与大学自治：英德中三国比较研究》，《高等教育研究》2016年第1期。
⑥ 孙绵涛等：《学术自由性与受控性的对立统一——学术自由大学本质观的重新审视》，《教育研究》2011年第6期。

规律以及利益相关者理论同样在说明，大学自治产生了新的变化，主动接受政府的规制，只是这种规制是监督性质的，大学仍然是决策主体。

三 三角形协调关系

最早被广泛提及的大学管理理论分析模型是伯顿·克拉克在1984年提出的三角形管理协调模型（见图1-1），基于国际高等教育管理模式简洁地概括出大学管理变革的分析框架。[①]

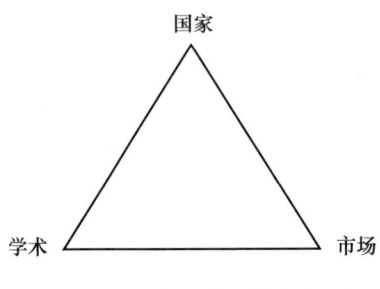

图1-1 三角形管理协调模型

国家、市场和学术权威构成了管理变革的三种决定性因素，这三种因素构建了三角形协调治理模式。三角形模式中，国家向市场后退，单个院校成为决策主体，国家成为市场和院校之间的协调力量。伯顿·克拉克在对政府采用集权管理的国家分析中，发现看似有序的政府集中管理导致无序结果的产生，相反，看似无序的政府分散管理却导致有序结果的产生。这种无序的结果中只有政府与大学两极，政府采用集中管理。因此，在政府与大学之间还必须要有大学能够与市场交换的空间，大学能够在市场中获得资源。此时政府从集中管理转变成为协调作用，政府的规制仍然存在，存在的形式则是协调，于是构建出三角形协调模式，在三角形模型中有序的自治便生产出来。

---

① [美]伯顿·R. 克拉克：《高等教育系统：学术组织的跨国研究》，王承绪等译，杭州大学出版社1994年版，第158页。

马丁·特罗（Martin Trow）在伯顿·克拉克的分析框架上，划分官僚、专业、政治和市场四种学术"协调"（coordination）模式来进一步解释各种模式在各国高等教育系统中的强度和组合方式，证明政府的协调是一种普遍现象，也就是说政府的规制始终存在。[①] 范·维特（Van Vught）集中对政府协调的方式进行了研究，把三角形协调模型简化为政府管控模式（state control model）和政府监督模式（state supervising model）[②]，如图1-2所示。

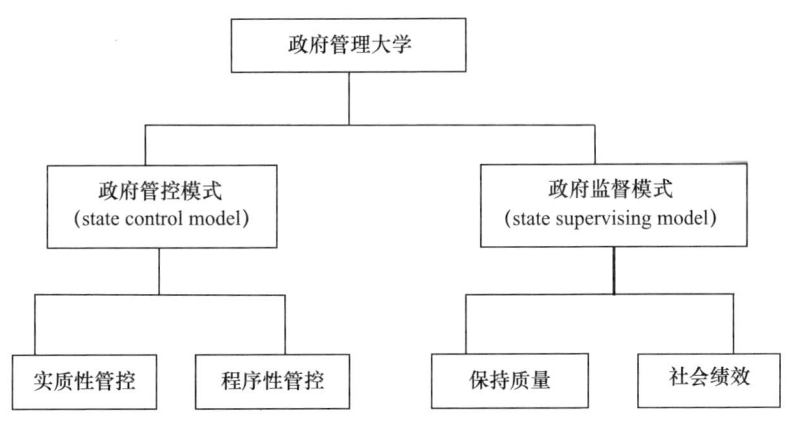

图1-2 政府管理大学模式

其研究表明，欧洲大陆国家的改革由政府管控模式向政府监督模式转变，在这个过程中大学自治程度在提高，政府在放松管控的同时，强化社会绩效，由此一来给大学注入了面向社会自主管理的压力。相似的研究还有戴特马·布劳恩（Dietmar Braun）和弗兰克斯-卡威·梅林（Francois-Xavier Merrien）等通过多国别的案例分析得出国家对大学的协调管理并没有消失，只是采用的方式和程度不同，并

[①] Martin Trow, "Defining the Issues in University-Government Relations: an International Perspective", *Studies in Higher Education*, Vol. 8, No. 2, 1983, pp. 115–128.

[②] Van Vught, *Governmental Strategies and Innovation in Higher Education*, London: Jessica Kingsley, 1998, p. 331.

对此作出相应的划分。他们发展了伯顿·克拉克的模型,用三个维度来分析大学管理:①实质管控(substantial control):紧或者松;②程序管控(procedural control):紧或者松;③信念系统(belief system):文化或者服务。① 使得政府规制方式研究更为详细。

对于三角形协调模型的验证,中国研究者彭湃通过对中国大学管理变革的历史演进研究,认为中国大学管理改革中不存在自由市场,并且市场被"矮化"为子系统,因此伯顿·克拉克通过三角形协调模式来生成有序自治并不适合中国大学实际。② 钱民辉通过历史和比较分析同样认为在中国,大学与政府、市场之间根本不存在三角关系的协调,"三角协调"无法解释中国大学管理。中国体现为政府与大学的隶属关系,大学与市场的合谋关系,把这种关系归结为线性关系,大学处于政府和市场拉力的中间。指出政府与大学的关系是权力和资源两重关系,大学走向市场才是本质上的管理体制转型或者变革。③ 由此可见,在市场这一极弱化时,政府与大学之间的协调关系很难成立。

通过上述文献,可以概括为,三角形协调关系中,只有政府与大学、市场三者同时在场,政府与大学之间才会构成协调关系,政府才不会出现对大学过度规制。也正是这种协调关系,使得有序的自治成为可能。这种理论告诉我们,一种有序的自治过程是政府、市场、大学三者关系的均衡,政府规制缺一不可。

四 互动关系理论

社会转型中尤其是市场转型下,政府对公共事务的管理相应发生转变,研究者聚焦政府在市场转型下对大学的规制路径和作用展开研

---

① Luciana Lazzeretti, Ernesto Tavoletti, "Governance Shifts in Higher Education: a Cross-national Comparison", *European Educational Research Journal*, Vol. 5, No. 1, 2006, pp. 18 – 37.
② 彭湃:《大学、政府与市场:高等教育三角关系模式探析——一个历史与比较的视角》,《高等教育研究》2006 年第 9 期。
③ 钱民辉:《政府·市场·大学:谁决定大学教育的主流话语》,《北京大学学报(哲学社会科学版)》2015 年第 5 期。

究。代表性的有新公共管理理论在"市场化"的口号下提出重塑政府,路径指向政府放松对大学的管制,赋予大学自治来应对市场需求,从市场转型中来实现大学自治。研究者先从政府过度管制的弊端批判开始倡导给予大学自治,简·莱恩(Erik Lane)认为大学不仅对资源提供者教育主管部门负责,而且要对社会各种利益相关者负责,所以传统"全能政府"显然无法担任多重角色,无法来替代社会各种利益相关者,因此从政府无法胜任对大学的管理为立论,提出给予大学自治。并且从大学专业组织的特性,论证大学并非政府部门的延伸,因而政府不适合把大学作为政府行政部门的延伸加以管理。① 从20世纪80年代开始,新公共管理运动由澳大利亚和新西兰引入,迅速扩散到其他国家和地区。新公共管理以市场为导向来改革高等教育。② 胡德(Hood)认为,新公共管理对政府管理的改革集中在两个主要方面:消除官僚照章办事程序;强调外部绩效(external accountability)。③ 并且把新公共管理范式运用到高等教育管理变革的研究呈现出众多成果。罗斯曼·迪恩(Rosemary Deem)运用新公共管理理论分析大学管理,并构建了模型,其中第一种模型,效率模型,采用的绩效排行榜,支持公共资助方法。第二个模式强调缩小规模(downsizing)和分权(decentralisation)。研究发现新管理主义是由外部强加给大学的,而不是由管理者内部生化出来的。④

然后研究者纷纷论述市场介入条件需要政府放权给大学,那么此时政府并非退出对大学的管理,而是参与大学与市场的互动之中。本·琼布罗德(Ben Jongbloed)把市场化(marketisation)定义为政

---

① [英]简·莱恩:《新公共管理》,赵成根等译,中国青年出版社2004年版,第74页。
② Tom Christensen, "University Governance Reforms: Potential Problems of More Autonomy?", *High Education*, Vol. 62, No. 4, 2011, pp. 503 – 517.
③ Hood, C., "Paradoxes of Public Sector, Old Public Management and Public Service Bargains", *International Public Management Journal*, Vol. 3, No. 1, pp. 1 – 22.
④ Rosemary Deem, Kevin J., "Brehony. Management as Ideology: the Case of 'New Managerialism' in Higher Education", *Oxford Review of Education*, Vol. 31, No. 2, 2005, pp. 217 – 235.

府竞争和放松规制政策，专门研究了市场介入的8个条件（见表1-1）。8个方面构成的政策创造了大学自治（autonomy）的条件以及负责任的主体（比如学生和院校）能够在可靠的信息基础上自我决策，自由的选择和流动。

表1-1　　　　　　　　引入市场所需的8个条件

供应者的4种自由	消费者的4种自由
1. 准入（entry）自由	5. 自由选择供应者
2. 自由生产产品	6. 自由选择产品
3. 使用可获得资源的自由	7. 在价格和质量上面具有足够的信息
4. 自由定价	8. 直接并且按成本付费（direct and cost-covering prices paid）

因此国家改变规制方式，转变成为参与协作的模式，政府的作用转变为，通过设计价格信号、监控手段、质量保证政策等等来纠正市场的失败。[1] 研究者研究了系列政府放权的路径，许杰提出市场经济转型下，政府放权的两种路径，一方面向大学下放自主权，另一方面放权给社会中介组织。[2] 政府如何来参与互动呢，道格拉斯·诺思（Douglass North）认为可以用"制度"（institutions）来提供国家协调的框架，在制度的设计中，消解传统政府的干预。

不少的研究者都指出改革政府本身的管理模式，引入市场来培育大学自治。冯增俊研究了按市场需求来变革大学管理，认为改变政府计划方式的规制管理，转变为以法规来指导。政府以法规来管理大学，防止大学在市场中丧失守望社会的责任。同样认为，政府并非完全退出，只是改变了规制的方式。[3] 张应强则从政府弊端的角度，说

---

[1] Ben Jongbloed, "Marketisation in Higher Education, Clark's Triangle and the Essential Ingredients of Markets", *Higher Education Quarterly*, Vol. 57, No. 2, pp. 110-135.

[2] 许杰：《论政府对大学进行宏观调控的新向度——以治理理论为视角》，《清华大学教育研究》2003年第6期。

[3] 冯增俊：《市场机制引入与教育管理体制创新》，《比较教育研究》2005年第3期。

明引入市场机制，来落实地方大学办学自主权。政府集中独大与改革成本不成正比，并且问责缺失，因此需要转变为法制化的现代政府管理。而要改变规制的路径，则只有政府才堪当大任。①

有些研究者从资源获得的角度，提出引入市场，变革政府与大学之间的关系。其逻辑表现为，通过政府放权给大学，以此强化大学的外部效率。戴晓霞探讨政府在不能提供全额资金的情况下引入市场机制，"国家控制模式"转向为"国家监督模式"。②汤尧认为大学急剧扩张，政府资助大学的能力普遍降低，大学的管理由政府主导向市场机制的管理模式转变，政府将权力下放到大学，大学开始脱离国家控制，获得人事、行政以及财务上的自主管理权，目的是强化大学内部效率以及外部效率。③

以上文献分析表明，互动关系理论回答了市场转型下，政府通过放权，并参与互动来实现大学真正自治问题。因为政府官僚的弊端，政府无法担任众多社会利益相关者需求等因素，政府引入市场和竞争。而在转型中，政府的规制变成了参与互动，政府并未有退出管理，政府与大学之间进行交流。政府运用价格信号、监控手段、质量保证等来纠正市场的失灵。

五 委托—代理关系

在政府放权给大学更多自治权的研究中，政府与大学之间关系存在另一种观点，政府与大学之间是一种委托—代理关系。政府限制大学自治的理由，主要是公立大学中政府作为高等教育经费的主要提供者，那么政府出于国家利益限制大学自治，以此来使得大学目标与国家目标一致。而委托—代理理论认为，政府在保障大学自治的同时实行绩效和问责，政府作为委托人，大学则是代理人。尤尔根·恩德斯

---

① 张应强：《从政府与大学的关系看地方本科高校转型发展》，《江苏高教》2014年第6期。
② 戴晓霞：《市场导向及其对高等教育之影响》，《教育研究集刊》2000年第42期。
③ 汤尧：《学校经营管理策略：大学经费分配、募款与行销》，五南图书出版股份有限公司2001年版，第4—13页。

(Jürgen Enders)认为,委托—代理理论有三个主要的假设,而这三个基本的假设都指向契约式自治。第一个假设,大学作为理性经济人可以按照自己的优先权来设法使自己的利益最大化。因此,大学具有自治的能力。第二个假设,委托人和代理人之间存在信息不对称问题,那么在信息不对称的情况下显然政府对大学管理有可能会出现政府失灵。第三个假设,委托人和代理人之间能够实现激励相容。那么政府能够设计出政策,使得政府与大学之间的目标一致。因此,委托—代理之间就构成了契约式自治。①

从委托—代理的三个假设出发,研究者就对如何来构建契约式自治、政府如何来设计激励相容的政策等进行了系列研究。马开剑认为中国公立大学与政府之间存在一种不完全契约"委托—代理"关系,因为不完全的契约存在较大的风险,因而需要由身份契约转向平等主体间的特定契约关系。② 在政府强规制下无法实现委托—代理关系,那么如何来实现政府与大学之间的目标激励相容?崔延强等研究了实现委托—代理的条件,提出利用清单制度来界定不同利益主体之间的权利和义务边界,对于政府实行权力清单,以此来把政府行为约束至牢笼,采用责任清单和"法无禁止即可为"的负面清单来明确政府和大学责任,以清单制度来创造大学契约式自治。③ 熊华军做了政府通过政策设计来实现委托人利益最大化的理论构想。④

那么委托—代理的逻辑依然是解决如何来约束政府权力,实现大学自治的问题,这种自治不同于基于社会信托的专业自治,即国家保护下的完全自治,而是政府设计激励措施,使得政府与大学目标一致的契约式自治。政府的规制始终存在,政府以委托人的身份出现。

---

① Jürgen Enders, "Harry de Boer and Elke Weyer. Regulatory Autonomy and Performance: the Reform of Higher Education Re-visited", *Higher Education*, Vol. 65, No. 1, 2013, pp. 5–23.
② 马开剑:《契约管理:公立大学与政府关系的新视角》,《教育发展研究》2009年第9期。
③ 崔延强:《基于清单制度的大学与政府关系构建》,《中国高等教育》2016年第3、4期。
④ 熊华军:《大学政策实施中的委托代理问题分析》,《中国地质大学学报(社会科学版)》2005年第2期。

六 科层管理到相对办学自主权：中国现实

回到中国的现实，研究者集中分析了政府管理的弊端，认为管理变革并未有触动大学作为政府部门延伸的实质，大学并未成为自治主体。政府与大学之间局限于变革隶属关系，政府与大学之间沿袭了计划时代封闭的体制。研究者集中探讨了政府与大学之间上下级隶属关系的弊端体现为束缚了大学活力，并提出放权，给予大学相对办学自主权。周川认为政府与大学保持高度的同构性和同步性，事实上妨碍大学发挥积极的社会功效，恰恰损害了国家的长远利益。[①] 别敦荣分析了中华人民共和国成立以来至1995年的五次重大变革都只是仅仅触动了大学的隶属关系，而在市场经济体制下，所有权和管理权分开，政府需要适度放权。[②] 邬大光认为即使条块分割得到解决，"条"指中央政府各部门，"块"指各地方，仍然不能从根本上解决大学与政府之间的矛盾冲突。政府调控一切活动，政府的局部偏差极易造成高等教育的整体偏差。最为重要的是理顺政府与大学之间的关系，使大学具有相对的办学自主权。[③] 国际教育比较专家许美德（Ruth Hayhoe）认为中国的大学没有自治权，因为从传统的角度而言，官府、中央集权的文化专制传统使得中国大学没有自治权也不存在学术自由的思想。[④] 朱家德认为，政府为什么会对大学进行强制干预，根源于大学并非独立于国家和市场的话语主体，大学发展依靠政府的改革、放权和推动。[⑤] 张振华认为，大学与政府的隶属关系没有变化导致落实大学办学自主权的改革处于"放权"与"收权"的格局，陷入

[①] 周川：《高校与政府关系的几点思考》，《高等教育研究》1995年第1期。

[②] 别敦荣：《略论我国高等教育宏观管理体制改革》，《华中师范大学学报（哲社版）》1995年第3期。

[③] 邬大光：《试论高等教育管理、办学与投资体制改革的相关性》，《高等教育研究》1999年第2期。

[④] 许美德：《中国大学：一个文化冲突的世纪》，教育科学出版社2000年版，第26页。

[⑤] 朱家德：《中西方大学与政府关系演进研究》，《中国高教研究》2015年第10期。

"一抓就死，一放就乱"的怪圈。①

在如何放权上面，研究者提出从内部思维来确立大学的自治，从而提出政府与大学来分配管理权，给予大学相对办学自主权。周光礼认为大学办学自主权难落实与中国"极强政府—极弱社会"结构直接关联，中央政府向省级政府放权只是权力的转移，市场进入大学管理则是国家与市场之间权力的分化，两者都无助于提升大学自主权，因此认为以外部性的思维来落实和扩大中国大学的办学自主权存在严重缺陷。积淀逻辑制度具有历史连续性和累积性，呈现出一定的路径依赖，大学自治成为大学办学自主权的价值积淀。② 黄达人认为目前的问题是大学办学自主权没有明晰，同时大学没有认真思考需要哪些办学自主权以及如何来行使这些权力。借用"非禁即入"负面权力清单概念，明晰政府与大学之间的边界。③ 蒋达勇认为"强国家—强社会"模型是现代中国构建的逻辑走向，政治权力在大学不同历史时期都在进行"创造性转换"。国家在宏观方面对大学系统塑造了身份和等级，在微观层面在组织和体制上进行政治拟合。国家与大学之间需要不断地调适权力边界与活动空间。④ 祁占勇认为政府与大学的关系本质是权力如何分配和使用的问题。政府的职能与大学的自主权都必然是"有限"和"法定"。政府管什么以及怎么管是理顺两者关系的突破口，因此需要厘定政府管理大学的边界。政府对大学的管理由行政关系转向法律和服务关系。⑤

以上文献表明，中国现实中，政府对于大学的规制并没有实质性

---

① 张振华：《高校办学自主权及其落实问题研究》，博士学位论文，南京农业大学，2009年，第18页。

② 周光礼：《中国大学办学自主权（1952—2012）：政策变迁的制度解释》，《中国地质大学学报（社会科学版）》2012年第3期。

③ 黄达人：《高校缺哪些自主权？与其给予，不如放权》，《中国教育报》2014年4月21日第9版。

④ 蒋达勇：《现代国家建构中的大学治理——中国大学治理历史演进与实践逻辑的整体性考察》，《高等教育研究》2014年第7期。

⑤ 祁占勇：《落实与扩大高校办学自主权的三维坐标——高校与政府、社会关系的重塑及内部治理结构的完善》，《高等教育研究》2013年第5期。

的放松,大学与政府之间的科层关系依然存在,大学仍然是政府的下级。研究者从历史演进以及思辨的层面构想了政府放松规制的路径,一致认为应该从明确政府权力边界,以及确立大学成为自治主体来改革政府对大学的规制方式。

七 文献述评

政府规制理论启发我们,可以从改变规制工具的角度来分析政府放松对大学规制的问题。上述各种理论可以总结出一个共同点,即管理体制变革中始终存在政府的力量。[1] 政府与大学管理关系的两种取向中,第一种完全的自治实际上是一种理想图示。而规制式自治则把政府作为大学最重要的利益相关者来加以阐述。几种理论论证了大学有序自治成立的不同条件,以及各种条件下政府的不同规制状态,诸如协调、互动和激励。

然而,这几种理论仍然有缺陷,研究主体集中在政府,却忽视了大学作为规制接受者本身的研究。三角形协调模型以及后续的拓展研究已经论证了并不适合中国大学,因为中国大学并未成为能够与政府平等对话的主体,加上被矮化的"市场",使得政府成为唯一的权威主体,大学则属于从属主体,无法来实现协调。而在互动关系理论中,同样是从政府这一外部力量来研究放权问题,以及如何来参与管理。委托—代理理论也是从政府的视角来考虑如何实现信息透明、如何设计政府的规制。因此,这些研究都在假设一个前提,即大学已经是自治的主体,在此情景下政府来如何进行规制。

中国研究者集中批评了政府规制的弊端,主要是束缚大学的活力。并认为目前政府规制相对于计划经济时代的强制干预并没有实质性的改变,政府过度干预大学是因为政府权力边界不明晰。研究者侧重于分析政府与大学规制关系的历史变革及规制路径设计问题,学者

---

[1] Giliberto Capano, "Government Continues to Do its Job: a Comparative Study of Government of Governance Shifts in the Higher Education Sector", *Pubic Administration*, Vol. 89, No. 4, 2011, pp. 1622–1642.

们很难找到合适的分析概念和理论思路来解读目前政府规制的形成逻辑。总体而言，缺乏实证的分析工具，偏重于经验层面的构想，以至于在解释力和说服力上都比较欠缺。

这些研究基本上站在政府角度，通过政府自上而下的放松规制过程，来回答政府与大学规制关系。而忽视了大学本身作为规制的接受者，是如何来看待这个问题的研究。已有研究者仅仅提供了一种理论的参考，也停留在宏观的概述上，缺乏真实场景的呈现。并且已有的研究要么局限于纯理论研究，要么局限于历史比较研究，缺乏微观层面的质性研究探讨。因此，很有必要深入到大学内部管理的"黑箱"来探究，从大学本身行动者的层面来探讨政府与大学之间管理关系的逻辑。选取对S大学进行个案分析，从微观的视角来探讨宏观问题，探究目前以怎样的方式来规制大学，大学的自治空间在哪里，并且为什么会采用这种规制工具。

第三节　基本概念

一　省属本科

省属本科指由省级政府主管，主要由省级政府拨款，具有学士学位授予权的高等学校。本书研究的对象限定为公办省属本科。据教育部公布的高校名单，截至2017年5月，全国省属公办大学683所，部委属大学106所（见表1-2）。其中湖南省就有29所省属本科。

省属本科主要是从隶属关系来划分的，1993年开始逐步改革高等教育管理的隶属关系，中央以及各部委逐步向省级政府下放管理权限，政府通过"共建、调整、合作、合并"政策逐步解决条块分割的问题。2000年基本确立为"中央和省级政府两级管理、以地方统筹管理为主"。因此，省属本科是相对于教育部和中央各部门所属大学而言，即除部委属之外的公办本科。

表 1-2　　　　　　　　2017年全国公办大学分布　　　　　　　单位：所

	省属	部委属		省属	部委属
北京市	22	38	河南省	39	0
天津市	16	3	湖北省	28	8
河北省	34	2	湖南省	29	2
山西省	23	0	广东省	34	3
内蒙古自治区	15	0	海南省	5	0
辽宁省	37	4	重庆市	15	2
吉林省	23	2	四川省	28	4
黑龙江省	24	3	贵州省	20	0
上海市	21	9	云南省	23	0
江苏省	36	10	西藏自治区	4	0
浙江省	31	1	陕西省	29	6
安徽省	28	1	甘肃省	15	2
福建省	20	2	青海省	3	0
江西省	24	0	宁夏回族自治区	3	1
山东省	41	3	新疆维吾尔自治区	13	0

二　管理体制

管理（management）的概念复杂，很难下定义，研究者往往从不同的角度来界定管理。比如借鉴马克思的论述来定义管理，马克思在《资本论》中论述道，不论是直接社会劳动还是共同劳动，要达到整体运动效果，在不同程度上都需要协调，并对资源进行合理配置。根据马克思的观点，管理定义为通过组织与协调他人的共同活动获得个人单独活动所不能获得的效果，并配置有限的资源，以实现预定目标的过程。管理的基本职能就表现为计划、组织、指挥、协调和控制，核心是决策。管理的目的就是提高组织的效率和效益。效率针对资源而言，包括人力、财力、物力、时间等，以最少的资源完成任务就是高效率。[1]

---

[1] 王善迈：《改革高等教育管理体制提高高等教育投资效益》，《高等师范教育研究》1992年第6期。

科恩（Michael D. Cohen）和马奇（James G. March）等认为大学显著特征是组织的无政府状态（organized anarchies）。何为组织无政府状态？他们用三个主要特征来描述，第一是目标模糊（problematic preference），组织是松散耦合体（loose coupling），基于不连续性和不明确的优先权，组织的优先权更多的基于行动。第二是不明确的技术（unclear technology），组织的管理是一个基于试错、经验和实用的过程。第三是流动性参与（fluid participation），因此组织的边界是不确定和变化的。韦克（Karl E. Weick）深入分析教育组织作为松散耦合体的特征，耦合与连接或者相互依赖同义，但又有主要细微差别。耦合的事物是响应式的，但是各自又具有自身的特征，在实质上以及逻辑上是独立的。组织的连接依靠内隐性，耦合的最大优点是能把建筑模块移植给组织，而杜绝了模块或者组织之间的干扰。西蒙（Simon）认为耦合的最显著特征是能把最复杂的系统分化成为稳定的组件，这些组件对任何组织和系统而言都是关键因素。[①] 基于这种特征，大学管理的本质便是协调，协调大学系统有限资源投入与高效率地实现大学总目标的矛盾。[②]

本书把大学管理定义为：人们根据大学教育目标和发展规律，有意识地协调大学系统内外部各种关系和资源，以便有效实现大学目标的决策过程。而体制则是指对行为的制度化，那么本书把管理体制定义为：大学管理执行主体设计用来促使大学组织迅速适应环境变化，协调大学成员与大学整体目标一致的管理行为的制度化。

三 大学自治

从历史进程中观察，大学自治是一个发展的概念。本书论述的大学与高等教育同义，即传播高深知识、创造高深知识和运用高深知识的机构。大学作为知识治理的场所，是一个自我合法化的团体，主要

[①] A. Herbert, "Simon. The Architecture of Complexity", *Proceedings of the American Philosophical Society*, Vol. 106, No. 6, pp. 467－482.

[②] 薛天祥：《高等教育管理学》，广西师范大学出版社2001年版，第105页。

进行知识生产。① 由此，大学自治内涵就表述为对知识生产的自我管理，分为学术自由（academic freedom）和机构自治（institutional autonomy）两个层面。尼夫（Neave）把大学自治划分为"私人定义"（private definition）和"公共定义"（public definition）两个类别，用来分析比较不同国家的大学自治。"私人定义"指大学自我决定目标和功能，"公共定义"指外部利益相关者决定大学的目标和功能，外部利益相关者主要指代政府和市场等。尼夫称之为契约的自治（contractual autonomy），包括两个特点：①"公共定义"增加；②更多集中在程序自治（procedural autonomy）而不是实质自治（substantive autonomy）。② 由此可见并非大学自治在削减，而是采用了不同形式。相对于传统的行会式自治，大学自治外延得以扩大，行会式自治指自己制订行业规则，学者联盟管理，遵守内部的行业规范，而契约的自治还要考虑到外部利益相关者的需求。不论采用何种定义来界定大学自治，都是在公共政策范围内以及满足国家需要基础上建立的标准。上述定义消解了内部组织人员和管理机构的行动完全基于学术价值这一认识误区，即除了内部行业规则之外，还包含有外部价值，比如，外行董事会成员完全反映外部的声音。

本书把大学自治定义为：大学主动协调回应社会各种利益相关者的需求，自己决策管理自身事务，国家并没有直接干预大学的决策，而仅仅是起到一种监督和法治规范的作用。"中国大陆高等学校的办学自主权实际上是法律所赋予的大学自治权。"③ 那么大学自治并非独立于社会之外的自主管理，需要主动接受多种利益相关者的规制，与社会各种利益集团建立起协调机制，满足大学服务社会服务国家的需求。本书根据《中华人民共和国高等教育法》赋予的招生、学科

---

① Federica Rossi, "The Governance of University-industry Knowledge Transfer", *European Journal of Innovation Management*, Vol. 13, No. 2, pp. 155 – 171.

② Keiko Yokoyama, "Changing Definitions of University Autonomy: the Case of England and Japan", *Higher Education in Europe*, Vol. 32, No. 4, pp. 399 – 409.

③ 湛中乐：《论大陆公立大学自治权的内在结构：结合北京大学的历史变迁分析》，《中国教育法制评论》2006年第9期。

专业设置、教育教学、科学研究与社会服务、国际交流与合作、机构设置与人事管理、财产管理与使用七个方面的自主权来开展研究。

四 政府规制

规制最简洁的含义是对行为主体的干预，因此规制有程度的区别和规制工具的区别。政府规制根源于政府具有资源分配的强制权力，运用一系列规则或者采取具体行动，来限制或者调控组织以及个人行为。政府规制就需要借用一定的规制工具，即政府规制的手段，不同的规制工具将会产生不同的政府与大学之间的规制关系。本书所论及的规制工具包括指令、准入控制、制定标准等。那么政府规制就是政府通过采用指令、准入控制、制定标准或者是协调的形式对大学进行的干预。在价值取向上，政府规制与大学办学具有同一性，即政府规制与大学自治都是为了更好地促进大学面向社会办学。

第四节 研究方法

本书采用历史文献与个案研究相结合，重点是对个案 S 大学的管理变革进行分析。通过历史文献展现出大学管理变革的发展趋势，通过个案研究还原其管理变革的真实场景，以此来聚焦中国省属本科管理变革中政府采用怎样的规制方式，大学的自治空间以及背后产生的逻辑。

一 分析框架："规制—自治"关系

正如大学应社会需求而生一样，大学管理体制变革源于深刻的现实动力，与其承载政治、经济、社会功能有关。大学管理体制变革的历史都在表明其价值目标是要最大限度地激发起内部组织活力，发挥出大学的办学效益。为了构建切合管理体制变革的分析框架，将从历史的演进，文献研究以及现实变革中提炼出"规制—自治"关系作为本书的分析框架。

1. 大学管理的流变

构建大学管理体制变革的分析框架，有必要了解大学管理变革的社会根源，有必要回溯大学管理变革的历史。当代中国大学虽然是在国家主导下建立起来，然而不同国家的大学都是共同基因和变异的混合体。虽然本书的研究问题聚焦中国省属大学，仍然不妨碍从西方大学历史的源头来追溯管理的变革，这有助于我们从宏观上把握管理流变的关键因素。因为中国作为现代化的后来者，不可避免在制度的建设上存在对现代化先行者的模仿。

研究者指出，大学内部组织结构体现为由学科和专业构成的矩阵，学者忠于自己的学科胜过忠于大学组织，同样，学者对于所属院系的归属感胜过于整个的大学。整个组织特点，呈现出松散联盟的特征，处于组织的无政府状态。基于大学的组织结构和特点，正如洪堡倡导的只有学者才最了解学术事务，因而大学应是一个自治组织。从历史的长河中来观察，欧洲中世纪大学作为大学原型，形成了"行会自治"的传统，在大学章程规范下形成了学者联合治理的模式。然而，中世纪大学并非"象牙塔"，大学一诞生便成了教会和当局争夺的阵地，各自都想把持大学为自己服务。大学在寻求教会和地方当局保护的同时，又反抗其权威，来维护大学的独立地位。而事实表明，在中世纪形成的"行会自治"也出现明显的弊端，大学的封闭使得大学丧失了知识创新的活力，并且内部缺乏解决争端的能力。

随着民族国家的兴起，大学对社会的作用越来越显著，大学逐步被纳入到国家的公共管理之中，政府通过公权力来引导大学以实现公共目标和为公共利益服务。然而欧洲中世纪大学最初形成的"行会自治"形态并非完全消失，而是在历史的演进中不断产生变体。这种自治的传统在19世纪德国大学中演化为学术自治，学术事务之外的行政事务管理，包括资金的使用方式，人员的聘任等则由政府来定立规则。这种模式的前提是政府提供全额资金，然而政府并非干预学术事务，而是通过宪法形式赋了大学学术自治和学术自由。这种管理模式下的大学，具有了双重的身份，兼顾大学法人以及国家机构两个层次。

而到了20世纪的美国大学中,学术自治则又演化为机构自治。这种大学管理模式的前提,大学不再作为国家的机构,而是完全的独立法人实体。在这种模式中,政府依然没有置身事外,政府通过市场机制引导大学实现社会目标,大学自我决策。然而大学这种机构自治,在程度上并非等同于"行会自治",而是要受到政府和市场双重绩效管理。

由此可见,大学管理始终存在政府的作用,我们把政府的干预,称之为政府规制,那么这种规制出现了不同的程度和类型,大学自治也呈现出不同的程度和类型。政府为大学提供全额办学资金,往往表现为自上而下高度协调的科层模式,大学自治逐步局限于学者对学术事务的管理。大学在向社会多元筹资时,政府的规制往往体现为监督市场失灵,注重社会绩效。

基于文献中理论成果,大学自治并非是完全的自治,而是一种规制式自治。规制式自治是针对大学应对多种社会利益相关者群体形成的观点,那么政府作为大学最为重要的利益相关者,政府与大学的关系可以表述为规制与自治的关系。政府放松规制,相应就是扩大大学的自治权,政府加强规制,相应就是收紧了大学的自治权。因此,自治是从大学的角度而言,规制则是从政府的角度而言。无论是理论成果还是大学演进历史,都在说明政府的作用始终存在,那么大学的管理始终受到政府的影响。因此大学管理无法脱离政府的干预和规范,只是干预和规范形式和程度不同,我们把干预和规范称作政府的规制,于是大学管理体制的变革可以认为在自治与规制中变化。

2. 规制工具与"七项自主权"

新中国成立之后,国家举办和改造了一批大学,国家把大学纳入统一计划当中。此时大学没有管理的自主权,政府把大学纳入国家机关管理系统,目的用统一计划的方式来实现大学的政治以及经济功能,为国家建设培养政治合格的专业人才。直到1985年,政府在教育管理体制改革上提出简政放权,实际上是政府通过削减自己的权力,来给予大学自治权,从而更好地实现面向社会自主办学的目标。

经济体制的转型，社会主义市场经济体制的确立，政府在直接管理大学上将会产生更多的交易成本。加上高等教育扩招的趋势，中央政府管理大学在成本和距离上都显出各种弊端，在20世纪90年代，中央政府向省级政府下放管理权，从而应对社会转型的变革。政府放权的目的是为了更好地服务地方经济，激化大学的活力。明确向大学放权的重大举措，则是以《中华人民共和国高等教育法》的形式赋予大学七项自主权，确立独立法人地位。

大学作为资源依赖型的组织，在缺乏面向社会获得多元资助的机会和能力时，必定依赖掌握了核心资源的政府，以此维持生存运转。大学作为国家文化传承与知识创新的机构，政府必定将其纳入公共事务的管理。那么大学作为知识生产和传播的理性行动者，与国家实现公共利益所追求的目标具有一致性，大学能够帮助政府实现社会目标。同时，大学松散联盟的组织特点倾向于协调，而政府采用官僚制的手段介入大学的过程管理，政府的统一规制无法克服国家官僚技能缺乏的弊端，与大学学术组织的特点必然会产生冲突，造成大学本身自治能力弱化。

本书就采用了"规制—自治"关系作为概念分析框架（见图1-3），认为自治即自我决策来管理大学自身事务。这种自治显然是在政府的监督下，依照法律法规，回应国家需求和社会需求的规制式自治。那么规制就需要采用一定的规制工具，本书把规制工具分为：指令；强硬禁止；控制进入；制定标准等。指令是指政府直接干预，以行政命令的方式或者强制规定的方式。准入控制包括项目审批、专业审批等。制定标准包括专业评估、教学评估、价格、数量、绩效标准等。

不同的规制工具采用会产生不同的规制程度，因而自治的空间就会相应发生变化。而当政府的规制与大学面向社会自主办学不相匹配时，必然要改革规制工具。本书聚焦在省属本科的研究，那么按照现有的管理模式，省属本科主要接受中央和省级政府管理，以省级政府为主。中央向省级政府放权，但有些权力仍然没有下放。从"控制权"的角度，对省属本科进行规制的现有部门进行分类，可以分为：

❙ 规制与自治：大学管理体制变革研究

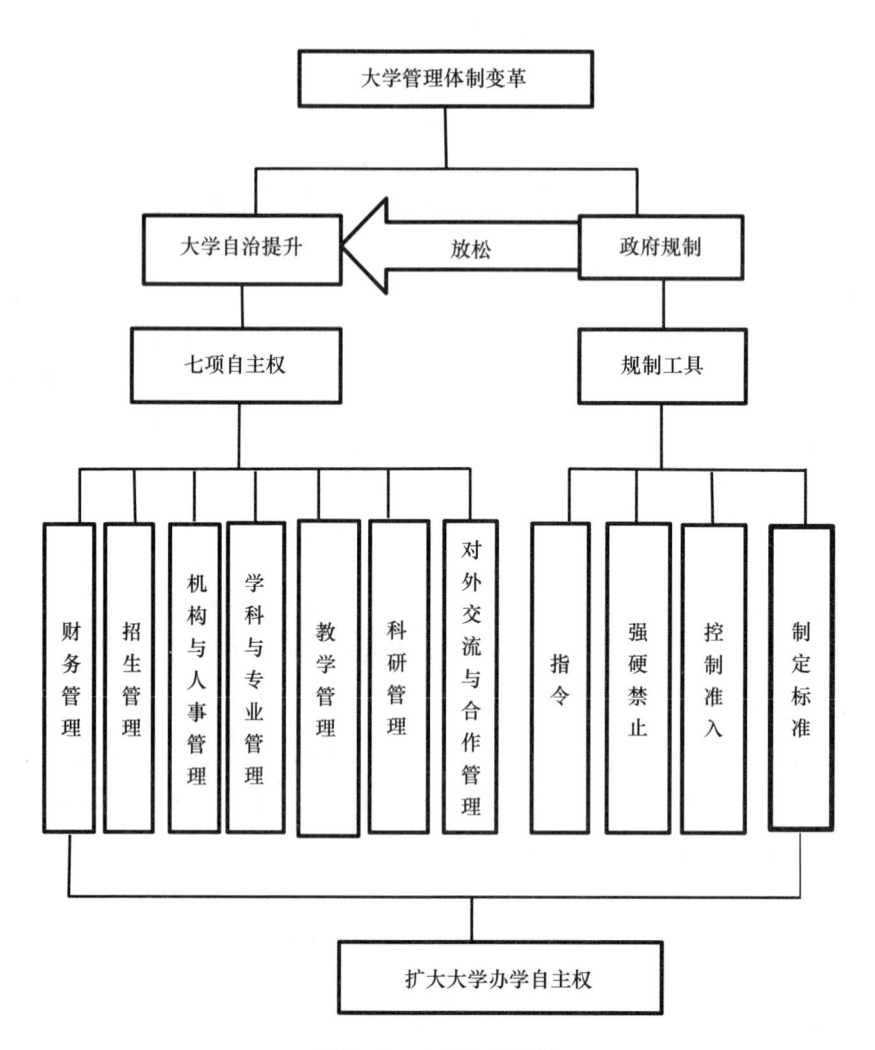

图1-3 本书分析框架

教育主管部门即省教育厅，作为大学的业务指导部门；省委组织部；省编制改革委员会办公室（简称省编办），原属于省人力资源和社会保障厅（简称人社厅），现在单独出来，管理所有国家单位的编制，大学的编制由其事业单位编制处管理；省人社厅管理大学的职称评定、人员聘任、工资待遇等；省发展和改革委员会（简称省发改委）；省外事侨务办公室（简称省外办）等。

为了从大学行动者本身的层面来探究政府与大学之间规制关系，发现其背后的生成逻辑。本书选择了 S 大学作为个案研究，深入到 S 大学的管理场景展开研究。并且在自治层面上，依据《中华人民共和国高等教育法》赋予大学的七项自主权来作为大学的管理行动事件维度进行分析。七个维度分别为"财务管理""招生管理""机构与人事管理""学科与专业管理""教学管理""科研管理""对外交流与合作管理"。运用七个维度分析大学管理的行动事件，围绕其中的故事展开研究。最后，在个案研究的基础上对政府与大学目前的规制关系生成逻辑作出多元解释，并深入讨论政府与大学规制关系相关理论。

二 具体方法：个案研究

本书采用的具体研究方法是个案研究（case study），通过访谈法和直接观察方法作了一个定性研究。政府与大学的关系一直是大学管理体制改革的理论关注点，研究者都作出了很多的理论解释，然而现实的运行与理论构想以及政策导向之间并不相符合。政府提出简政放权，落实和扩大大学办学自主权，而现实却是"一放就乱，一收就死"的困局。为了进一步精炼理论，本书选择特定个案的研究。选择省属本科 S 大学作为切入点，是希望能够将政府规制与大学自治这一宏大的理论问题放到经验的层面来讨论，达到"进一步精炼理论"的目的。但是一旦进入所研究的个案，发现真实地描述和分析个案本身所反映出的场景更为重要。从而通过对个案管理全貌的考察，发现其中与理论预设不符合的事实。

1. 个案简介

本书所研究的个案位于湖南省，始建于 1958 年，1978 年恢复为综合性本科，中间经历了高校撤并调整。出于学术惯例，本书称之为 S 大学。S 大学的建立一开始就是政府直接规划高等教育的结果，是国家发展高等教育为经济社会服务的产物。兴建于国家计划办高等教育的大潮中，1958 年，响应毛泽东把党和国家工作重点转移到技术革命和社会主义建设上来的号召，开始发展区域经济和各地企业，于是，省、自治区、直辖市逐步办一批学校。并由国家决定办学目标，在1958年党中央和国务院《关于教育工作的指示》中明确规定，党对教育的领导地位以及教育的无产阶级性质和与生产劳动结合的办学导向。在这一大潮中，1958年9月，周恩来总理批复成立S大学。当时规模极小，仅有23名老师和189名学生，校舍是当地原苗文学校的三栋破旧小楼。

1960年，毛泽东认为生产资料优先增长是一切社会扩大再生产的共同经济规律，鉴于斯大林时期强调重工业而忽视农业的经验，提出发展重工业的办法是实行工农业并举，提出"调整、巩固、充实、提高"八字方针，适当控制重工业特别是钢铁工业发展速度。在此要求下，1961年的全国重点高等学校工作会议贯彻执行"调整、巩固、充实、提高"方针，对高等学校进行"四定"：定规模、定任务、定方向、定专业。湖南省教育厅根据这一政策，对全省高校进行调整，S大学属于保留的32所高校之一。1962年，教育厅再次调整，S大学属于停办之列，但是在国务院关于湖南省高等学校调整方案的批复中，明确指出S大学属于保留的15所高校之列，并在批复中更名为S师专。

1978年经国务院批准，改建成省属综合性大学，面向全省招生，并开始扩建规模，这依然是政府的计划结果。1979年湖南省革命委员会确定S大学由S师专、湘潭大学在S地分校、湖南医学院在S地分校合并组成农林、医学、师范并设，本科与专科兼招的综合性大学。省委从省会长沙各高校抽调一批干部，充实校系和各部门的班子建设。1979年，湖南省委给S大学配备了党政领导班子，自此S大学建制由县级升为地厅级。从1979年开始S大学决策体制为党委领导下的校长负责制，实行省和当地政府双层领导，以省为主。1984年，湖南省委书记来S大学考察座谈，明确S大学的性质为地方性的具有民族特点的综合性大学，主要为当地培养人才。逐步形成校党委领导下的校长分工负责制和教职工代表大会制度。1982年，国务院学位委员会和教育部批准S大学学位授予权。

根据国务院把S大学办成综合性大学的批示精神，原有校址太窄和环境污染严重，省委省政府确定在S市南郊扩建新校区。1989年，新校区初具规模，生物系和化学系以及部分教职工搬迁新校区，形成新、老两个校区。地方政府希望能够培养更高层次的医卫人才，在省政府的批示下，2000年S地卫生学校并入S大学，组建S大学医学院。到2000年底，全国高校管理体制改革范围广泛，高校为了达到"规模效益"开展"合并"与"重组"。这一时期其实是政府放松规制的时期，因为国家对高等教育的需求旺盛，政府给予大学自我拓展的空间。在此改革背景下，S大学开始北上寻求合作伙伴，而S地区仅有一所本科院校，就寻求与Z市唯一的W高等专科学校合并。2002年，教育部批复湖南省人民政府，同意与W高等专科学校合并。湖南省人民政府下发通知，W高等专科学校并入S大学，成为S大学Z校区。

办学之际地处偏僻，基础薄弱，经费不足。前40年整个学校的基建费，国家累计投入6500万元。2003年获得硕士学位授予权，2017年申报博士点项目获得通过。完整地展现了中国一般本科的发展历程，对其进行个案研究具有代表性。选择S大学作为个案，至少在以下几个方面符合研究问题对于个案的要求。

其一，选择的个案在某种程度上具有普遍意义。在选择S大学作为个案之前，对其他大学管理做了大致的了解，在各省份之间除了像江苏省财政投入力度大的省份外，其他的省份管理都大同小异。而在湖南省，在本科层面的管理，除了"985"高校自治权更大，管理不尽相同。然后就是"211"的湖南师范大学资源渠道比其他本科多，自治权稍微大一点之外，其他的本科高校几乎没有大的区别。因此，S大学个案的选择具有一定程度的普遍性。

其二，在具有普遍意义的基础上，同时希望个案具有典型性。S大学从建校时期的本科学校，到调整为专科，又经教育部批复恢复本科招生。S大学历经了院系的调整和合并，并历经了教育部的本科合格评估、水平评估，以及审核评估。具有硕士点授予权，申报并获得了博士点授权单位，获得中西部高校基础能力建设工程项目。并且进行了以市场为导向的专业试点改革，具有一个单独招生的专业，进行了向市场开放的尝试。因此，S大学的选取对于本书研究问题又具有一定的典型性。

其三，个案的可进入性。笔者第一次进入S大学是2006年，恰逢S大学迎接教育部本科教学水平评估。那一年是我硕士毕业应聘到S大学校办公室做文字秘书，对学校的管理有一个感性的认识。全校上下按照上级主管部门的要求来规范各项工作，对照上级主管部门的标准来整合各项材料。学校经常召开会议，而且会议时间很长，上午开会往往延续到下午。上级部门领导经常来学校视察工作，校领导和中层干部经常到省城，甚至去北京汇报工作。见到校内各处室之间争要政策、争批经费。而到现在，各处室则按上级部门规定办事，谁也不想多惹事，上面的规定已经成了"尚方宝剑"。选定S大学做个案研究，S大学的处室领导和学院领导给予调研工作极大的帮助，使得访谈能够深入。所以，我选择S大学作为个案研究在个案的进入上是可行的，并且能够相对容易地深入到一些表面上看不到的场景。

2. 访谈情况

主要对S大学校领导、中层管理人员、教师作了深入访谈。按照《中华人民共和国高等教育法》规定的七项自主权对S大学的相关主管部门人员进行了深度访谈，基本情况见表1-3。

表1-3　　　　　　　　　访谈对象简况

部门	职务	人数
S大学管理部门	书记/校长	2
	副校长	1
	正处长	12
	副处长	11
	科长	3
	副科长	1

续表

部门	职务	人数
S大学学院	院长	3
	书记	2
	副院长	1
	系主任/院长助理	2
	教师	7
省教育厅	处长	2
省人力资源和社会保障厅	副处长	1
省编制委员会办公室	处长	1
省发展和改革委员会	科长	1

深入S大学管理场景，进行直接观察。访谈以结构化问卷提问，在深度访谈过程中，涉及的内容是开放性的，并不局限于结构化问卷。因本书主要立足从大学行动者本身的角度来理解目前政府的规制状况以及大学的自治空间，并探讨其背后的逻辑，那么本书的访谈对象侧重点是在大学层面。

3. 资料收集方式

本书所使用的文献材料来自于学术期刊、著作、教育史书、网站等文献资料，中国部分资料主要来源于新中国成立以来各种政策文本，获取的渠道包括《中华人民共和国现行教育法规汇编》、《中华人民共和国重要教育文献》、《十一届三中全会以来重要教育文献选编》、《全国教育事业发展统计公报》、《中国科技统计年鉴》、《中国教育统计年鉴》、《中国教育事业统计年鉴》、部分高校统计年鉴，以及部分高校的调查资料等。

因S大学校志仅编写到1989年，年鉴从2001年开始编写，所以收集资源难度很大，在档案馆查阅了相当数量的原始资料，收集了相当数量的文献，包括文件、财务工作报告等，并走访一些退休的教职工获得对于不同年代的管理的了解。要在大量零散的资料中来提炼对于十个指标的管理并不轻松，整个研究是一个充满艰辛的思想过程。

第五节　研究意义

本书研究主要厘清省属本科管理体制变革中政府与大学管理关系，以及生成逻辑。省属本科肩负高等教育大众化和区域经济建设的重大使命，提高省属本科服务社会的能力是迫切需要解决的现实问题。而提高服务社会的能力就必须提高省属本科的自治能力，获得相应的管理自主权，成为能够自我建构和发展的责任主体。本书从历史演进的视角来探讨大学管理体制变革的趋势，选择个案进行质性研究，通过大学管理场景的考察试图对政府与大学管理关系逻辑提出多元的解释。现有的研究仅仅从政府资源控制需求的单一角度来研究为何省属本科没有面向社会自主办学，而本书则从大学行动者本身的角度加以分析，期待能够丰富政府与大学关系理论，回应如何面向社会自主办学的现实问题。因此，本书的研究具有一定的学术价值，体现出强烈的时代感和现实感。

第一，对现实问题进行理论回应。政府简政放权，落实和扩大大学办学自主权不论是政策文本还是学者研究层面，都已经是十分热门的话题，而这一现实问题的背后是政府与大学管理关系变革理论问题。那么就很有必要厘清政府目前究竟采用怎么样的规制工具来规制大学，大学的自治空间究竟有多大，为什么会形成这种状态。从而为理解政府与大学之间的关系，以及放松政府规制，扩大大学办学自主权积累理论依据。从资源获取约束、"有序规范"等政府单向度解释政府对大学的规制逻辑，是既有研究的一大缺陷。本书将增加大学行动者如何参与现有规制关系的生产，从而在研究视角上作出重要补充。通过深入到大学的内部管理，从大学自治能力不足与自治条件缺乏来对政府与大学的规制作多元解释，从而对将大学看成是完全自治主体的理论观点作进一步回应和纠正。采用实证研究方法，探究与政府规制相匹配的大学制度环境与自治条件，为达到规制与自治的平衡进一步精炼理论。

第二，探讨管理体制变革的趋势。本书着力从历史演进中，纵横结合，从欧洲中世纪大学、到国家官僚规制、再到市场导向的管理体制实践中，来探讨大学管理体制演进趋势，厘清政府与大学之间关系的变革走向，为中国管理体制的变革提供一个整体的框架视角。

第三，希冀服务于管理决策。简政放权的改革一度陷入"一收就死，一放就乱"的困境，"深化教育领域综合改革"是自党的十八大以来国家教育方针的重点，要求大学具有主动适应经济和社会发展的积极性和能力，能自主地面对社会办学。"十三五"规划提出创新和产业转型的紧迫性，实用不仅仅是实用型高校的责任，是所有大学应有之用。大学面向社会自主办学不仅是政府规制的目标也是大学的办学目标，理解政府与大学规制关系的生产逻辑，有助于破除政府放松规制的政策导向与落实和扩大大学办学自主权的政策导向相偏离的困局，从而为政府究竟如何来改革规制工具，在多大程度上放松规制，以何种方式放松规制提供政策启示，以期待共同推进中国省属本科面向社会自主办学。

第六节　研究创新与不足

一　研究创新

1. 已有研究主要从政府控制的单一角度，来解释政府与大学规制关系的生产逻辑。在视角上存在明显缺陷，忽视了大学作为改革行为者是如何参与这种规制关系的生产。本书深入到大学管理场景中，主要从大学行动者本身的微观层面，提出既有规制关系背后逻辑的多元解释。

2. 本书研究发现，省属本科处于政府审批式、总量控制式的规制之中，政府并非是为了规制而规制，其中也有大学自身原因使得政府采用这种规制工具。因此这种规制关系，并非完全是政府出于"有序规范"需要而放权不彻底的单向度原因，而是大学作为改革行动者本身自治条件不具备或者不成熟的合力结果。

3. 研究发现自治条件不成熟促使省属大学反而谋求政府"审批式"规制。本书认为，变革政府与大学现有关系不仅需要政府改革规制工具，而且要注重培育大学自治条件。因为任何单一权力的下放都不会取得良好效果，当前政府部门间的链式效应决定了单一部门的放松规制并不能保障"简政放权"的有效落实。

二 研究不足

本书在对中国大学的质性研究中，选取单案例研究，因为个案属于省属本科，因此得出的结论局限在省属本科群体，对于部委属大学，以及高职高专、民办高校则不是很适用。

第二章 大学管理变革：历史演进视角

本章将从西方大学管理变革与国内省属大学管理变革两个层面进行历史的分析，来探讨管理变革演进中政府规制工具和大学自治程度的变迁，为下一章的个案分析提供整体背景框架。

第一节 西方大学管理变革

一 行会自治：博洛尼亚与巴黎

只有追溯到大学源头，才有可能清晰地展现出大学最初的管理形态。博洛尼亚大学和巴黎大学被认为是西方大学中教师与学生型大学的两大源头，在具体分析中将会交叉运用中世纪的这两所大学作为案例，以探讨管理的原型状态。

1."特许状"到"审查制度"

大学兴起是一个复杂的社会现象，其中一个契机是古代典籍的发现催生知识复兴，而这种知识复兴产生的动力，则与当时社会把知识运用于实践的迫切需要分不开。对于古代典籍的研习，吸引了大批学子和研究者，这些学子和研究者聚集起来，并且借鉴行会的组织形式，形成早期大学。从社会背景来考察，到11世纪末期，欧洲呈现出生机繁荣景象，农业革命、商业革命、城市复兴、中产阶级崛起，可以判断经济增长为大学兴起奠定了物质基础。商人和手工业阶层进入城市社会生活，为了在竞争中保护自身利益，商人和手工业者组成行会，形成了11世纪行会聚集大潮。行会组成的目的是为了保护商人和手工业者的利益，因此限制竞争，并且限制内部分工，显然不利于生产力发展。行会制度（gild system）规定学徒必须花费三年到十年的时间学习一种手艺，然后在师傅的许可下才能在社会上做工。学徒通过行会组织的技术考核获得师傅资格，可以独立开设作坊。研究者指出，行会产生了最初的"实业教育"（Industrial education），继而发展成为行会学校（Gild school）的教育制度。① 因此，行会的组织制度为大学的兴起提供了组织借鉴。行会对其内部人员具有精神和物质两个方面绝对惩处权。行会在中世纪是具有法人资格的团体，行会在1228年的政治革命中确认其宪政地位，行会领导者理论上对内拥有执政官的权力，对外不接受市政行政官命令。大学就是按照行会的形式建立起来，早期大学就是一个教学组织。

在中世纪，教会取得对社会的统治权时，便把社会团体纳入管理之中。由此，行会式的大学自然也被纳入教会管理中。大学也需要通过教会对其合法地位予以承认来维护自身利益，那么教皇或者国王通过颁发"特许状"来承认大学的合法地位便顺理成章。② 获得"特许状"，便成为学术法人，获得"大学"称号。教廷的这一规定在1219年6月28日设定，希冀把大学纳入教会体制之中。

历史学家拉斯达尔（H. Rashdall）考证博洛尼亚大学由外籍学生创建，时间大概为12世纪末期。在博洛尼亚大学学者的乞求下，1158年由腓特烈一世（Frederick Barbarosa）在朗格卡利亚会议上授予第一则法律宪章，虽无法判定是否是立校章程，但是在此会议上获得相关特权，规定全体学者都处于神圣罗马帝国君主特权保护下。③ 从此意大利的大学接受所处区域政府授予基本特权。获得政府特权的赠予，大学拥有一定程度的司法权。市政给予大学特权，尊重大学章程，保护人身和财产，对于民事纠纷，地方执法官需要直接执行大学执政人的宣判。学

---

① ［美］格莱夫斯：《中世纪教育史》，吴康译，华东师范大学出版社2005年版，第99页。
② ［英］海斯汀·拉斯达尔：《中世纪的欧洲大学：大学的起源》，崔延强等译，重庆大学出版社2011年版，第7页。
③ ［英］艾伦·B. 科班：《中世纪大学：发展与组织》，周常明等译，山东教育出版社2013年版，第60页。

者若涉及司法问题,可以自由选择接受本校教授的传讯。主教和教授共同拥有对学者审判权,并且律例规定学者必须接受大学管理。

创建之初的博洛尼亚大学完全依靠学费,教授的生活支出几乎完全来自于讲座束脩。而当学生不能经常性提供学费,依靠教会和市政当局获得教师薪金时,教会和市政当局以此来规制大学,大学的自治权也部分丧失。大学为捍卫自治权,往往利用教皇和市政两大势力的斗争,通过争取一方的支持来对抗另一方。历史表明,大学最极端捍卫自治手段便是解散。因为绝大多数大学没有自己的校舍、图书馆等固定资产,学者们在利益受损,无法进行知识传播和研究时,往往通过移居另一座城市来建立一所新大学。自由和安全是保护学者进行知识探索和研究的必需条件,这项必需条件在极端时候成为对抗教会和市场蛮横管理的手段。因为大学能够给城市带来声誉,而大学拥有自由迁徙权,因此大学能够以此来作为获得市政当局妥协的筹码,但解散这种手段也并不是每次都奏效。为防止教授流失,博洛尼亚市政强迫本城教授宣誓在两年内不得离开去别处城市任教。诸如"皮留斯事件"(the case of Pillius)中法学教授皮留斯在摩德纳城的重金诱惑下离开博洛尼亚,导致1227—1312年市政当局将宣誓法制化,要求所有意图在博洛尼亚任教教师遵守。后来又发展成为连坐惩罚起誓,并赋予学生行会执政人以特权促使学生起誓,即使市政当局的要求未达到也不能突然离开本城。市政的强势迫使博洛尼亚学生行会转向寻求教皇支持。最终市政高压胜出,建立惩处法案,不遵誓言的学生和教师将会丧失民事权力,甚至没收财产。在此市政压力下,1217—1220年,博洛尼亚大学曾一度彻底解散。到后期的法令中,仍看到严厉的惩处,策划转移博洛尼亚高等学府者一律处以死刑,50岁以上的本城公民未经市政允许不得转到其他城市开展讲座和教学活动,违者死刑,年轻的地位不高的教师,罚金200金币。[①] 1280年博洛尼亚大学教授接受市政薪俸,以前教授都是来自讲座课酬,市政开始提供教授

---

① [英]海斯汀·拉斯达尔:《中世纪的欧洲大学:大学的起源》,崔延强等译,重庆大学出版社2011年版,第122页。

薪俸，防止教授流失到别的城市，使城市声誉受损。博洛尼亚的执事长以及本城的相似职能教会官员成为本城大学名誉校长。

1292年尼古拉四世（Nicolaus Ⅳ）授予巴黎大学特许权，制定法规来加以规范大学，规定神学研究者必须参加教皇和基督教会反对异端的斗争。而到14世纪20年代，大学具有监视异端邪说的责任，最终的权威在教皇。① 大学对异端邪说实行严格的审查制度，以获得教皇的支持。教皇通过指派牧师到大学学习，解除具有僧侣和牧师身份的学生与原教区的关系，从而控制这些受俸牧师。到14世纪，大学定期向教皇通报大学学生和毕业生名单，以便教皇发放教会奖学金。同时也在丧失自由探索的权力，阻碍知识的发展。虽然持有异端邪说的学者受到教会的严厉惩罚，诸如烧死、谴责，但仍然不能阻止知识的进步。

从以上的分析中，可以推论得出"行会自治"是在教会与市政当局夹缝中的自治，在教会和当局给予特权的时候起到了保护的作用，但在斗争的过程中大学的力量偏下风，最终被纳入宗教专制当中。

2. 学者联合管理

大学行会性质在决策上实行集体决策，并没有一个统一的权威中心，而是采用集会的形式来共同管理。大学在与教堂主事的争斗中则借助教皇支持获得自治，在罗马教廷的支持下，1215年，库尔松（Robert Courcon）订立了一部法典，认可教师行会有权利为内部事务制定规章，并有权利要求成员宣誓遵守。大学获得自主制定章程治理学校，自我控制教师宣誓遵守学校章程的权利。章程仅限以下事务：学者被谋杀等严重伤害事件，司法公正没有及时出现，大学有权根据自己制定的章程实行审批；其次，旅馆租金税款的征收、学术服装的规定、员工葬礼处理、讲座与辩论安排。② 由此可以推断，中世纪大学管理以大学章程的形式来对行会成员的权利进行厘定，大学制定成

---

① William J. Courtenay, "Inquiry and Inquisition: Academic Freedom in Medieval Universities", *Church History*, Vol. 58, No. 2, 1989, pp. 168 – 181.

② ［英］海斯汀·拉斯达尔：《中世纪的欧洲大学：在上帝与尘世之间》，崔延强等译，重庆大学出版社2010年版，第22页。

员共同遵守的章程，以章程来规制其中的成员，章程就具有了合法管理的性质。共同遵守章程，就使得行会自治以制度化的形式固定下来。卢梭在《契约论》中写道，只有合法的权力人们才会服从。中世纪大学要求成员通过宣誓来忠于行会，为什么宣誓能够起到规训作用，因为欧洲中世纪作伪誓属于严重的犯罪，行会可以对其内部成员在物质和精神上进行惩罚。

巴黎大学因为一开始只是一群人的集合，而不是讲授科目的集合，所以教师之间的连带关系远甚于科目之间的关系。直到 14 世纪，巴黎大学的同乡会群体才开始以集体的名义租用学校，各个教授会开始确立下来。巴黎大学内部存在双重组织结构，根据研究性质，学生和教师组建成四个独立群体，神学院、法学院、医学院和艺学院，分别具有一定自治权。另外，根据民族和语言方面的不同，在 1219 到 1221 年间，分为四大同乡会，以同乡会划分只存在艺学院里面，因为成员年轻需要照管等缘故，组织成同乡会加以保护。[①]

"全体集会"（general assembly）成为当时产生决策的方式，集会议程实际上不存在任何讨论程序，与人数的多寡也没有关系，因为一个学院或者系科只有一票。此外，学院、同乡会组织中存在集会方式。倾向是大学事务和决定交给一小部分领导组成的议会来处理，全体集会由校长主持。[②] 大学最初的首领是主教的代理人，主教坐堂主事权力削弱伴随着大学主事人权力增加，主事人就是现在称之为校长的人物。到 13 世纪主教代理人的司法权力转移给大学自己选出来的校长。于是，校长成为大学行政首领，管理学校财务、主持会议、保管文件，官方事务中代表学校。校长如何产生？从大学内部组织建构分析将会更为清晰。大学的分支机构为学院，学院仅仅教授一门学科。神学、法学和医学是高级学院，艺学院属于低级学院。因为艺学院（faculty of arts）的规模最大，约占到 13 世纪巴黎大学的人数的

[①] ［法］涂尔干：《教育思想的演进》，李康译，上海人民出版社 2006 年版，第 110 页。

[②] ［比］希尔德·德·里德－西蒙斯：《欧洲大学史》第 1 卷，张斌贤等译，河北大学出版社 2008 年版，第 132 页。

2/3，并且发展了教师和学生参与的四大同乡会，法兰西、皮卡第、诺曼和英格兰。学院负责人为院长（dean），院长在高级教师中产生，负责召集学院集会、教学、辩论和考试事项。四大学院由各自院长主持工作，四大同乡会各由一位代理人负责管理日常事务。① 艺学院院长基本由四大同乡会选举产生，校长往往由同乡会领袖选举产生。负责召集和主持全校大会，与同乡会和高级学院共同管理大学财政。院长的任期都很短，从一个月或者半个月到3个月，同乡会领袖每月选举一次。艺学院虽然人数上占多数，但是当时的投票每个学院是平等的，一个学院只有一票（见表2-1）。

表2-1　　巴黎大学艺学院与其他三大专业学院人数的对比②　　　　单位：人

年份	艺学院	神学院	法学院	医学院
1348	514	32	18	46
1362	441	25	11	25

涂尔干认为艺学院教授的内容主要是辩证法，而辩证法则使巴黎大学首先获得声誉，掌握了辩证法即掌握了人类学问的精髓，因此艺学院获得了管理上的首要地位。艺学院主要是进行心智训练，具有进入三大高级学院的预科性质。艺学院的学生有些年纪很小，14岁就可以拿学士学位，所以入学年龄小，因此建立同乡会组织也是必然的。也因为年纪过小，巴黎大学管理学生采用的鞭笞手段也很好理解。总之，巴黎大学形成了教授治校、校长统领的管理体制。

3. 人员准入与教学科目控制

即便教会和当局都希望能控制大学，但是大学并非完全顺从，而是摆脱教会控制。教会是整个中世纪基督教学的提供者和保护者，对

---

① ［英］海斯汀·拉斯达尔：《中世纪的欧洲大学：大学的起源》，崔延强等译，重庆大学出版社2011年版，第85页。
② ［法］涂尔干：《教育思想的演进》，李康译，上海人民出版社2006年版，第115页。

大学加以监控，尤其是对神学教育。教皇控制大学的目的是希望大学能为自己服务，如何才能实现对大学的控制，重要手段之一是控制大学的成员。然而大学并非甘心成为教会的机构，在依靠教会的同时反抗教皇的权威。将以教学许可权（the license to teach）与任教权（magisterium）在大学与教皇之间的争夺来说明大学与教皇之间的抗衡。教学许可权与任教权实际上就是对谁能够成为大学教师的判定。在巴黎，因为最初的教学在教堂里举行，起初学校是直接归主教管理的地方，主教指定一名专门教师来负责管理，称为掌校教士。规模扩大后，主教无力承担管理学校的职责，就把挑选和任命教师的任务交给了掌校教士。挑选和任命教师也就是授予合格者教学的权利，称为任教权。对于符合条件的人，都必须免费授予。由此一来，主教坐堂学校增加了授予任教权的新功能，这种新功能一般由教堂的主事（chancelier）执掌。那么要进入教师行会，必须通过执教权和就职礼两个不同的阶段。①

教学许可权是指从事教学的资格能力凭证，而任教权则是具备教学许可权的人开展教学活动的准入，加入教师行会被称为获得任教权。到12世纪晚期，硕士（master）才作为加入教师行会必要要求，通过学位（inception）授予仪式。只有获得了教学许可权才能进入教师行会，而并不是所有获得教学许可权的人都可以进入教师行会。在12世纪，教学博士控制了考试和进入专业团体的关口。教师准入实行"就职礼"，经过行会中一位或数位教师的首肯。教师行会中任何人想要授课，必须先跟从某位教师，达到一定的期限要求，时间5到7年不等。就职时，举行仪式，新教师头戴四方帽，戒指和一本打开的书由当年的老师发给新晋教师。新教师通过就职演进或者辩论来证明自己的执教能力，同时还需提供礼品和一笔现金作为教师行会的公共基金。

但是教会当局控制了颁发教学许可证书的权力。尤其是由主教坐

---

① ［法］涂尔干：《教育思想的演进》，李康译，上海人民出版社2006年版，第93页。

堂学校发展而来的巴黎大学，受到教长的控制。这种模式往往引起教长和教授们之间的冲突，教授们为维护自身利益，联合起来反对教长的权威。因为，教长或者教皇迫使教授接受没有达到行会要求的外部人员进入大学时，任教权的荣誉本身就会贬值。教授依靠自身在行会中的地位来控制人员的准入，并逐渐提高对获得教长教学许可人员的审查能力。在获得任教权之前，准入必须通过一系列的要求和考试。比如艺学院（the Faculty of arts）在通过教长的考试获得许可后，任教权的候选人还必须等待6个月到3年不等时间。并且教皇或者君主授予普遍的教师资格许可并不代表可以获得普遍大学的聘任，比如巴黎大学从牛津获得的学位必须重新经过考核才能获得任教权，因此拉斯达尔推断大学具有自主聘任教师的权力。[1] 由此可见，虽然教皇企图控制大学，大学并未受到教会的完全控制，大学仍然还是一个自治的机构。

大学教授的科目为三科四艺，三科指文法、修辞和辩证法，四艺指算术、几何、音乐和天文。三科占优势地位，属于技艺性质。意大利人学习自由七艺主要是为了辅助创制法律文件，为担任公证员和辩护人员做准备。[2] 因此可见，自由七艺具有实用的目的。大学的课程同样是社会需求下开设的，可以从法律文本的学习推断，因为古罗马法由古文字书写，便开设了文法和修辞课程，有助于法学专业学习。

大学的形成是学术发展的结果，而大学自治一旦其学术失去了社会的检验，便会造成封闭和僵化。比如，大学自治造成了教授席位之间的近亲繁殖，从13世纪开始教授席位呈现明显的世袭性。大学缺乏外部约束机制的自治容易造成内部矛盾激化，比如教授权力在缺乏相应义务约束的情况下开始滥用权威，大学无法自我解决内部争端，只好诉诸议会法庭。议会趁机加强对大学的"审查制度"，开始插手

---

[1] ［英］海斯汀·拉斯达尔：《中世纪的欧洲大学：大学的起源》，崔延强等译，重庆大学出版社2011年版，第9页。

[2] 同上书，第68页。

大学有关诉讼。[①] 国王在保护大学的同时，也按自己的利益需求来规制大学，大学求得国王庇护同时丧失部分自治权。国王对大学不满时，给予的权力随时可以收回。大学逐渐失去了智识探究的热情，而变得故步自封，逐渐成为复制封建皇权和教会人员的工具。

由此可见，教会或者国王在给予大学特权时，大学培育成为"智慧之花"。而当教会或者国王严格审查大学，大学在经典之外不允许发挥时，反而造成了僵化。教会的审查制度以及行会自治本身阻碍创新使得这种管理体制与社会发展不相适应。

二 科层管制下的教授治校：德国案例

工业革命给欧洲社会带来巨变，民族国家纷纷获得主体地位。随着教会土地被没收，教会失去了经济基础，国家强力排除教会把大学纳入社会管理中。然而，不同的国家管理体制表现不同，18世纪法国大革命后拿破仑重组大学为国家和工业服务，高等教育置于国家控制之中，采用中央集权制度。德国同样把大学纳入国家管理，并没有采纳中央集权制，而是各邦国分权治理，并给予大学充分的学术自由。德国高等教育是一个分权的系统，而在州一级则是一个集权的系统，直到1992年。大学自治在国家的官僚制管理之下，主要以德国现代大学为例来探讨这种体制。

1. 国家科层制管理

政府在管理社会公共事务时，逐步发展起了科层制模式。"科层制"是德国社会学家马克斯·韦伯（Max Weber）创造的词汇，它最大的特点是理性和程序化，按照规章制度办事。在这种制度安排下，公职人员的作用是监督大学按法律办事，大学行政管理人员的管理专业水平要求反而不高。科层制产生的一个前提是大学成员与所需物质资源相分离，也就是说大学只有接受政府管理才能获得生存资源。国家成为大学最大的资助者时，国家取代了教会把大学纳入统一管理。

[①] [英]海斯汀·拉斯达尔：《中世纪的欧洲大学：大学的起源》，崔延强等译，重庆大学出版社2011年版，第99页。

资助的潜在要求，大学就必须遵守服务于国家设定的目标。欧洲国家，即使是私立大学占大多数的国家，资金的来源主要来自政府。

在拿破仑战争的摧毁下，德国34所大学消亡了18所。[①] 1810年教育文化大臣洪堡创建的柏林大学翻开了大学史崭新的一页，由法学教授施莱尔马赫（Friedrich Schleiermacher）担任临时校长，1811年费希特（Johann Gottlieb Fichte）担任正式校长。19世纪普鲁士创建了11所技术学院，技术学院由工业技术学校发展而来，1899年技术学院获得大学称号，并获得博士学位授予权。二战后大学面临重建，管理改革并没有提及。因为战争伤亡和财政缺乏，学生数量极少，西德在战前23所大学仅保存了14所。到20世纪50年代末包括新建和重开的如吉森大学，一共比战前少了5所。1950年，德国20—24岁年龄组毕业生比例为5%，与日本持平，当时美国已经达到20%（见表2-2）[②]。由此可见，政府集中管理大学局限于精英教育。

表2-2　　　　　九国大学生20—24岁年龄组毕业生百分比　　　　单位：%

年份	加拿大	法国	西德	日本	西班牙	瑞典	英国	美国	苏联
1950	8	6	5	5	2	5	5	20	—
1965	24	17	10	12	9	13	12	41	31

国家立法规定大学的双重属性，从柏林大学重建开始，法律规定大学既是法人团体，又属于国家机构。德国并非采用拿破仑大革命后的中央集权制，而是各邦州享受教育管理权限，州有权力监督所有的人事和财政管理。国家机构性质决定由政府创办、出资、管理，政府制定大学和学院治理规章法律、决定组织结构，这就体现为科层制的自上而下照章办事的特点。但是，政府在制定规章之前听取法人社团

---

① ［瑞］瓦尔特·吕埃格：《欧洲大学史》（第3卷），张斌贤等译，河北大学出版社2014年版，第3页。
② ［澳］W. F. 康纳尔：《二十世纪世界教育史》，孟湘砥译，湖南教育出版社1991年版，第626页。

意见，大学能够授予学术头衔。

第一，政府控制人员准入和教授评定。

国家干预大学的重要手段是考试，国家控制了大学的准入和毕业生流向。在普鲁士以及其他邦国，有严格入学选拔考试。大学招生通过入学考试，考试由校长授权，通过考试委员会举行。考试委员会成员包括校长、院长、大学法律顾问。并且大学一年级学生提供相当高水平的通识教育。大学学习结束时，在普鲁士由国家控制的考试，作为进入职业的准则。

政府控制大学人事，但以科学竞争能力为标准选拔教授。作为法人团体应该具有人事等管理的权力，但是政府官僚控制大学的人事，由此法人团体与国家官僚机构本身相冲突。但是政府在选拔教师的标准上，以能力取胜而不是依靠财富或者社会地位。为了保障科学研究地位，在教师准入上就设置了对科研水平的严格规定，科学能力是获得学术职业的最重要条件。要获得教师资格，比如博士学位是进入大学教学的第一步，在普鲁士大学里要求发表或写作过论文，并要讲授两次课，一次面向全体教师并进行讨论，一次面向学生的公开课。教学人员分为两类：一类是教授，由国家任命和支付薪水；另一类是讲师，学院聘请可以进行教学工作，但没有工资。教授又分为正式教授和临时教授，正式教授构成大学事务的管理主体，职位空缺时由学院提名递补，临时教授不能参与管理大学事务，并且人走职位随即撤销。教授工资来源分为两部分，一部分为国家拨付的工资，另一部分是通过私人讲座获得的课酬。教授工资部分依赖所教课程的学生数量，其中学生对选课付费，也是一种刺激提高教学质量的方法。

教授任命由各邦国政府进行，教授的选拔标准非常高，而且高度竞争。比如在普鲁士由国王本人任命正式教授，教育部部长负责任命临时教授。学院仅仅能够在教授有空缺的情况推荐候选人，但政府不一定在候选人中挑选任命。比如1901年报告记载1817—1900年间教授任命情况（见图2-1）。

规制与自治：大学管理体制变革研究

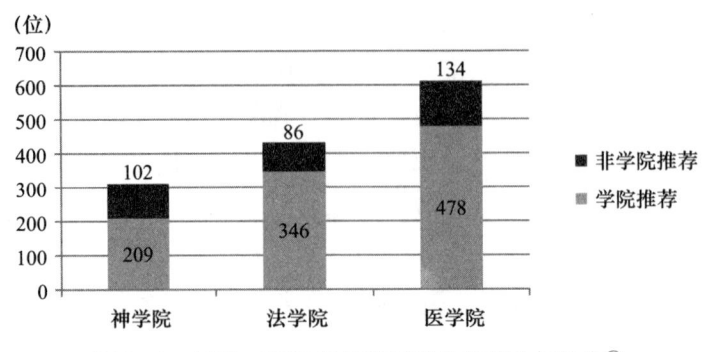

图 2-1　1817—1900 年间教授职位任职数与程序①

在 19 世纪，通常的规则是一门学科（discipline）仅由一位在过去几十年里对建立新的讲座有突出贡献的教授代表。而一个学科在一个学校只能有一位正教授，要想晋升为教授必须等到有空缺，或者开辟新的学科。因为一个学科只设立一个教授职位，而本学科的教授职位已饱和，比如在 1830 年至 1840 年间人文学科达到饱和，这个时候，便开始向采用实验方法的自然科学拓展，带来自然科学的繁荣。在 19 世纪早期和中期，每门学科拥有超过 20 个一流的全职研究职位，加上正在形成的学科，形成了巨大的市场来吸引相当的人才竞争这些职位。19 世纪研究班制度扩展到所有系科，在医学院则由研究所或者实验室和临床诊所代替研究班，教学与研究功能为一体。比如，1824 年，化学家利比希（Justus von Liebig）在吉森大学说服当时政府和学校创办了第一个化学实验室，用于教学和科学研究，吸引大批学生前来研究化学。

第二，政府出资并规定财政使用。

在大学管理体制上，国家充当的角色是提供物质条件，并不干预大学内部事务。国家认为政府当局并不具有认识科学真理的能力，科学的规范问题只能由科学自身来规范。国家的责任是管理人数和财政，而在学术方面国家不予干预。政府包括联邦和州政府采用详细的规章制度管理大学，并且拨款方式严格按项目拨款（item allocation）。

---

① ［德］弗里德里希·包尔生：《德国大学与大学学习》，张弛等译，人民教育出版社 2009 年版，第 83 页。

从经济的角度来看，拨款的不足，教授们通过私人讲座收取学生补偿金增加收入。产生了类似于现在所称的创业活动，神学家从教会机构获得收入、法学家提供法律咨询获得收入、医学教授问诊行医，哲学教授基本靠私人讲座获得课酬。18世纪，这个过程历经了由国家资助向学生掏钱来增进教学质量的转变。私人讲座发展成为教授重要职责的组成部分，课酬由官方机构财务办公室统一收取。大学管理层采用"双重薪金"制度，政府在1897年通过法律改革大学教授课酬制度。主要体现为两个方面的变化，引入根据服务年限定期增长工资的制度，另外对超出一定数额的课酬进行区别对待。超过3000马克，柏林标准为4500马克，一半归政府，作为增加教师工资支出部分的补偿。限制课酬的不合理增长，规定课酬上限。

大学的拨款大部分花费在实验室和研究所上面，大学通过研究所与社会紧密联系，科学研究给德意志民族奠定了经济地位（见图2－2）。

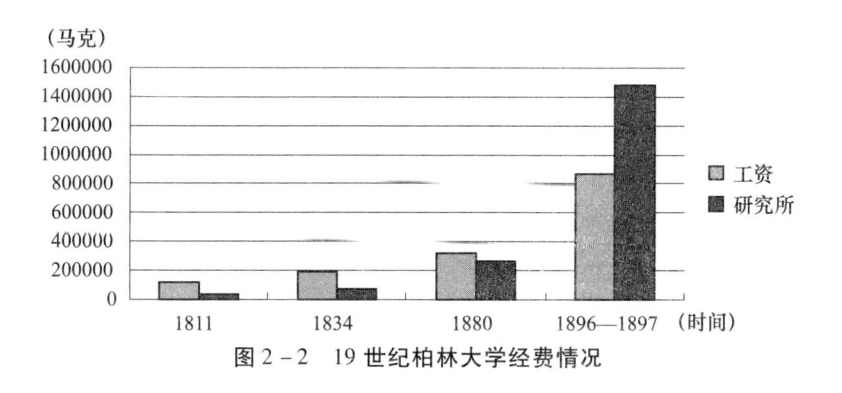

图2－2 19世纪柏林大学经费情况

因为拨款的不足，也促成了讲座制的发展。比如1897年规定，正式教授起薪工资为4000马克（柏林4800马克），临时教授起薪2000马克（柏林为2400马克），之后增加到原来的5倍（柏林为6倍），每4年加一次薪，每次加400马克。另外住房补贴540—900马克（见表2－3）。① 政府控制大学讲座数量，严格以学术水平为标准。

---

① ［德］弗里德里希·包尔生：《德国大学与大学学习》，张弛等译，人民教育出版社2009年版，第87页。

表2-3　　1894—1895年度普鲁士政府统辖正式教授课酬

人数（人）	课酬（马克）
191	1000
87	2000
74	8000
14	10000
15	15000
7	20000
4	>20000

2. 学术自治：讲座教授联盟

国家官僚通过规章制度对大学加以规则，从学生准入、学生考试、教师的任命、讲座的设置、教授工资等都由政府专设的教育部门进行规定。从理论上而言，为大学教授治校提供了物质条件。在政府的规制下，管理变得简单，主要局限于学术事务。

科学研究属于学术事务，德国政府并不干预学术事务，给予大学学术自由，以保障开展科学研究。要开展科学研究，就必须给予大学学术自由，德国政府通过立法的形式加以规定，并且这一法规精神贯穿大学发展始终。比如，1816年柏林大学制定了宪章。1919年魏玛宪法是德国历史上第一部实现民主制度的宪法。宪法规定了国家对教育的责任和权利，国家定位为高等教育的监督人和举办者，并在第142条规定"艺术、科学和教学自由"，"国家保护并培育高等教育"。魏玛宪法相对于一个世纪前各邦国重视教育的集中强化，相对于古老的君主政体传统并没有创新。比如，1930年普鲁士州政府制定的《柏林大学宪章》，包括总则；大学学生；院系；校长、理事会、大理事会；学生机构；讲座和实际训练；体育教育九个部分，每个部分都加以详细规定。[1] 柏林大学的新宪章可以作

---

[1] M. J. Demiashkevich, "The Organization and Administration of Universities in Germany", *Peabody Journal of Education*, Vol. 10, No. 6, 1933, pp. 342-357.

为各邦国政府授予德国大学的典型范本，宪章表明传统的学术自由完全得到保留，并以德国联邦帝国的形式在法律中重新加以规定。宪章规定大学享受宪法授予的追求科学的自由，加强科学研究和学习，并激活科学思想。

大学同时是国家教育机构和符合公法的法人团体，拥有自己的印章。自主管理内部事务，接受科学、艺术和公共指导部长的直接监督。部长与管理机构官方交流是直接的，并适用大学所有管理机构。大学成员包括：①所有大学教师；②大学法律顾问；③在大学和附属机构中任命的各种技术任务的公务员；④定期和临时的助理；⑤招收的学生；⑥荣誉人员。大学管理机构包括：校长（Rektor）、评议会（Senate）、大评议会（Larger Senate）、执行委员会（the Executive Committee）、各大学学院的委员会（the Council of each of the University schools）。大学教师包括：①教授；②名誉教授；③定期助理教授；④临时助理教授；⑤编外讲师。

国家保障学术自由，不会侵犯大学授予学位，开设课程的自由。但是学生具有很强的实用目的性，也为了能够使学生获得更好的职业，通过国家考试，课程自然在很大程度上需要靠近政府要求。

教授不仅是研究所的管理者，讲座的持有者，而且大学管理者只能在教授中产生。大学保留由学者组成的法人团体管理性质，大学自己选择内部管理人员，每年从全体教授成员中推选出校长，由大评议会在7月份从全校教授中选举产生，选举必须得到教育部长确认，由在任校长主持，采取秘密投票方式。教授一人一票，校长任期很短，一两年时间。校长是大学的首领，代表大学处理外部事务，调遣内部官员，负责学生录取、对学生的社团组织和会议进行监管。校长是所有委员会的当然主席，理事会包括校长，前任校长、院长以及选举的理事。各系科全职教授选举产生大学评议会（Senate）。评议会的当然成员，包括作为主席的校长、大学检查官、各院系负责人，以及选举出来的其他成员，构成一个执行委员会。校长和评议会掌握纪律管理权，纪律管理权是古老的大学司法权的部分保留。大学自己选举校长，也印证了大学作为独立法人团体的特征。[①] 学术管理以及推荐任命教师的权力集中在学术机构，教师以及以校长为主席的评议会手中。但是这个管理机构仅仅只有全职教师才符合标准，因而是教授中心的管理体制，教授以外的人员参与数很少。

因为推崇学术自由，并且科研至上，所以各个讲座教授之间的权力是平等的，不同之处是研究领域分工不同，在大学各学院之间构成同僚制。各学院的管理机构权力主要在教授会，教授会与校长及评议会同属大学管理的最重要机构。院系事务由院系执行委员会管理，执行委员会成员由所有的教授和部分助理教授以及编外讲师选举产生。因为教授处于权力顶层，助理教授只能在教授所没有涉及的领域发表意见。院长在前任任期结束后由执行委员会从本系的教授中选出，选举程序在院系章程中已经规定。院长是执行委员会和理事会的执行官，负责召集和主持会议，以及院系选举的召集。院长在正教授中选出，本身无决定权，准备提案，一旦通过就负责执行。按照院系章程来管理院系经费，并且负责调解执行委员会和理事会之间的误解。院系执行委员会具有管理所有事务的权力，在部长的授权下，执行委员会以大学的名义授予学位。院系理事会（council）的权力包括：听取院长关于部长条例、大学大理事会的重要决定以及院系执行委员会的重要决定的重要报告；讨论讲座计划；表达关于高等教育总的方针的建议，特别是对院系教学组织的建议；对关于学术教授的地位问题表达观点。理事会的决定就带有官方意见性质。他们联系部长，以及一起报告执行委员会。部长征求院系理事会意见，院系的具体管理必须通过执行委员会的条件规定，并通过部长的批准。

在普鲁士，出于监督大学目的，中央政府在每一所大学设有一名学监（curator）。为了对大学进行政治监视，1819年梅特涅（Klemens Wenzel von Metternich）在德意志诸邦每所大学中任命一名政府代表，

---

① [德] 弗里德里希·包尔生：《德国大学与大学学习》，张弛等译，人民教育出版社2009年版，第78页。

1948 年之后，由学监取代政府代表，负责与国家直接有关的事务。[①]大学与教育部之间的联系纽带就是学监。

即便在民主化的冲击中，传统的教授中心治理提出改革。在 1980 年至 1985 年间，仅 16% 获得教授任教资格的人员获得教授职称。由此，教授主体地位并无多大改变。

3. 提升整体自治的改革

德国这种国家科层管理模式下，大学自治限定在教授学术自治层面。在精英教育阶段，德国这种管理体制为德国大学获得世界声誉。教授的重要性由学科的重要性决定，因此基础研究无形中得到强化，并获得惊人的产出。从 1810 年到 1933 年，涌现了一批伟大人物，比如哲学有康德等 8 位、历史学有兰克（Leopold von Ranke）等 3 位、文学有歌德（Johann Wolfgang von Goethe）等 5 位、经济学有马克思等 5 位、社会学有韦伯等 6 位、数学有高斯（Karl Friedrich Gauss）等 11 位、物理学有欧姆（Georg Simon Ohm）等 15 位、化学有利比希等 29 位、医学有亨勒（Friedrich Gustav Jacob Henle）等 6 位、天文学有弗劳恩霍费（Joseph von Fraunhofer）等 3 位、地理有洪堡（Alexander von Humboldt）等 2 位。到 1945 年，德国 45 位诺贝尔奖获得者几乎全是大学的毕业生或者教授（见图 2-3）。

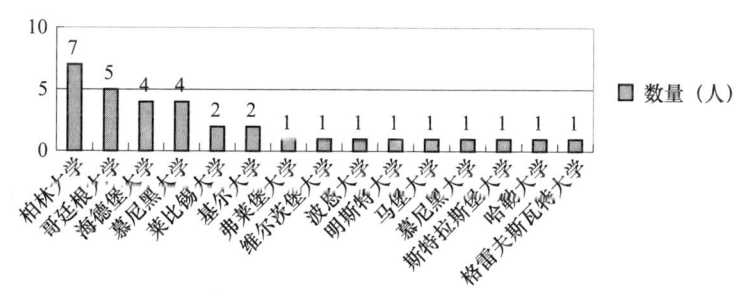

图 2-3 截至 1945 年德国大学获得的诺贝尔奖数量

数据来源：诺贝尔奖基金会网站（www.nobelprice.org）。

[①] ［瑞］瓦尔特·吕埃格：《欧洲大学史》，张斌贤等译，河北大学出版社 2014 年版，第 52 页。

规制与自治：大学管理体制变革研究

德国在国家官僚规制下保障大学的学术自由和学术自治，大学决策权在教授手中，在高度竞争的环境中达到世界科学和研究的顶峰。但是这种学术寡头抵制变革，强调个人的研究和教学的自由，在内部的协调上面存在障碍。并且洪堡所倡导的德国学者寂寞和孤独的学术气质，与社会绩效和外部利益相关者之间也是不相匹配。政府对大学的规制采用同一的标准，大学更易于产生或者更大范围内接受创新，大学之间相互竞争，都想胜出或者与之比肩。在规模小的情况下可以适用，但随着入学机会的扩大，有限的经费条件下，科学研究所需经费就无法通过集中的方式来予以分配，大学之间出现分化和等级层次就难以避免。学术寡头对于团队合作，以及院系层面的协调合作起到阻碍作用。而当社会需求发展了新的变革时，政府科层制管理以及教授学术自治就出现了变革的危机。政府投入经费占 GNP 比例由 20 世纪 70 年代中期的 1.32% 减少到 1992 年的 0.93%，大概减少了 30%。高辍学率达到 30% 以上，学生在第一学习阶段和毕业论文以及论文准备阶段缺乏指导，并且德国大学对世界的吸引力下降。国家给予的特权集中在所长手中，身份等级制度建立起来。一旦教授确立了学科的绝对地位，就会渐渐地在现存的学术领域建立起障碍，影响部分科学和学术探究的增长。大多数必须的研究设备只对助教开放，而在研究所里面没有职位的编外讲师没有机会开展科学研究。然而，大学章程和行政管理几乎没有意识到这种变化。

科层制以规章制度自上而下的高效率著称，但是政府以大量松散联系的法规介入大学管理，西德政府制定法规，但是却表现为无序和颠覆，缺乏法律制定者的明晰和理性，以至于对无关紧要的"伪问题"争吵。[①] 到 1991 年为止，德国没有对于高等教育质量问题的管理政策。原因是德国认为政府对教师的严格任命条件保证了学术质量。这种体制维持前提是在精英大学的阶段，难以适应知识经济和全球化的趋势。直到 1994 年，才正式提出质量问题。1955 年，哥根廷

---

① Wilhelm Hennis, "The Legislator and the German University", *Minerva*, Vol. 15, No. 3/4, 1977, pp. 286-315.

（Göttingen）大学校长，以及西德校长联席会（the West German Rectors' Conference）主席海姆佩尔（Hermann Heimpel）评价德国大学在本质上是合理的。1998年《高等教育法》大幅修订，号召加强竞争，通过放松管制，以绩效为方向，并开始绩效刺激。引入评价制度，并依据教学与研究成果补助经费，刺激大学重视教学以及科研成果的转化。1998年德国、法国、英国、意大利等国共同发起欧洲各大学整合计划。1999年29个欧洲国家在意大利博洛尼亚签订《博洛尼亚宣言》（Bologna Declaration）。1998年，法、英、德、意四国签订《索邦宣言》，旨在"和谐整合欧洲高等教育体系框架"，2010年启动博洛尼亚进程。并且在1999年博洛尼亚进程之下，德国高等教育界日益关注过度拥挤、资金不足、师资短缺对高等教育质量的负面影响。意识到这些危机，政府开始改革高等教育。

从各个讲座和研究所之间松散的联盟中可以看出，教授之间是同僚性质的。在政府的法规和人事与财政管理之下，大学整体自治微弱。随着经济全球化以及欧盟的统一进程，德国大学管理吸收盎格鲁-撒克逊模式。财务上实行单项预算，当年经费不能用于下一年。为了增加透明度和有效性，一些州在财务上实行包干预算改革。经费拨款方式开始重构，比如在下萨克森州和莱茵兰—普法尔茨州部分科研教学经费实现绩效分配。现有模式重新分配经费比例低于5%，2003年下萨克森州10%的经费用于重新分配（见表2-4）。

表2-4　汉诺威大学和慕尼黑技术大学教学与科研绩效分配模式[①]

	标准	所得份额	动机
汉诺威大学	预计学生、实际学生、毕业生、外部捐赠、受雇研究人员数量、博士学位、博士后	州直接拨款的6.6%，总收入的5%	支持学生完成学业，增加额外收入，强化研究，支持年轻学者，促进课程适应当代需求

[①] Klaus Hüfner, "Governance and Funding of Higher Education in Germany", *Higher Education in Education in Europe*, Vol. 28, No. 2, 2003, pp 145-163.

续表

	标准	所得份额	动机
慕尼黑技术大学	一年级学生，毕业生数量，毕业需求，人事配备，外部捐赠，博士学位，博士后	州直接拨款的4%，总收入的3%	按需求培养学生，课程适应需求，促进第三方融资研究，支持年轻学者

德国在国家投入减少以及规模扩大时放松对大学规制，开始改变财政投入方式，增加整体拨款部分，扩大了大学财政的自由裁量权。并开始引入绩效刺激和质量评价，加大资金的竞争部分。由此一来，扩大了校长分配资金权力，校长的任期也在延长。讲座教授之间的联盟在一定程度上阻碍变革和创新，校长权力的扩大，以及教师成员的扩大在一定程度上削弱了教授的权力，在学术事务上教授仍然是决策的主体。虽然改革的力度不是非常明显，州和联邦政府依然保留对大学的管理，但是在向更多的机构自治转变。

三 国家监督下的机构自治：美国案例

在社会转型背景下，政府治理改革提上日程。比如20世纪70年代，"全能政府"在新自由主义理念下遭到严厉批评，提出引入市场力量改革政府治理。20世纪80年代，新公共管理运动下，英国、荷兰等国家引入市场和绩效，率先改革。美国提出再造政府，将掌舵与划桨分离，利用杠杆作用（leverage）将很少的资源积聚成巨大的改革机会。政府改变对大学规制方式，由"输入"控制转为"输出"控制。打破"万能政府"和"集权控制"模式，允许不根据中央的规章制度手册对公共机构进行管理。[1]"全能政府"向"掌舵性政府"转变，在权力的向度上从自上而下向多元、互补转变，政府采用合作、协调的方式参与公共事务管理。[2] 政府放权，大学自治得以相应

---

[1] [美]戴维·奥斯本等：《摒弃官僚制：政府再造的五项战略》，谭功荣等译，中国人民大学出版社2002年版，第72页。

[2] 俞可平：《治理与善治》，社会科学文献出版社2000年版，第6页。

增加。大学对地区经济作用增加,外部利益相关者,比如产业部门,介入大学决策。政府对大学的管理,就在更大的程度上面通过市场来对大学产生影响(见图2-4)。

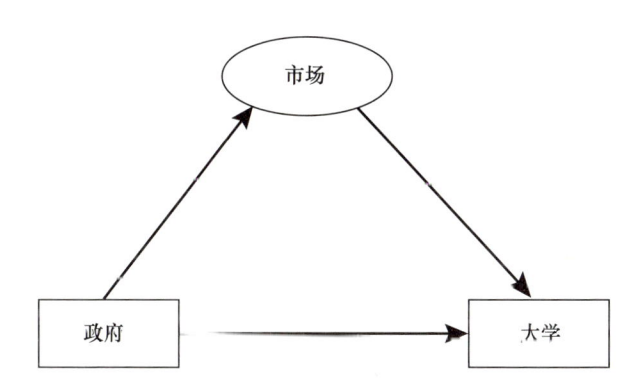

图 2-4 政府直接或通过市场管理大学的绩效

联邦政府希望把高等教育纳入国家统一发展之中,历经1819年达特茅斯学院案事件后国家大学的梦想破灭,既反映出传统学院保守势力的强大,同时也奠定了美国大学按市场需求自由发展的传统。此次事件之后反而刺激了大学的新建,到1860年约增加了500所大学。美国大学建立之初避免政府的干预,害怕政府损害大学自治权。在1879年宪法中明文规定,大学是公众的信托(public trust),组织和管理完全独立于政治和宗派的影响,大学具有自己任命董事和管理自己事务的自由。[①] 美国大学具有高度的自治,不受政府干预。自治的机构日益向公共管制转变,但是这种管制并不是像欧洲大陆比如德国那种政府官僚规章制度的模式,而是立法、资助等方式以市场为中介来刺激大学服务公共利益。

1. 州政府特许大学高度自治

美国政府是联邦性质的,高度分权,各州都具有颁发大学特许状

[①] Verne A. Stadtman, *The University of California* 1868-1968, New York: McGraw Hill, 1970, p.82.

的权力,能够授予学位。1825年在开国元勋托马斯·杰斐逊(Thomas Jefferson)的努力下,以实用为原则建立了第一所州立大学弗吉尼亚(Virginia)大学,服务本州,因此办学模式完全世俗化,并且采用的是选修制,学生按需求来选择课程。到南北战争前夕,州立大学已经在25个州建立,仅仅2个州没有。

"州宪"规定大学具有自治权,同时规定为本州服务。正因为"州宪"赋予大学自治权,使得大学能够自由地设计发展。宪法还规定州对大学的支持采用整体性拨款(a block grant)的方式,这就防止政治家通过大学预算(budget)方式来干预大学内部管理,于是大学有权来决定内部的分配。州政府提供公立高等教育系统的经常性经费,1972年《高等教育法(修正案)》规定,资助高等教育的一般责任由州政府承担。

二战后,联邦政府制定《军人权利法案》(The GI Bill),大量公共资金投入到大学,州政府采取入学补贴的形式特别在20世纪60年代增加了入学率。州立大学规模扩大伴随而来州政府全面协调大学。促进州立教师学院升为综合学院,刺激了社区学院迅速扩大。比如,1940年仅纽约州(New York)具有包括对私立大学的全面协调机制。在1950年,美国48个州建立有协调和管理董事会的只有17个州,而到1974年,在50个州里,只有3个州没有建立。而到1980年,仅仅只有威斯康星(Wisconsin)州没有建立。[1]并且,1969年学生动乱之际,大学无法自身解决而求助于州政府解决,也强化了州政府对大学的监督。在20世纪60年代到70年代,美国兴建有上千所校园,中间没有一所公立4年制大学关闭。

1980年之后,入学人数呈减少趋势,在人数以及州投入缩减阶段不是依赖计划,而是更多依赖市场。比如,从1980年到2000年期间,全国各州从税收中用于大学的费用削减了30%,州政府从收入

---

[1] Michael K. McLendon , Erik C. Ness, "The Politics of State Higher Education Governance Reform", *Peabody Journal of Education*, Vol. 78, No. 4, 2003, pp. 66 – 88.

中拨给大学的经费从9.8%降低到6.9%,削减了1/3。① 在州立大学财政不足的情况下,联邦资助减少,联邦资助并非给予大学而是以资助或贷款的方式给予学生,州立大学从1990年起学费上涨了125%。州政府面对州立大学学费上涨开始干预,比如从1994年开始,弗吉尼亚州立法者开始限制学费上涨幅度。由此可见,州政府对大学的协调是对市场和计划混合依赖的结果。当学生数减少时,市场作用比学生数增长时期更具有影响力。但是不能忽视计划是一个政治过程,关闭大学在政治上几乎不可能执行,州政府开始更多干预。

大部分州政府对州立大学并不直接介入管理,而是成立协调委员会(Coordination Board)、管理委员会(Governing board)或者顾问咨询机构(Advisory Bodies),负责向州政府及州议会提供经费分配建议、规划州内高等教育。整体上,州政府是公立大学经费的主要提供者,只要不与州一级的高等教育发展规划冲突,各院校都能适应各方要求并及时调整,包括适应政界,适应学生入学申请,适应毕业生就业市场、科技界发展需求等等。但是,这种体制在经济危机时对于财政薄弱的院校和无力对市场要求作出及时调整的院校是一种威胁。因此管理体制朝向集中管理和接受政治影响发展。②

州政府通过对公立高校董事会的任命来影响大学,通过任命的董事来影响关于预算、学费和学位授予的层次和范围的学术决策。这种方式在不同的州,情况有所不同。有些州公立大学的董事由州长任命,也会对大学自由发展进行干预。比如加州州长罗纳德·里根(Ronald Wilson Reagan)因不赞成加州大学总校长克拉克·克尔(Clark Kerr)对20世纪60年代学生运动的处理方式,利用宣布大学预算不具备宪法自由,以及任命董事会委员的权力迫使克尔离开大学。即使是董事会成员由州长任命,在制度上面也要保证大学自治。比如加利福尼亚大学(UC)的董事会成员虽然大部分由州长任命,

---

① [美]大卫·科伯:《高等教育市场化的底线》,晓征译,北京大学出版社2008年版,第139页。
② [加]约翰·范德格拉夫:《学术权力——七国高等教育管理体制比较》,王承绪等译,浙江教育出版社1989年版,第167页。

但是通过程序的设计使得所任命董事成员能够独立于州长。25名董事中18名由州长任命,他们的任期为12年,这就超过了州长的任职年限。而且可以连任,只要在没有违法的情况下就不能被解聘。还有7个依法行使职权的成员,其中4个是选举的国家官员,很少参加董事会议,2个由每一届的大学校友联盟选举,第七位是校长。①

在20世纪80年代美国主要趋势是加强对州立大学的管理,主要原因是州可供资源下降,并且对于公共资金使用有效性的问责加强。特别对社区学院和公立综合学院加强了公共管制。比如在1980—1982年之间关于两年制社区学院的州立法机构新建增长了75%。州政府对院校管理的有效方式控制预算程序。一种方式是按业绩拨款,州拨款与特定指标业绩挂钩;另一种方式按业绩预算,这种预算安排很少,很大程度上需要院校领导与预算需求方面的州政府官员协商。州政府机构、特别委员会及州议会都在加强大学预算与计划,寻求规制大学的途径。州政府对预算制定和拨款使用更为关注,包括州立法机构在内,对大学加强管制。州政府对大学管理从实质性和程序性的规制,转向鼓励市场力量介入,通过加强责任制、质量评估、绩效预算等手段间接地加强对大学的管理。公立大学利用州政府分配的基金款项以及教育服务项目,基本上对议会负责。州政府官员通过方案实施审查或评价干预学术事务。

面临州财政紧缩,州政府对大学资助持续缩减不可预测。私立院校成本提高,私人捐赠和收入减少,但是市场限制学费增加,面临财政困难。而公立大学竞争私人资源的能力缺乏面临更为严重的危机。面对州政府拨款的缩减,比如1980年学杂费占公立大学年度收入的13%,到2000年占到至少20%,不授予博士学位的公立本科院校约占到1/3。州政府拨款对全国公立高校的拨款由1981年财政收入的46%降到2000年的36%。② 在这种情况下,公立院校追求私有化来

---

① Matin Trow, "Governance in the University of California: the Transformation of Politics into Administration", *American Journal of Hypertension*, Vol. 12, No. 12, 1998, pp. 1–19.

② [美]菲利普·G. 阿特巴赫等:《21世纪的美国高等教育:社会、政治、经济的挑战》,施晓光等译,中国海洋大学出版社2007年版,第91页。

提高收入或者重新分配州政府稀少资金。比如，在高需求和高回报的学术课程上面费用几乎全由学生、企业或私人承担。社区学院设法开设更多与特定的商业或工业部门签订的合同性教育课程。州政府作为减少拨款的交换条件，减少对院校的规制。

2. 联邦政府财政激励大学竞争

联邦政府希望把高等教育纳入国家统一发展之中，历经1819年达特茅斯学院案事件后国家大学的梦想破灭。但是联邦政府通过立法、财政等手段引导激励大学服务社会，联邦并不会干预大学管理。

第一，赠地法案：引导大学服务社会。

南北战争前，1860年美国工业产值仅次于英国、法国、德国，居世界第四位。南北战争后南方奴隶制的废除扫除了资本主义发展的障碍，联邦政府把发展高等教育作为政府的公共事业。雄厚的经济实力带动了大学的发展，同时大学的改革也为经济提供了动力。当时美国农民数超过全国人口一半，农民饱受土地流失和农业病害之苦，迫切需要农业耕种科学技术。同时，随着工匠党组织势力的壮大，他们不愿自己的子孙再低人一等，希望能通过高等教育提升社会地位。基于农民的需求，以及促使高等教育民主化，国会议员贾斯廷·莫雷尔（Justin S. Morrill）考虑到西部的土地政策，建议给各州赠予土地兴办赠地学院，开展与工农业有关的研究和科学教育。当时新州议会拥有大量土地，土地相对金钱而言，更为便宜，议会乐意赠予土地。贾斯廷·莫雷尔的目的，让任何想学习实用课程的人都有机会学习。《莫雷尔法案》的通过经历了曲折的过程，法案提交了三次，最终获得林肯总统签署。但法案本身缺陷不少，南部各州被排除在外。为贯彻执行，相继通过相关法案来进一步完善（见表2-5）。

表2-5　　　　　　　　联邦政府颁发相关赠地法案

法案名称	时间	主要内容
莫雷尔法案	1862	联邦政府向各州每位议员拨三万英亩土地，至少建立一所学院教授农业和工艺有关的实用学科。

续表

法案名称	时间	主要内容
哈奇法案（Hatch Act）	1874	联邦政府拨款建农业试验站，支助农业研究，确立农业延伸服务。
第二莫雷尔法案	1890	联邦拨款制度化，并规定了拨款资助的学科范围。规定新生录取不得种族歧视。
史密斯－列弗法案（Smith-Lever Act）	1914	拨款资助为不能上大学的人提供农业和家庭经济方面的教育和实践，进一步促进农业技术推广服务。

赠地法案的成果即大批赠地学院建立，广泛为农业和工业服务。作为早期赠地学院之一，威斯康星大学打破大学封闭状态，开展延伸活动，校长张伯伦（Thomas Chrowder Chamberlin）、亚当斯（Charles Kendall Adams）支持农业短期课程和农民研究所。到范·海斯（Charles R. Van Hise）继续关注社会问题，并坚定威斯康星理念，在任何地方教人、教人以任何知识，提出"大学的边界就是州的边界"口号，而这一口号的实质表现为大学与区域之间的合作。在经济学和植物病理学两个学科突出服务导向，在经济学方面开展经济、政治科学和历史学院结合的跨学科研究社会问题，研究失业问题，起草失业补偿法案为新政立法。教授走向田野，建立管理合作模式，大学与社会互派专家，参与政府官员关于改进农业、发展工业和解决社会经济问题，经济学家参与州铁路和税收委员会，政治学家帮助起草法案，工程学家设计铁路建设方案，农学家帮助牛奶业发展。推广知识和发展实际知识，并通过推广补习计划把大学知识传播给本州人民。课程设计通俗，1910年有5000多人参与函授课程学习。[①]

赠地学院导致哈佛等的改革，以及研究型大学约翰·霍普金斯大

---

① 贺国庆：《从莫雷尔法案到威斯康星观念：美国大学服务职能的确立》，《河北大学学报（哲学社会科学版）》1998年第3期。

学的建立。以此可以推论，自《莫雷尔法案》联邦政府成功以立法方式介入大学管理，打破了大学不受联邦干预的传统。这种立法形式采用的是激励而非官僚的规制，奠定了联邦政府通过立法、研究资助、学生资助等方式对大学进行监管的模式。

第二，《科学——无尽的边界》：开启联邦拨款时代。

联邦政府资助基于提升国家利益的教学以及研究，在资助对象上面并不分公立和私立。主要通过"研究经费""学生奖助学金""特色发展经费"来提供大学经费。因为官方配置经费并不以学生数量为主要因素，因此在大学管理上面迫使加强研究。国家科学基金会资料显示，美国100多所研究型大学获得联邦研究总经费的80%。联邦政府拨款只占到学校总经费的15%，但是对学生助学金和研究经费部分，高达90%以上，远远超过州政府、工业界以及捐赠。二战后联邦加大立法手段保障对学术研究的支持，把战后的研究合同转化为民用研究，使大学通过科学研究服务国家。第一个重要的政策文本是1945年布什（Vannevar Bush）向继任的杜鲁门（Harry S. Truman）总统提交的报告《科学——无尽的边界》（*Science, the Endless Frontier*），报告富有远见地制定美国战后教育和经济复兴的进程，并建议成立国家科学基金会（NSF），全面支持和拓展大学基础研究。在极短时间内，报告的建议都得以实现。1958年艾森豪威尔（Dwight D. Eisenhower）总统签署《国防教育法》（National Defense Education Act）。1957年10月苏联人造地方卫星发射成功，美国深入人心的科技优势粉碎，认为在科学和数学训练方面落后于苏联。立法包括几个部分：以科学、工程、数学为目标的学生贷款项目；针对大学教学生涯的研究生学习的国防奖学金；提高科学方面12年教师培训的项目。为了重新获得科技优势，联邦政府开始大幅度资助大学进行科研。1958年联邦政府在科学和工程研究上投入2.54亿美元，到1968年联邦政府投入达15.72亿美元。并且大学科学和工程研发的支出中联邦政府占据主要部分（见图2-5）。

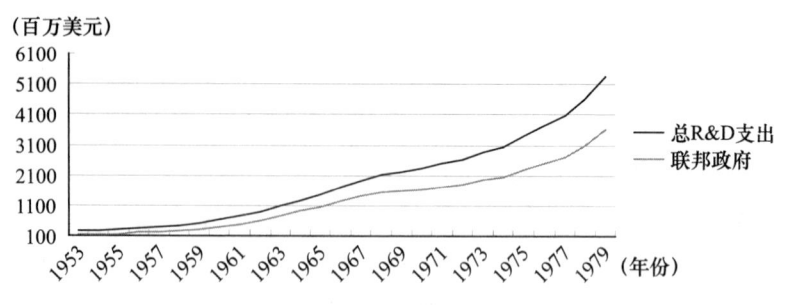

图2-5 美国联邦政府投入大学的R&D支出（S&E）

数据来源：国家科学基金会网站（http://ncsesdata.nsf.gov/databales/herd/2013/index.html）。

到20世纪60年代迎来了美国研究型大学的黄金时期。不是所有的大学都均衡获得联邦的研究投入，其中79%经费投给了仅仅20所研究型大学，占这些大学研究经费的一半，占总运营经费15%—80%。比如，斯坦福大学运营经费39%来自联邦政府，其中工程和物理学科费用占到80%。并且美国用于研究和开发的投入呈现上升趋势，1953年美国GDP为3897亿美元，其中R&D投入占1.32%，联邦基金占到0.71%，其中4.94%投入大学；1958年GDP为4820亿美元，其中R&D投入占到2.26%，联邦基金占到1.45%，比例增幅快于GDP增长，其中4.18%投入大学；1969年GDP增长到10199亿美元，其中R&D投入占到2.55%，联邦基金1.49%，其中投入大学占8.56%。随后R&D总量保持在2.5%左右浮动，投入大学的比率整体上升，到2012年GDP总量为162446亿美元，R&D投入占到2.79%，联邦基金为0.83%，投入大学份额为13.75%。下图展示了大学R&D投入量与国家R&D总投入量的变化（见图2-6）。从1953年到1997年，联邦投入大学的研发（R&D）费用平均占到基础研究（basic）的68%，应用（applied）研究的53%，以及发展（development）研究的62%。[1] 联邦政府支持高等教育加重了大学的

---

[1] Mathew Rafferty, "The Bayh-Dole Act and University Research and Development", *Research Policy*, Vol. 37, 2008, pp. 29–40.

官僚主义，大学被迫建立起庞大的管理机构。为了争取联邦的支持，大学增加了游说国会团体，并且提高了管理的成本。扩编与负责联邦政府联系的职员，设立华盛顿地区的办事处。

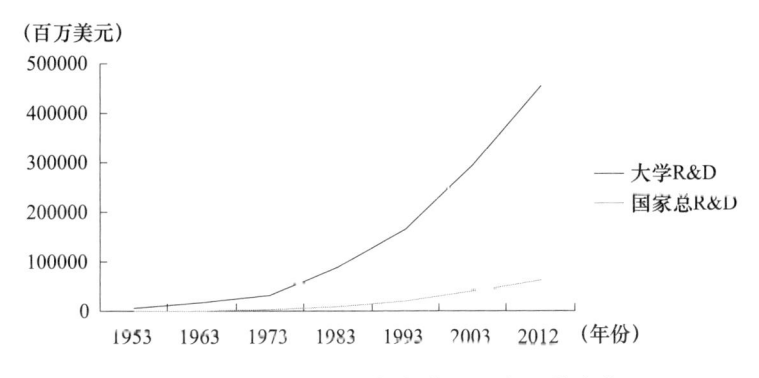

图 2-6　美国总 R&D 与大学 R&D 投入的变化

数据来源：美国国家科学基金（http://ncsesdata.nsf.gov/herd/2013/html/HERD2013_DST_01.html）。

这种体制刺激大学提升研究能力来获得联邦资助，研究主题发展变化，由教学与研究相结合的自由探究转变到依靠外部资金赞助、任务导向的研究。国家科学基金会资料显示，美国100多所研究型大学获得联邦研究总经费的80%。外部研究奖励的基础由大学内在研究能力决定，联邦机构还给予大学研究资助的15%—20%的额外资金作为间接费用。同时，国家科学基金会实行直接的制度捐赠计划，用研究总额的5%用于大学自由支配。美国联邦政府主要通过研究合同和学生资助的方式来调控大学，这种调控基本采用市场竞争的方式。在研究经费和学生资助的额度上国会存在激励争论，尽管存在政治分肥现象，某些政客可能把经费拨给家乡的大学，联邦政府的调控从来都不是直接的。

第三，竞争消费者市场。

联邦对大学资助通过教育券形式给予学生，再由学生自己选择大学，由此政府创造竞争性的学生市场，在1944年这种方法在《退伍军人权利法案》时开始使用。学校就必须改善管理，提供社会所需的专业、课程、技能等等，才能获得学生市场。1972 年《高等教育法（修正案）》改革联邦资助学生的方式。《高等教育法》规定对无法完成中等教育后教育者给予财政援助，而修正案中将基本教育补助金（Basic Educational Opportunitity Grants）直接发放给学生，学生可以自由选择学校。这种方式，加大了市场竞争，改变了把补助金发放给学校，再由学校转给学生的方法。除基本补助金外，还有增补教育机会补助金、大学实习补助金、国家学生贷款等项目，以及各种奖学方式，用来补助学生在特定职业或领域的研究，比如保健和法律等。1992 年《高等教育法（修正案）》修改了联邦学生资助政策，放宽了资助和贷款资格申请的条件，24 岁为本科生经济独立最低年龄。研究生被认为经济上独立，不符合佩尔助学金资助条件，但可以获得相当部分的补贴性贷款或非补贴性贷款。[①] 据粗略估计，从 1980 年到 1996 年间，美国高等教育从学费中获取的毛收入从 24 亿美元增至 55 亿美元（1996 年美元比价）。同期，联邦学生贷款从 9 亿美元增至 27 亿美元。[②]

在市场竞争中存在信息不对称问题，大学为了获得更多学生市场有可能提供虚假信息。招生手册、大学排行榜、出版物数量等可以反映大学学术信息，但并不足以供学生参考。这时候，为了防止市场失灵政府就必须对大学进行干预，比如美国许多州要求州立大学和学院提供 NSSE 调查（全国性入学调查），信息公开内容至少包括：毕业生就业/接受专业培训/进入高一级学位比例、毕业生平均起薪。[③] 由此可见，市场调节并非是唯一形式，市场在大学管理中作用的发挥仍然处于政府监督之下。政府运用必要政策来刺激大学之间的竞争，而不是采用直接的行政规章制度。政府的监管不可缺乏，政府监管市场

[①] ［美］弗雷德里克·E. 博得斯顿：《管理今日大学：为了活力、变革与卓越之战略》，王春春等译，广西师范大学出版社 2006 年版，第 111 页。

[②] ［葡］佩德罗·泰克希拉等：《理想还是现实——高等教育中的市场》，胡咏梅等译，北京师范大学出版社 2008 年版，第 198 页。

[③] 同上书，第 92 页。

不至于失灵。于是大学处于对于国家和公众以及市场需求的双重绩效之间。

第四，学术资本化。

从20世纪70年代开始，政治资助缩减，停止了大部分资助项目。到20世纪80年代，政府出现巨额财政赤字。商界领袖、经济学家、政治家都表示国家的经济问题上应该加强公立研究型大学跟市场经济的联系。为了赢得产业界的支持，比如加利福尼亚（California）大学和斯坦福（Stanford）大学在科研成果转化方面就表现突出。但是因为申请专利程序复杂，很少有科学家愿意费时去申请，而是选择公布于众。1980年前，基础研究成果基本由联邦政府资助，要转化牵涉到成果所有权问题。而当时研究成果都倾向于归政府所有，并且不同的资助机构有不同的管理政策，大概有26种。繁多的政策造成低效，政府用法律手段统一研发政策，允许政府资助的成果大学可以申请专业，并向商用转化。

1980年《拜杜法案》就是在这种环境下出台，政府通过立法手段促进大学提供复兴经济动力的举措。联邦政府出台《拜杜法案》为大学与工业联盟提供了法律环境，法案简化了专利申请程序，并鼓励大学科研进行商业转化。允许大学持有专业，意味着私人公司投资大学研究的结果受到专利保护，促使私人公司投资，即使研究是在公立大学实验室进行。这一政策调整也是联邦在对高等教育公共投入明显减少情况下，采用把大学推向市场的手段来干预大学的措施。产业界的需求改变了大学内部管理，工业的支持公平地对待公立和私立大学，更为激化大学专注市场的需求，激化教师的学术创业行为。虽然包括捐赠合同收入在内，产业界对大学的支持少于高等教育收入的3%，但就是3%的自由分配给大学带来极大的活力。大学管理者通过各种政策和机构重组来加强大学与经济的联系，使公立研究型大学向学术资本主义转型。

3. 董事会决策

美国法律规定，大学董事会充当监护人作用，不论是营利还是非营利都必须成立董事会。董事会享有管理大学的职责，负责保护学校财产、选任校长、监督学校活动，按州政府和联邦政府要求提交学校运行报告。私立院校的董事会由教会选举产生逐渐演变为自主任命下一届董事会。公立高校董事由普选产生或者州长任命。公立大学董事会成员组成方式：①人民选举，比如密歇根州、伊利诺伊州；②州长提名、州议会同意，比如加利福尼亚州、弗吉尼亚州；③州议会提名，比如明尼苏达州、北卡罗来纳州；④州长任命以及相关学会、校友会推荐，比如宾夕法尼亚州。①一旦董事会依靠选举产生，这些成员就会倾向于积极寻求机会来代表他的支持者。50%的社区学院董事会由选举产生，董事都是本州的人员，每周见面一次或者最少每月两次，增加了具体参与管理的机会。

董事会一般不参与直接管理，董事会权力委托给校长执行。校长因此成为大学管理和领导力的核心人物，具有强大的实权。董事会有权选任校长和罢免校长。董事会与校长之间有时产生冲突。比如密歇根大学对塔潘校长，加州大学对克拉克·克尔校长。董事会在选拔校长之前咨询学校教师，任命由杰出教授组成的筛选委员会（screening committee）。校长遴选公告发布后，经常有上百位的候选人，筛选委员会的职责就是从中选出一小部分候选人供董事会参考。考虑到教授有可能受到各方利益集团的干扰，有明显趋势请猎头公司推动遴选过程。②董事会承受来自学校内部，包括教师、学生和行政管理人员，以及外部，包括校友、重要捐赠人、政治家、特殊利益集团以及新闻媒体的游说，实际上在掌控遴选的过程中强势的董事具有强大的影响力。公立大学的校长遴选往往受到州阳光法案的影响，新闻媒体对候选人也有一定的影响力。一项调查显示，80%的大学校长是校外候选人，大学内部成员的意见很难在校长遴选中得以表达，大学校长职业化倾向明显，因而研究指出校长的遴选缺乏严谨和洞察力。③

---

① ［美］弗雷德里克·E. 博得斯顿：《管理今日大学：为了活力、变革与卓越之战略》，王春春等译，广西师范大学出版社2006年版，第32页。

② ［美］詹姆斯·J. 杜德斯塔特：《舵手的视界——在变革时代领导美国大学》，郑旭东译，教育科学出版社2010年版，第69页。

③ 同上书，第101页。

美国大学筹资多样化，并且通过激烈的竞争，比如学生市场、科研经费。即使是州对公立大学的拨款，也需要大学校长与州议会之间的游说来争取。联邦拨款和项目资助存在很多的听证环节，都需要加强大学的中心管理作用。尤其需要校长在筹资上发挥作用，公立大学的校长更多与州长交涉，私立大学校长更多跟企业家交涉，目的都是最大限度地筹措资金。现代校长最核心的任务是筹措资金和招生，这也是由于政府的投入通过市场，大学必须向社会展现能力才能获得资源决定的。因此校长有权确定学校优先发展事项，可以通过资源的分配来促进大学提高社会效益。校长的任期影响学校的发展，任期平均7年，低于3年一般认为是灾难性的，因为过于短的任期整体不利于学校的发展。[1] 校长基本上个是董事会主席，副校长都不是董事会成员。校长主要任务之一是处理好管理层和董事会之间的关系，向公众和政府提供一系列报告。

4. 学者共同治理

在美国大学中教授治校的模式不存在，因为教授治校的先决条件是教授不用为经费发愁。但是，是不是完全由校长为首的管理团队来全盘负责学术事务呢？学术权力，包括课程、研究、学生纪律、教师任用和晋升、教师工作量等方面的权力，大部分或者全部由董事会和校长委托给教师，教务长权力上升。校长处于独裁与协调的位置，不同学校校长权力不同。[2] 学术领导力的目的激化学术基层的活力，校长的学术权力下放给院长和系主任，这样就为基层提高竞争力提供保障。教授会的建立，使教师获得在大学管理上面一定的影响力，但仍然只是作为大学管理的咨询作用。权限限定在制定颁发毕业证书和学位的标准、课程设置以及聘任教师上面。但这个局限于教授会，必要时校长，甚至董事会都会插手。

典型的学术等级序列分为5个组织层级，校长、教务长、院长、

---

[1] [美] 克拉克·科尔、[美] 玛丽安·盖德：《大学校长的多重生活》，赵炬明译，广西师范大学出版社2008年版，第12页。

[2] [美] 亚瑟·科恩：《美国高等教育通史》，李了江译，北京大学出版社2010年版，第137页。

系主任和教师。校长对学术事务的影响力一般通过任命关键的学术领导人，寻找资源以供教师启动新学科专业，通过学术优先事项来平衡学术发展等方面来体现。美国不存在像德国大学的讲座教授的组织构架，一个学科一名讲座教授，具有寡头的权威。美国的学术基本运行单位是学院（school and college）和学系。学院包括专业学院和文理学院，学系里面包括组织形式部（divisions）和组（committee group）。原则上学系具有正式预算分配权和人事管理权。学系是全体教师专业知识的集合体，按学科或者专业来划分，具有决定本领域为本校学生提供何种教育的控制权。学系不得重复开设其他学系开设的课程。大学中基本的成员关系集中在学科（discipline）和专业（profession）当中。大学的内部学术基本组织层次是系，1825年系在哈佛出现，1900年系在全国大学和学院地位巩固。这种组织层次适应专业化的需要，围绕某一学科组织起来的相对统一的机构，权力比较分散。这样系里有好几位教授，拥有同样的级别，因而能够孕育强烈的同事精神。劳动分工基于功能而不是等级，这种组织构架提供了团队协作的基础。

　　大学学术质量的高低，满足社会需求的能力，以及获取公共和私人部门资金的能力的主要决定因素在于大学教师的素质。教师的招聘、晋升和终身制评审过程实行的标准显得尤为重要。而这一过程是在院系层面完成，需要与学校的总体目标以及所处环境达成协调。教授会的建立，使教师获得在大学管理上面一定的影响力，但仍然只是作为大学管理的咨询作用。

　　通过以上的分析，美国大学具有高度的机构自治权，州政府与联邦政府的规制方式采用协调和促进市场竞争的方式，并没有直接对大学进行干预。正因为政府资源的投入方式通过市场中介来投放，驱使大学不得不竞争学生市场和服务产业界获得生存资源。因此，大学学者在管理上面仅仅起到咨询作用，真正的决策权掌握在融入了外部利益相关者的董事会手中。因此，政府的规制手段是协调和监督，大学成为整体自治的行动主体。

第二节　国内省属大学管理变革

直到 2000 年，基本确立中央和省级政府两级管理的行政管理体制之后，省属大学在隶属关系上属于省级政府管理，主要由省级财政负担。在管理变革上面，实际的国家政策上还没有严格地区分省属大学管理与部属大学管理的差异，在管理体制上存在同质化。

一　从政府计划到政府放权的政策趋势

1. 直接管理（1949—1984 年）

为了实现与政治经济发展同步的大学目标，教育管理制度适应计划经济发展需要，政府统一管理大学。政府与大学之间是一种上下级的隶属关系，大学是计划经济时代的一个"单位"。1950 年 6 月，教育部通过召开全国高教会议的形式，规定了大学办学方向和任务，树立以人民大学为标杆，要求所有院校服务社会主义政治和经济建设。1952 年成立高等教育部，中央政府以教育部为专门机构对大学采取直接管理，政府集大学的主办者、管理者和评价者于一身。

在改造和办学过程中，逐步形成了中央和地方分别举办和管理的"条块分工"模式。中央政府在对大学的管理权限上经历统一到下放权力到统一的过程，从招生方式到办学规模，从经费使用到学科、专业设置到具体的教学内容都在计划之中。用招生制度做一个说明，对国家的招生制度进行一个梳理可以看出，大学的招生在国家招生制度的框架之下，大学并不能自行改变。1952 年，国家设立统一高考制度。1966 年"文化大革命"开始，高考制度被中断。1977 年邓小平发表《尊重知识，尊重人才》的讲话，当年 8 月 8 日，邓小平在科教工作座谈会上发表重要讲话，确定恢复高考和统一招生制度。当年高考制度恢复，并且研究生招生恢复，1981 年博士生开始招生。高考制度首开一代社会风气，开始尊重知识、尊重人才，中国教育和人才培养开始走上正轨。1980 年教育部在全日制学校招生外，开始提出"两条腿走路"，开办函授和夜大方式培养人才。1981 年自学考试制度建立起来。

由此可见，直接管理完全是一种计划模式，是计划经济的产物，政府掌握资源配置权力，大学能获得多少资源，发展何种学科专业全部是政府计划的结果。这种体制只有在计划经济状态下，政府控制了大学的准入和毕业生分配时才能运行。不论中央与地方政府如何划分权限，大学没有自主权。这一时期，政府对大学采用指令式的规制，手段是计划调配。政府与大学之间形成上下级的行政关系，政府领导了大学的财务、人事到教学，大学办学纳入政府统一计划。

2. 改革发轫（1985—1990年）

1979年12月6日，《人民日报》撰文，上海四位大学负责人（苏步青、李国豪、刘佛年、邓旭初）批评权力过于集中，事无巨细，校长、书记没有多少自主权，呼吁给大学一点自主权，成为改革教育体制先声。从1984年经济体制改革以来，出现了财政、政法、管理等人才的需求。市场上人才需求，与政府计划招生、制定专业等不相匹配。此时，市场意识开始进入到大学管理中，政府为了适应这种变化，开始放权给大学。比如专业是反映社会职业的一个指标，专业虽然不能自主设置，但专业服务方向可以调整。教学计划和大纲能够不再按计划，开始选择教材。不再完全是计划科研，可以与外单位合作科研。对副校长具有提名的权力，下放了其他干部任命层级。有权安排财政拨款的经费使用，并允许自主筹资和开展对外交流等。[①]

在此背景下，1985年《中共中央关于教育体制改革的决定》出台，开始在教育领域综合改革，明确提出政府放权，成为纲领性文件。决定总结为：

> 当前高等教育体制改革的关键是改变政府对高等学校统得过多的管理体制，在国家统一的教育方针和计划指导下，扩大高等

[①] 国家教育委员会政策法规司：《十一届三中全会以来重要教育文献选编》，教育科学出版社1992年版，第186页。

学校的办学自主权，加强高等学校同社会各方面的联系。改革大学招生的计划制度和毕业生分配制度，实行国家计划招生、用人单位委托招生和招收少数自费生三种办法。

经济建设迫切需要加快技术成果转化，1985年通过《中共中央关于科学技术体制改革的决定》。1985年以后大学被赋予了教学中心和科研中心的双重功能，并开始重点学科建设，大学发挥研究的功能，承担起基础研究和应用研究的责任。

1985年教育体制改革，大学扩大了办学自主权，多种招生形式出现，诸如联合办学、委托培养、自费生等，大学开始办学习班等方式扩大生源。财政机制在一定程度上是高等教育管理体制变革的重要杠杆，财政拨付方式体现出国家不同规制方式。比如：1986年国务院发布《高等教育管理职责暂行规定》，对大学管理一定程度放松，但仍然不能脱离国家总体规则。在经费预算管理方面，按照"包干使用，超支不补，节余留用，自求平衡"原则，可以自主安排上级主管部门核定的事业经费以及通过社会服务获得的收入。从1989年起，国家计划内的招生开始缴纳学费，虽只占到学生培养成本的7%，但是开始了成本补偿。

这一时期，国家明确经济杠杆和市场调节两大手段运用到科研机构包括大学内，两大手段的目的都是激化大学自主为经济建设服务的活力。这就与高度计划下的政府直接管理发生了冲突，政府开始转变直接管理方式，以匹配经济和科技体制变化。

3. 局部让渡管理权（1991—1999年）

到20世纪90年代，尤其是1992年社会主义市场经济体制确立，政府相应开展了高等教育领域的管理改革。1993年《中国教育改革和发展纲要》再次提出政府放松规制，逐步建立政府宏观管理、学校面向社会自主办学的体制。具体的举措变化主要是招生制度和毕业生分配制度。招生制度采用国家任务计划和调节性计划结合。毕业生分配上改变了"统包统分""包当干部"，少数毕业生由国家安排就业，大部分"双向选择""自主择业"。这些变化，实际上是市场因素已经在参与大学管理,大学开始有了局部招生的权力,并且也要面临毕业生就业的压力。这是适应20世纪90年代中国经济社会发展和建立社会主义市场经济体制要求的一个纲领性教育文件。

1994年,国家改革事业单位工作人员工资制度,大学在定员定编的基础上实行工资总额包干管理,编制内结余的部分可由大学自主分配,前提是不能改变国家规定的工资制度和工资标准。这其实是国家对大学人员经费的一种控制,鼓励大学精减人员,提高效率。国家财政预算中的工资划分为,固定部分70%和活的部分30%,以及国家规定的年终奖金。活的部分就是给予大学自我分配的权力,分配制度开始改革,实行校内津贴,逐步形成以国家工资为主、校内津贴为辅双轨运行的分配制度。并且建立正常晋级增薪制度,对有突出贡献的专家和学者实行政府特殊津贴制度。据统计,1996年全国高校年均工资为7591元,比1990年人均2325元增长了226%。[①] 到1997年正式并轨招生后,所有学生实行成本补偿,收取学费。1999年根据《面向21世纪教育振兴行动计划》,增强学校办学活力,教育部提出高校人事制度深化改革,强化岗位聘任,打破"铁饭碗"和平均主义"大锅饭"。

这一时期,市场经济体制要求与计划管理体制相冲突,政府不得不进行管理体制改革。这一时期,适应社会主义市场经济要求,计划的分配制度被打破。国家在不能全额负担大学经费时候,必定扩大办学自主权。大学逐步具有了部分内部分配的空间,以及人员聘任的权力,目的都是为了激化大学活力。

4. 省级政府为主管理(2000—2018年)

1993年开始,中央逐步向省级政府下放大学管理权。从1998年大学扩招以来,行政管理体制基本保持稳定,稍微调整。到2000年政府与大学的隶属管理转变为"中央和省级政府两级管理、以地

[①] 中国高等教育学会:《改革开放30年中国高等教育发展经验专题研究》,教育科学出版社2008年版,第317页。

方统筹管理为主"。90年代中期贯彻的"共建、调整、合作、合并"八字方针建立在提高高校规模效益的理论基础上,由"外延式"转变为"内涵式提高"。到2000年底,体现"规模效益",全国已有600余所高校进行了"合并"与"重组",其中中央与地方共建的高校197所。

中央政府放权给省级政府,省级政府管理将会淡化中央统一管理。政府通过分权措施,调整中央政府教育主管部门与业务部门关系,形成全国性、区域性、地方性三类大学布局,这样就使得大学能够面向区域社会经济发展服务。20世纪90年代政府在政策上面突出重点优势,但更多是横向综合化,而纵向分层发展不明显。[①]

在21世纪里,中央政府分权给省级政府,中央政府集中管理转变为以省级政府管理为主。中央政府对大学的管理属于统一性质的,而省级政府则具有了管理的灵活性,能根据地方发展需要对大学加以规制。这个主要原因是中央政府放松规制,以增加高校的灵活性和多样化。仅仅从集权到分权的角度而言,对于大学的自治,或者称为自主权是没有多大的变化,仅仅是政府的层级发生了变化。那么真正政府放松对大学的规制,则是从立法层面对大学自主权的确立。

二 放松规制:赋予大学七项自主权

1998年中央政府启动扩招政策,一方面是高等教育的需求和供给之间严重不足,当时毛入学率仅为9.8%。大众化背景,要求高校培养的人才和开设的专业能够适应市场需求,政府直接指令和计划管理都将不适应,而在此背景下,政府通过立法形式,赋予高校七项自主权。

1998年《中华人民共和国高等教育法》中规定了大学七个方面的自主权,党委领导下的校长负责制以法律的形式定型。2015年,

---

① 胡建华:《关于大学体系层次化的若干思考》,《清华大学教育研究》2003年第4期。

进行了修正，但七项自主权仍然没有变。从立法层面而言，大学具有了在政府框架下的七项自主权。政府在转变直接管理的过程中，替代的方式是繁多审批。2001年全国启动行政审批制度改革，政府转变公共事务管理职能，由直接管理向服务管理转变。国务院分批次取消一些行政审批项目，改变管理方式，同时简化审批程序，通过互联网平台建设，增加信息的透明度。比如从2002年开始国务院已经取消了6批行政审批项目。其中高等教育放权项目如表2-6所示。

表2-6　　　　　近年来与省属本科高校有关取消和
下放管理层级的行政审批项目

时间	项目名称	处理决定	部门
2002	高等学校聘请其他国家或地区的政要、知名人士、高级公务员以外的人士为名誉教授、客座教授的审批	取消	教育部
	具有招收保送生资格的高等学校的审批	取消	教育部
	具有招收艺术特长生资格的高校的确定	取消	教育部
	高等学校招收高水平运动员和著名运动员免试入学的审批	取消	教育部
	可招收小语种（非通用语种）的高等学校的确定	取消	教育部
	公费培养的大专以上在校生、未达到服务期的毕业生申请自费出国留学的核准	取消	教育部
	高等学校在本科专业目录内设置、调整核定的学科门类范围内的本科专业审批	取消	教育部
	高等学校接受享受中国政府奖学金的外国留学生审批	取消	教育部
	外国公司设立面向多所高等学校且不以外国公司或外国人名字命名的奖学金审批	取消	教育部
	部分特殊专业及特殊需要的人员以外高等学校应届毕业生就业计划核准	取消	教育部
	高等教育规划教材建设审批及优秀教材推荐	改变管理方式	教育部
	技术合同认定登记	改变管理方式	科技部

续表

时间	项目名称	处理决定	部门
2004	具有研究生单独命题考试资格的高等学校确定	取消	教育部
	具有研究生推荐免试入学资格的高等学校确定	取消	教育部
	省级对实施高等教育学历文凭考试试点学校的资格审批	取消	教育部
	普通高等学校毕业生就业调整改派计划审批	取消	教育部
	外国公司设立以外国公司或外国人名字命名的奖学金审批	取消	教育部
	高等学校聘请外籍和港澳台政要、知名人士、高级公务员为名誉（客座）教授审批	取消	教育部
	因公赴港澳就读、任教、合作研究人员资格审核	取消	教育部
	中外合作办学机构颁发外国学历、学位证书的资格审批	取消	教育部
	学校招收外籍学生和港澳台学生资格审批	取消	教育部
2010	国家大学科技园符合税收减免条件审核确认	取消	科技部
2012	高等学校设立、撤销、调整研究生院审批	取消	教育部
	高等学校副教授评审权审批	下放	省级教育行政部门
	"百千万人才工程"人选审批	改变管理方式	人力资源和社会保障部
2013	中外合作办学机构以及内地与香港特别行政区、澳门特别行政区、台湾地区合作办学机构聘任校长或主要行政负责人核准	取消	教育部
	高等学校部分特殊专业及特殊需要的应届毕业生就业计划审批	取消	教育部
2014	利用互联网实施远程高等学历教育的教育网校审批	取消	教育部
	国家重点学科审批	取消	教育部
	高等学校设置和调整第二学士学位专业审批	取消	教育部
	对教育部实施的高等学校设置尚未列入《普通高等学校本科专业目录》的新专业审批的初审	取消	省级教育行政部门

资料来源：据中华人民共和国中央人民政府网站整理。

政府以立法的形式赋予大学程序自治，但在实际运行中并不一定得以执行。比如1998年《中华人民共和国高等教育法》规定，高等学校的管理人员实行教育职员制度，教学辅助人员及其他专用技术人员，实行专业技术职务聘任制度。1999年教育部制定《高等学校职员制度暂行规定》，大学的管理人员和行政人员统称为职员。教育部试行先试点，再逐步推开思路，2000年开始，教育部在武汉大学等5所大学进行试点，但是试点之后全部失败，结果是没有推行。

由以上分析可以看出，政府无论从政策导向上，还是在立法层面上都有一个明显的趋势，即扩大大学办学自主权，放松对大学的规制。计划时代直接管理已经被打破，取代的是能够适应市场经济转型的管理体制。中央政府分权给省级政府，省属本科主要接受省级政府规制，政府的目的是扩大大学面向社会自主办学的能力。

本章小结

从西方国家大学管理改革的趋势来看，政府的规制一直存在，只是规制的工具发生了变化，都在朝向"国家监督式"的方式变革，自治从局限于学者对学术事务的管理扩大到大学对自身事务的管理。行会自治中，政府或者教会企图把大学纳入自己的统治，作为维护自己统治垄断的工具，而大学则是处于反抗当中。在欧洲国家取得社会的统治权后，把大学纳入国家的统一管理中，大学成为培养国家所需的公务员和专业人才的基地。在欧洲的传统中，国家充当了监护人的角色，行会自治模式保留在学者自治当中，但是自治权局限在学者对教学和研究学术事务中，学术自治局限在基层单位，讲座或者学部。而大学整体上不具有自治权，因为国家执行了严格的规章制度，大学的资金来源于国家，大学必须遵守。而这一模式维系的条件，大学从国家获得资金、保护，并且更为重要的，国家进行所有学位认证。

而在北美模式中，政府与大学之间的关系为协调关系。大学呈现出整体机构自治，拥有强大管理中心、学者共同治理。政府规制的手段是财政刺激，并且通过培育市场来促使大学之间的竞争，以实现政府预期目标。从欧洲国家,比如德国20世纪90年代之后的改革来看,政府正在放权,给予大学整体自治,并引入市场竞争。那么,西方国家管理变革的趋势,政府与大学之间趋向协调关系,政府通过市场导向,以社会绩效来监督大学。

反观中国省属本科管理变革,因并没有建立针对省属本科的管理体制,在一定程度上,中国大学的管理体制是同质性的。从政策层面而言,政府改变了计划经济时代的指令式直接管理,提出放松对大学规制,以立法的方式来监督大学,给予高校办学自主权。因此,西方国家与中国省属高校管理在政策导向上实际都是放松政府规制,扩大大学自治权,刺激大学面向社会办学。那么这就为下一章的个案分析提供了一个整体的背景。

第三章 计划指令式的大学管理
（1949—1991）

中华人民共和国成立初期的头等大事就是巩固政权和建设国家，高等教育体系也被纳入中央集权管理之中，政府取消私立高校，改造和兴建了一批大学。1950年6月，教育部召开全国高教会议，规定了大学办学方向和任务，树立人民大学标杆，要求所有院校服务社会主义政治和经济建设。在此政策导向下，1952年成立高等教育部，中央政府以教育部为专门机构直接管理大学。1978年思想解放，整个国家社会生活从政治运动转移到经济建设的主轨道上来，国家在现代化道路上提出"科学技术是第一生产力"，高等教育得以恢复正常。并且国家宏观经济体制开始改革，1984年中央政府决定由高度计划向商品经济转变，自由度提高，政府包揽一切的模式相应发生改变，开始提出给予大学办学自主权，改变政府的规制方式。在此背景下，1985年设立国家教委，目的是改革对高等教育"多头管理"的状况，实行专一化的教育行政部门管理。整体而言，从新中国成立到1992年前，大学管理处于计划之中。下面将通过S大学财务管理、招生管理、机构与人事管理、学科与专业管理等七个维度来分析计划经济时代的政府规制与大学的自治空间，以此探讨政府与大学之间规制关系的生产逻辑。

第一节 计划理财

S大学从1958年建校到1992年这一时期，实际上处于计划理财时期，大学主要依靠财政下拨经费，按照上级部门规定使用经费。1954年开始，政府财政按照中央和地方两级进行预算，实行分级管理，教育部和财政部根据这个原则要求，对高等教育财政实行中央统一领导，分级管理。因在1958年的"教育大革命"中，高校数量增长速度过快，中央无法集中统一管理，才下放管理权限。1958年中共中央、国务院《关于教育事业管理权力下放问题的规定》写道：

> 改变条条为主的管理体制，中央集权和地方分权结合，加强地方对教育的领导管理。

经历调整、新建，1958年全国普通高校就达到了791所，而在1949年才205所普通高校（见图3-1）。S大学也是1958年这一高校新建大潮的产物。

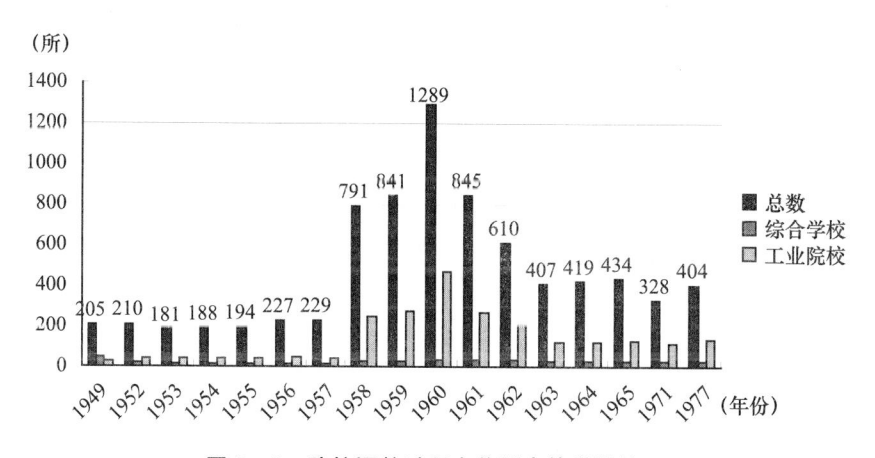

图3-1 院校调整过程中普通高等学校情况

数据来源：《中国教育成就统计资料1949—1983》。

分级管理规定，教育厅经费不足时报请省级政府解决，省级政府无法解决再转报中央政府考虑，在程序上不允许直接向中央政府请示报告，称为不能"条条上达"。因S大学属于省属，按隶属由省财政下拨经费，如表3-1所示。经费收支情况清晰显示，S大学的收入来源完全依靠财政投入，财务管理按照上级主管部门的要求执行。这一时期，政府采用指令作为规制工具，大学按照上级规定开支。于是，大学的行动空间局限在核算，没有权力自由分配资金，只能是按照上级规定进行核算。

表3-1　　S大学教育经费收支情况（1958—1989年）　　单位：元，%

	1958—1960	1961—1965	1966—1976	1977—1983	1984—1989
下拨教育经费	187345	444829	1990126	11550000	23202400
实际支出经费	185557	444937	1989885	11029000	22136000
占下拨比例	99	100	99.98	95.48	95.40

数据来源：根据《S大学志（1958—1989）》整理。

一　计划核算

在高度计划经济时代，大学的财务管理都是按照上级主管部门的统一计划执行。1953年高等教育部、教育部、财政部联合下发通知，在教育经费的分配上面，一般经费分为人民助学金、教学行政费、一般设备费三项，按照全国预算标准计算。S大学的财政来源由省级政府编制，工资按各地区的工资分值计算，同一地区同一性质的高校按照统一的标准计算分配。中华人民共和国成立初期实行供给制，到1952年高等学校改为工资制。

从1952年开始，教育部规定战争年代沿用的供给制改成了工资制，并且规定了新的工资标准和发放办法，新聘人员工资的调整都需报教育部备案。1954年开始，改行了全国统一的工资标准，工资标准参照国家机关工作人员的工资标准，因为中华人民共和国成立以来就把高校纳入国家机关的范围进行统一计划管理。1955年，

第三章 计划指令式的大学管理(1949—1991)

高等教育部命令统一实行工资制,为了适应社会主义建设需要的"按劳取酬"原则,并规定了各级人员的工资标准。教职工工资的调整按照上级部门规定,比如1963年根据国家、省、地方调工资的会议精神,S大学对全校56名教职工进行了调资,升级为31人,转正定级为6人。

在建校初期,校内的财务管理由校领导集中分配使用,这是由政府自上而下科层管理模式决定的。虽然校领导把握了资金分配使用的权力,但是必须要按照政府的财务制度和指示办事,实际上没有自主权。在1954年高等教育部关于高等学校总务工作的指示中,明确了具体任务。其一为:

> 根据政府已经颁布的各种有关财务制度与指示,在校院长领导下做好财务工作,并逐步做到通过财务工作监督和检查全校有关的各项工作。①

实际上,大学没有自主分配资金的自由,仅仅限定在财务核算上面。S大学贯彻落实政府的要求,加强计划管理,由校领导审批年度预算。S大学财务人员对财务使用进行监督,主要对经费使用是否符合政策规定,是否按计划办事、开支是否合理,是否乱拿乱用等具体的细节情况进行监督和检查,并且每月向校长及行政会议汇报一次经费具体使用情况。在1966年至1976年的10年期间,S大学财经管理处于混乱时期。

在计划经济时代,S大学办学十分艰难。在财务管理上面,虽然校领导具有预算审批的权力,从上面的分析中可以看出本身资金量非常小,基本只能维持学校的日常开支,因此财务管理就是比较简单的核算。

---

① 何东昌:《中华人民共和国重要教育文献(1949—1975)》,海南出版社1998年版,第348页。

二 "预算包干"

1978年之后,大学管理逐步走向正轨。S大学相应地建立了财务管理机构,1979年建立财务科,属于总务处的直属科。财务科通过会计、审计对财务使用情况进行监督。1980年,国家为了调动大学理财的积极性,中共中央和国务院下发了《关于实行"划分收支、分级包干"财政管理体制的通知》,从1980年起,地方教育事业经费由地方统筹。这种情况下,政府采用的财务规制工具是"预算包干",政府允许大学创收,前提是国家不增加财政开支和人员编制。

"预算包干"其实是提高大学财务管理的效益,与简单核算相比产生了变化。变化之一,大学开始要思考如何来积极理财。变化之二,正因为要积极理财,于是就有了制定内部规则的需求。然而,大学的内部规则并非是完全自主制定,政府仍然是以规定的方式来干预内部规则,比如规定财务管理实行内部"一支笔"批钱。大学内部财务管理的规则,实际上只是按照政府规定,结合本校实际情况的一种具体化,仍然按照国家计划经济的逻辑。

国家规定下,1980年S大学相应制定了《S大学经费管理的几项规定》,规定由主管后勤工作的副校长和主管财务工作的后勤处副处长负责财务把关。于是经费的使用开始按程序来审批,如设备购置费使用,必须事先编造计划。设备金额500元以内由主管部门与财务科研究办理。金额5000元以内,报主管部、办、处会同后勤处审批。金额在5000元以上者,报主管后勤的副校长审批。属于社会集团购买力控制的商品,必须报经社会集团购买力审批办公室批准。

1980年在国家政策允许下建立学校基金,资金的使用由校长审批。国家允许学校从基金中提取一定比例发放奖金福利。但是这个比例的标准,创收的渠道和空间都是在政府的规定和计划之下的行为。当时上级部门对于预算外资金的分配有个2∶8分成的比例,S大学就是按照上级部门的比例标准来进行分配。工资级别全部按照上级部门的规定。比如1980年中共中央、国务院关于给全国40%职工提升工资级别通知精神和省、州的部署，S大学开展了调资升级工作。在国家政策的允许下，S大学依靠校办工厂和农场，接受委托培养、自费生、函授、夜大及办学习班等方式扩大财源。

三 一级核算、两级管理

1979年12月6日，上海四所大学校长苏步青、李国豪、刘佛年、邓旭初共同在《人民日报》撰文，批评政府权力过于集中，对大学管理事无巨细，大学没有自主权，这是教育界公开发出改革高等教育管理体制的呼声。首次明确提出政府对大学规制关系变革，是在1984年提出经济体制改革之后，1985年发布《中共中央关于教育体制改革的决定》，政府开始在教育领域进行综合改革。政府明确提出简政放权，以此来落实和扩大大学办学自主权。在1985年之前，大学完全按照计划管理，没有任何自主权可言，简政放权可以称之为政府放松对大学的规制。在这一政策导向下，为了提高大学财务管理的活力和效率，扩大财务管理自主权。按照国家统一计划核算的财政拨款制度也发生了变化，1986年10月15日国家教委、财政部发布高等学校财务管理改革实施办法，规定实行"一支笔"审批财务开支的制度，规定年度教育事业预算费，主管部门按"综合定额加专项补助"办法核定。

> 综合定额包括教职工工资、补助工资、职工福利费、学生奖学金（人民助学金）、公务费、业务费、设备购置费、修缮费、其他费用和差额补助费等。主管部门按照定额标准和学生人数核定。
> 专项补助包括专业设备补助费、长期外籍专家经费、离退休人员经费、世界银行贷款设备维护和特殊项目补助费等。主管部门按照各院校的实际情况下达。①

---

① 何东昌：《中华人民共和国重要教育文献（1976—1990）》，海南出版社1998年版，第2509页。

财政投入方式的变化，在一定程度上成了高等教育管理体制变革的重要杠杆。从资源依赖角度而言，获得外部核心资源的方式产生变化，相应会改变组织之间的权力关系，因此财政投入方式的变化，相应改变了政府对大学财务管理的规制方式。比如，1986年国务院发布《高等教育管理职责暂行规定》，对大学规制有了一定程度的放松，但仍然不能脱离国家总体规则。在经费预算管理方面，按照"包干使用，超支不补，节余留用，自求平衡"原则，可以自主安排上级主管部门核定的事业经费以及在政策允许下获得的社会服务报酬。

政策文本提出扩大大学财务管理权限，实际上国家仍然详细制定了各项规定。在国家财务制度的框架下，S大学相应地完善内部财务管理，大学内部的财务管理变化是下放了管理的层级。1984年，财务科从总务处分出来成为学校直属科，开始加强财产物资管理。1986年5月，S大学制定了《S大学经费管理暂行规定》，对预算内资金采用"一级核算，两级管理"办法，扣除人员经费外，其余经费按教学、总务、党政三大块划分，实行经费包干，结余留用，超支不补。重新规定经费支出的审批权限，各部、办、处、系负责人，有权审批符合国家财经政策规定范围内的各项计划内经费的支出。金额5000元及以上的，须报主管校领导同意。最大的变化是各单位可以开源创收，于是出现了一些各种形式的"小钱柜"等现象，为此，学校作了7条明确规定。比如，

> 各单位开源创收，扣除成本及有关费用后的净收入，均应交财务科列收（经济独立核算单位除外），然后按学校规定的比例进行收益分配。[①]

1988年制定了《基金管理暂行办法》，对收入经费分配比例作了新的规定。强调5项规定，各部门、各单位一切创收（经济独立核算

---

① 《S大学经费管理暂行规定》，1986年。

单位除外），都必须纳入学校基金管理，规范收款，统一使用盖有财政统一收款收据专用章的收据。

委托代培收入扣除生活费、医疗费之后，80%用作预算内，20%作为校基金，其中：8%作为校奖励基金，3%为校服务单位的超工作量酬金，1%为校长基金，8%为校发展基金。进入预算内的80%中，创收单位提出12%，其中：系基金4%，兼课酬金8%（以授课时数按比例分成，作为系和外系教师所担任课程应付的酬金）。

对外服务收入，未安排教学任务动用学校的仪器设备，占用教学时间所得的收入，55%冲减科研费支出，15%为个人所得，系基金15%，校基金15%；安排教学任务，但工作量不足，利用教学时间所得的收入，50%冲减科研费支出，20%为个人所得，系基金15%，校基金15%；教学之外的业余时间所得的收入，动用学校设备的，40%为个人所得，40%为校基金，20%为系基金；未动用学校设备的，个人得90%，交系10%。[1]

上级主管部门在做出财务管理规定之外，还辅助以检查的方式。1984年至1988年，S大学按照国务院、省政府关于开展财务、物价、税收大检查的要求和方法，组织"三查"领导小组，对学校各项财务进行了三次大检查。

由此可见，S大学财务管理按照国家计划来执行，遵守相应的国家财政政策。自从1985年教育管理体制改革之后，在政策允许范围内才开始有了自由分配的权力，但是本身财务紧缺，能够自主使用的份额非常小。

---

[1] S大学：《基金管理暂行办法》，1988年。

第二节　计划招生与分配

中华人民共和国成立后，迫切需要培育社会建设的各种人才。在有限的资金投入下，政府采用的政策是按计划来培育人力资本，于是招生形式和毕业生流向都在国家统一调配之下进行。当时的政策是要求大学直接服务于社会主义建设，而要达到直接服务的目标，则由政府通过计划来统筹学生招生和毕业生分配。

一　指定招生形式

分析 S 大学的招生管理，首先对国家的招生制度进行一个梳理。大学的招生在国家招生制度的框架之下进行，大学并不能自行改变。1952 年，国家设立统一高考制度。这一时期大学体现出高度的国家主义倾向，教育为国家建设服务、招生对象面向工农子弟。1958 年，开展"教育大革命"，突出大学与政治服务和生产实践结合。S 大学正是在 1958 年的教育大革命浪潮，也就是在教育大跃进的时代组建的。那时为了培养社会主义建设人才，国家在教育基础薄弱的省和自治区，建立各类高校和综合性大学。S 大学办在湖南西部贫困山区，S 大学建校目的主要是培养所在地区的中学教师、地方干部、为经济建设服务的管理人才。兴建之际条件极为简陋，首届招生 189 人，由全省统一计划招生分配。

在招生安排上，国家在统筹全国人才培养的需求上实行统一计划。比如 1959 年，教育部按层级和等级来划分招生计划，在生源上首先满足中央各部委的老牌院校，然后是各省和自治区的老牌院校，最后才是各省和自治区新建的高校。[①] 除了高中毕业生可以考大学之外，厂矿、企业、公社、机关、团体等方面也可以推荐具有同等学力的保送生。由此，S 大学的招生方式由国家指定，自己并无权限。在

[①] 何东昌：《中华人民共和国重要教育文献（1949—1975）》，海南出版社 1998 年版，第 901 页。

国家政策的指导下进行，历经了多种形式（见表3-2）。自建校开始，S大学根据行政区划，招生范围仅限于湖南省。

表3-2　　　　　　　　　S大学招生方式

时间	计划招生方式
1958—1965	统一招生为主，兼内部保送
1966—1969	暂停招生
1970—1976	取消保送生，试行推荐工农兵入学
1977—1979	全国统考统招，恢复招收保送生
1982年以后	定向招生
1983年开始	委托培养和自费

1965年，省教育厅把S大学定位为半农半读试点学校。1966年"文化大革命"开始，高考制度被中断，高校招生取消考试，采取推荐和选拔结合的方式。在此期间试行工农兵推荐入学，大学生主要任务不是学习，而是用毛泽东思想来改造大学。S大学的教学工作受到政治运动的影响，比如在"大炼钢铁"等口号鼓动下，师生过多参加炼钢铁、造水泥、办工厂等劳动，而基础理论以及专业知识削弱，教学质量受到一定影响。

1977年邓小平提出尊重知识，尊重人才。当年8月8日，邓小平在科教工作座谈会上发表重要讲话，确定恢复高考和统一招生制度。当年高考制度恢复，并且研究生招生恢复，1981年博士生开始招生。社会开始尊重知识、尊重人才，中国教育和人才培养开始走上正轨。1978年普通高校由1977年的404所增加到598所。1978年恢复主办重点大学，第一批确定为88所。S大学在1978年恢复本科招生。1978年，招收新生699人，招生人数大增是因为原湘潭大学S地分校和湖南医学院S地分校一同并入S大学。到1979年，招生人数为328人，因为农林系停止招生。1980年，医学系停止招生（见图3-2）。

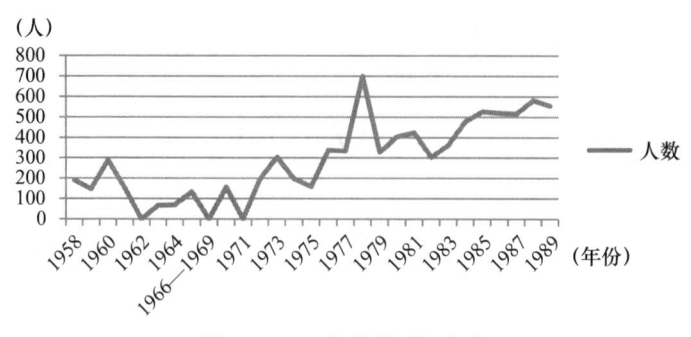

图 3-2　S 大学普通招生数

高考制度目的是通过严格考试，把最优秀的人才集中到大学。1978 年之后，国家为了加强招生计划管理，规定从 1977 年招生制度改革之后，高校招生一律纳入国家计划，大学招生计划必须按照国家下达的计划，招生方式按照国家的规定。

20 世纪 80 年代中国仍然处于落后的农业大国状态，全国在业人口共 41896 万人，占全国人口的 42.6%，其中农业部门为 72.1%，工业部门为 13.4%。[①] 拨乱反正之后，迫切需要解决百万高中毕业生成为待业青年这个严重的社会问题。然而依靠正规大学数量无法满足社会对人才的需求，于是教育拓展服务得到发展，开始采取成人教育、自学考试等多种形式来培养人才。1980 年教育部开始提出"两条腿走路"，在全日制学校招生外，开办函授和夜大方式培养人才。1981 年自学考试制度建立起来。高等教育的形式采用两条腿走路，包括全日制高校、半工（农）半读高校、业余高校。1982 年，国务院学位委员会和教育部批准 S 大学具有学位授予权，并且在教育部批准下 S 大学开始函授、夜大招生。

1985 年教育管理体制改革，大学扩大了办学自主权。1985 年《中共中央教育管理体制改革的决定》中写道：

---

① 《中国统计年鉴（1981）》，中国统计出版社 1981 版，第 484 页。

第三章 计划指令式的大学管理(1949—1991)

当前高等教育体制改革的关键是改变政府对高等学校统得过多的管理体制,在国家统一的教育方针和计划指导下,扩大高等学校的办学自主权,加强高等学校同社会各方面的联系。改革大学招生的计划制度和毕业生分配制度,实行国家计划招生、用人单位委托招生和招收少数自费生三种办法。

于是,多种招生形式出现,诸如联合办学、委托培养、自费生等,大学开始尝试利用办学习班等方式扩大生源。1987年国家教委对扩大普通高等学校招生工作权限进行了规定,在扩大普通高校录取新生工作权限的政策导向下,国家教委规定实行"学校负责,招办监督"。高校能够在成绩达到录取控制分数线以上的考生中调阅考生档案,学校有权决定录取与否。政策的目的是扩大学校的权限,可以择优录取。根据《普通高等学校招生暂行条例》的规定,省级招生委员会划定录取控制分数线,调档的比例由大学自己决定不受限制。要求是不得退掉第一志愿考生,而录取第二志愿考生。

1987年6月,经湖南省招生委员会批准,S大学首次被列为全省单独提前录取新生院校。1989年,S大学成立了招生委员会,由16人组成,校长任主任。开始改革招生制度,贯彻《关于教育体制改革的决定》,坚持两条腿走路,实行多层次的办学,开设了函授、夜大、中学师资培训班。

1990年国家教委发布的《普通高等学校学生管理规定》中指出招生指标的机动数用于招生工作做得好并且生源素质高的省份地区,而不是用来降低标准招收自费生或者体育尖子生。存在特批招生政策,特批的权限在省级招生委员会,签批之后报国家教委备案。而在特批的过程中,国家教委指出存在部分地区为了扩大升学率,利用政策,诸如频繁举行运动会,取得名次获得加分等现象。1990年国家教委执行《普通高等学校招生暂行条例》,改革统考成绩决定升学权重过大的问题,逐步实行"学校负责、招办监督"。1990年,国家教委、人事部、国家计委、公安部、商业部联合发布了高校招收自费生的暂行规定,自费生的招生计划也必须经国家教委和国家计委批准。

自费生由学生本人缴纳培养费和学杂费，国家不包分配工作。虽然出现了多种形式，但是这些形式都是由国家规定的，总之是一种计划招生。

二 毕业生包分配

新中国高等教育整个设计依据《中国人民政治协商会议共同纲领》，满足中央预测的人力资源所需劳动力训练。毕业生按照国家政策，实行计划分配。在政府直接管理下毕业生由政府分配，1985年国家教委和国家计委联合下发通知，国家教委与国家计委多次磋商之后，国家计委制订分配计划的权力交给国家教委主管。这也是在1985年《中共中央关于教育体制改革的决定》之后，提出改革招生计划制度和毕业生分配制度之后的举措。在此之前由国家计委负责毕业生分配计划，教委负责制订调配计划和组织派遣。而招生计划由国家教委下达，由此一来存在招生、培养和分配之间的脱节，反复商量之后国家计委同意由国家教委主管毕业生分配工作。对大学而言，毕业生仍然是实行分配制度，只是政府规制的部门发生了变化。之前地方的分配计划由地方计委确定，1985年之后地方的分配计划由省级人民政府确定。在1986年的《高等教育管理职责暂行规定》中指出，国家教委统一编制毕业生分配方案。S大学毕业生由省下达调遣计划，学校通过派遣将学生分配到地区，具体单位落实则由地区作第二次分配，原则上按照生源地分配。1978年以前，S大学由所属地区直接领导，由所属地区派遣毕业生。1979年，S大学恢复省属综合性大学，由省教委分配办公室派遣毕业生，学校仅仅履行派遣手续。

而到1989年，因为招生形式增多，政府改变了毕业生分配制度。毕业生分配制度的改变，也是由国家单一财政拨款状况改变引起，毕业生开始自主择业。在1986年《普通高等学校接受委托培养学生管理工作暂行规定》中明确了，国家计划招收的学生与委托培养的培养费来源和毕业生输送方式不同，在培养费用和毕业生分配上区别对待。到1989年国家教委改革高校毕业生分配制度，提出竞争引入大学，以及加强与社会的联系，毕业生与用人单位之间"双向选择"。

由此可见，在计划经济时代，在政府直接管理下毕业生由政府分配，政府既控制了大学的"输入"，也控制大学的"输出"。国家统一调控和分配招生计划、指定招生方式，毕业生由国家分配工作岗位，大学实际上没有权力参与其中，大学只是培养人才的"工厂"。大学属于国家生产部门的性质，满足国家高等教育人才需求，按照国家指令实行招生管理。

第三节 统一机构与人事管理

20世纪90年代以前，大学的机构设置与人事管理大体按照国家机关部门管理模式，纳入政府的统一管理，在人事上体现为身份管理。1979年中共中央、国务院重新修订了1963年颁发的对高等学校的管理权限，实行中央统一领导，中央和省级两级管理的制度。

一 类政府机构

原有计划经济体制下，大学作为政府的下属部门，被纳入行政管理之中，自然而然地建立了与政府机关相对应的组织机构。1959年，S大学所在地区党委确定，S大学的党建工作、政治思想工作由所在地党委宣传部领导，行政工作由所在地教育局领导，经费由所在地教育局划拨。于是，大学内设机构就与政府部门机构相类似，这也与政府大的规制环境匹配。建校初期，党政管理机构的设置，基本上对应上级主管部门的机构设置。1978年，为了发展边疆少数民族地区的高等教育事业，教育部同意将S师范专科学校改建成S大学，面向全省招生，学生逐步发展到3000人，设立中文、数学、物理、化学、英语、农机、牧医和医疗8个专业。

1979年，湖南省革委会发文，把S大学定为农林、医学、师范并设，本科与专科兼招的综合性大学，由省委委托所在地区代管。当时机构设置必须征得省编制委员会批复，比如1979年，批复的机构设置为办公室、组织部、宣传部、人民武装部、人事处、教务处、后勤处和师范部、医学系、农林系、马列主义教研室。在统筹计划过程中，大学的组织机构匹配自上而下的政令畅通的行政单位模式，确立起教育行政部门的领导权威。从整个管理架构来看，呈现出类政府机构组织形式（见图3-3）。

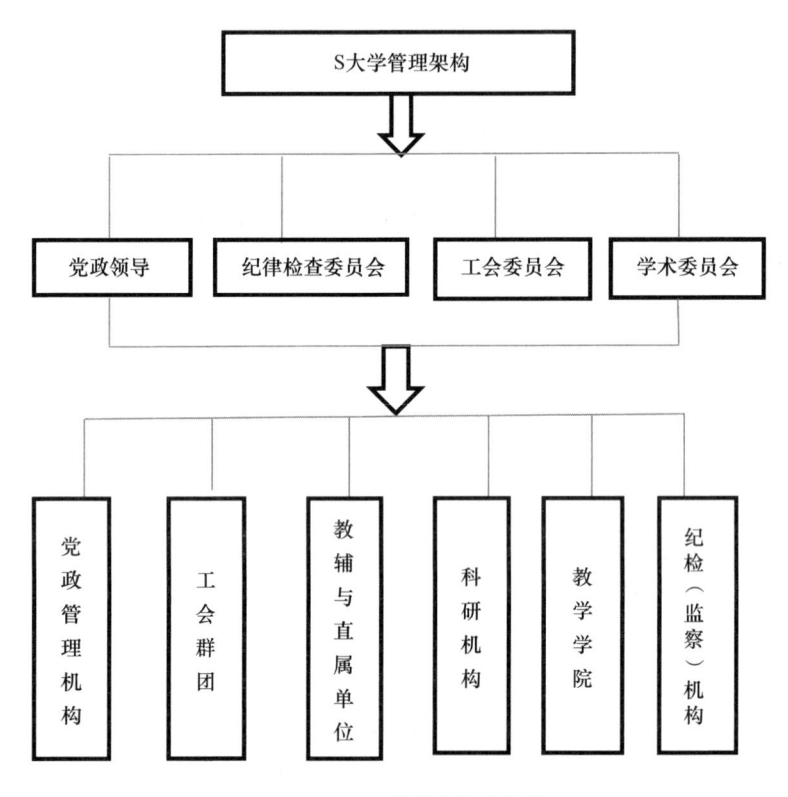

图3-3 S大学管理组织架构

1988年国家教委从精简机构，控制编制和干部队伍膨胀的目的出发，在机构设置上面提出设置校（院）、处（部、室）、科三个层级，大学的自主空间限定在处级以下的机构设置。大学呈现出机构繁多，主要存在的原因是强调与教育主管部门的上下对口。往往在强调做某项工作时，就成立一个机构。而且在实行职务工资制的情况下，增设机构便于安排干部。国家教委根据学校的规模和性质限定了设置一级党政机构的数量。超过限定数量需要增设处级机构，报上级主管部门批准。设立系、研究所或者相当于处一级的业务机构，需要报上级主管部门批准。规定机构设置由人事部门组织审议，党委、校长批准。处级以下的机构设置，大学有权自主设置。

二　人事分配制

在计划经济时代，大学师资按计划调配。1956年教育部下发暂行规定，对大学教师的调动进行统一筹划，根据国家需要服从国家调动。S大学师资力量由湖南省文教办与省委组织部、省人事局调配分配名额，但是计划并没有完全落实。1958年设立人事科，1968年并入校革委。1978年恢复撤销组织部，建立人事处，管理机构设置和人员编制，制定人员培训、进修规划，办理人员调配、考察、奖惩、统计、工资、劳保福利、退休、抚恤工资和专业技术职称评聘等。至今，人事处统一协调管理全校的人事工作。1981年湖南省委给的编制数是550人，而当时的教职工是369人，缺编154人，其中一个原因是当时社会人才匮乏。

1985年为了精简机构和人员，国家教委出台了普通高校人员编制的设置试行办法。大学教职人员开始推行聘任制，同时加强编制管理，给出了编制核定标准。根据在校生人数，一般院校按照1%—3%的幅度核编。在校生则是指国家计划内招收的学生，不包括函授、夜大等种类的学生。湖南省教委1986年7月《关于普通高等学校（本科）人员编制实施意见》中下达控制机构、编制和干部队伍膨胀的指示。从1987年开始，教育主管部门严格按照确定的编制来拨付工资，编制跟上级主管部门拨款挂钩，政府只负担编制内人员工资拨付，不负责超编人员工资，编制外的人员工资由学校自己负责，由此也使得高校严控编制。

表 3-3　　　　S 大学教职工数量及分类（1958—1986）　　　　单位：人

年份	教职工总数	专业教师	教辅	行政干部	科研人员	工人工勤	其他	是否计划
1958	23	14		8		1		√
1959	47	32		15				√
1960	59	35		22		2		√
1962	22	13		8		1		√
1963	16							√
1978	154	89	8	34		23		√
1986	650	273	59	162	4	117	35	√

数据来源：《S 大学志（1958—1989）》整理。

20 世纪 90 年代以前，S 大学规模小，人员少（见表 3-3）。1988 年国家教委和财政部在对大学的拨款方式逐步改变为综合定额之时，加紧了对大学的定编和定员管理。根据上级精神，1989 年 S 大学试行聘任制，开始紧缩编制，逐步建立起岗位责任制。聘任制的目的增加用人单位的选择权和主动权，打破人员的身份管理，由身份管理向岗位管理转变。

三　专业技术职务制度

国家教委相继对高校教师系列以及教师以外专业技术职务聘任制下达了意见。1960 年，教育部对高校教师职务名称以及提升办法进行了暂行规定，已在高校工作的教授、副教授、讲师、助教职务名称不变，职务的提升标准坚持政治挂帅，政治品质和业务能力二者兼顾。教师职务提升后的待遇重在政治教育，物质鼓励其次。教师职务提升之后不一定同时提升工资级别，可以后面调整。1963 年，中共中央、国务院按照对高等学校统一领导、分级管理的决定，教授、副教授名单由教育部审批。副教授的确定与提升，由各地区高教（教育）厅（局）审核后转报教育部批准。校务委员会具有确定助教的权限，确定和提升讲师，在校务委员会批准之后，报省级教育厅备案。1978年恢复了教师职务提升，恢复了职称。教授职称的提升权限由教育部下放到了省级教育主管部门，副教授、讲师和助教仍然按照1960年制定的办法。1979年邓小平提出要培养、选拔专业人才，在高校建立技术职称制度。但政府对大学的规制并没有变化，比如中央政府审批教授名单，省级政府审批副教授名单，送教育部备案。在1979年，教育部对高校教师职责以及考核办法进行了暂行规定。并且为了调动广大教师的积极性，教育部下发通知给普通高校人员增补升级面，升级面的增补仍然是按计划来升级，有人数指标，比如湖南省普通高校指标为7.5%。具体到各高校，由主管部门分配，分配的原则根据讲师以上教学人员的构成比例，不搞平均主义。经过批准的高校，可以按国家有关规定评定副教授，少数具备条件的可以评教授。

1986年国务院下发实行专业技术职务聘任制度的规定，这是对人事管理的一项重大改革。由此成立了中央职称改革领导小组统一领导全国专业技术职务聘任，各省、自治区和直辖市人民政府相应成立了职称改革领导小组。职称评审与工资挂钩，职称评审的结构比例以及工资额度限定在国家批准的编制范围内，由各专业技术职务系列主管部门来限定结构比例。各种专业技术职务工资标准由劳动人事部核准。大学没有权力突破专业技术职务聘任所需的增资额，如需突破则要获得劳动人事部的批准。因此这一时期，职称与工资挂钩，职称以及工资额都必须在劳动人事部的批准之下。相对于高度计划时代而言，变化的是专业技术职务聘任制度本身带给大学内部的积极性。聘任制过渡进行，达到条件的试行聘任制，边远地区逐步由任命制向聘任制过渡。1986年1月S大学成立职称改革领导小组。教学人员职称、晋升由省文教办归口管理，与其他省属大学相同。

四 干部委任制

1979年S大学为省属，由省委委托所在地区代管。行政、教学和科研的归口事项，由省高教局办理。校级负责人由省委任免，也可以由当地提出与文教办协商之后报省委任免。处级干部可由当地提出与文教办协商以后，报省委任免，或由学校提出与文教办协商以后报省委任免。大学的管理人员严格按照《干部选拔任用工作条例》进行选拔和管理。学校具有管理科级以下干部的权力（见表3-4）。

表3-4　　　　　S大学干部任免的层级（1985年之前）

种类	任免层级	学校自主权
校级领导	省委	无
处级干部	省委	可以提出
科级干部	学校	管理

1980年教育部下发意见强调党对高校的领导，强调高校领导在政治上和业务上的双重能力。规定实行党委领导的体制，党政明确分工，按照《关于党内政治生活的若干准则》，实行民主集中制。1985年之前，也就是完全计划经济时代S大学的行政管理人员，完全按照党政部门干部的形式任命。1985年教育管理体制改革决定出台之后，国家教委就颁发了《高等教育管理暂行规定》，接着对干部任免出台了实施办法。干部管理权限上面，给予了校长对副校长的提名权，其他层级的干部任免权力给予了大学。[①]

大学行政领导按照政府行政部门的形式任免，比如1987年国家教委发布了高校各级领导干部任免的实施办法，从职数到任免方式加以规定。其中规定校级正副书记、校长职数一般5—7人，在校学生不满3000人的一般不超过5人，学生10000人左右为9人，学生达15000人可配备10人。这时候，高校各级领导干部任免的权限发生了变化，校长已经具有了任免处（部）级干部，系（所）级主任的权力。[②]

[①] 国家教育委员会政策法规司：《十一届三中全会以来重要教育文献选编》，教育科学出版社1992年版，第186页。

[②] 国家教育委员会：《中华人民共和国现行教育法规汇编1949—1989》，人民教育出版社1991年版，第139页。

由此可见，政府的这种规制方式是把大学纳入整个计划分配和统一管理的方式形成的，大学的自主空间极其微小。S大学的机构设置和人事管理都是在国家的政策规定之下进行，大学自身并不能进行自我决策。即使是管理的微小变革，也并非是S大学自身发起，而是上级部门政策调整带来的变化。

第四节　统一规划专业

政府为了有计划地培育人力资本，在学科专业的规制上面对大学采用的方式是指定专业设置。S大学在计划时代，规模小，专业设置少，都是按照教育主管部门的统一规划进行。

一　全国一盘棋的统筹设置规则

20世纪50年代，全国学习苏联经验，以经济建设为导向，服务工业化，模仿苏联模式建立起文理科综合大学和单科大学为特征的大学体系。从1952年开始，大学按照专业培养人才。为服务经济建设和政治建设，大学专业设置按照全国一盘棋的思路来统筹设置。1952年下半年开始以培养工业建设人才和师资为重点，全国3/4的院校被调整，特别发展和新设了地矿水利类12所工业专门学院。

1959年教育部党组专门下发了文件，明确专业设置的权限。除了设置权限规定之外，教育部还细化专业管理，规定了各专业的教学总时数。教育部规定各专业的教学时数，包括自习时间在内，每大9小时左右。1963年国家计委、教育部修订《高等学校通用专业目录》《高等学校绝密、机密专业目录》。在1952—1965年的专业设置和调整中，理工科专业呈上升趋势，文法商科呈下降趋势（见表3-5）。

表3-5　　　　普通高校理工科与文法商科学生所占比例变化　　　单位：%

年份	工科	理科	文科	财经	政法
1949	26	6	10.2	16.6	6.3
1953	37.7	5.8	6.7	6.4	1.8
1957	37	6.5	4.4	2.7	1.9
1961	39.2	10.3	3.5	1.6	0.6
1965	43.8	9.2	6.8	2.7	0.6
1969	56.6	11.5	5.7	0.6	0.1
1973	37.8	7	8.4	1.2	0.1
1977	33.4	6.7	5.6	1.3	0.1

数据来源：《中国教育成就统计资料1949—1983》。

国家百废待兴，政府集中力量发展与重工业和行业迫切需要的理工科、财经、政法专业。S大学创建之初，根据湖南省教育厅对于专业设置的意见，按照综合性大学框架设计，开设当时与国家教育发展迫切需求的师范专业和发展重工业所需的工科专业。1959年省教育厅决定将S大学工专部改为中等工业学校，停办了冶金、机械两个专业，师范专业学制改为2年。1961年S医学专科学校并入S大学。工科中专班共83名学生在当地党委关于压缩学生人数要求下，全部下放回农村生产。1962年湖南省卫生厅决定撤销S大学医专。在1962年湖南省教育厅调整教育事业和精简学校教职工的意见下，撤销工科，师范类的中文、数学两个专业，机械、冶金、物理、医学四个专业先后停止招生。工科包括冶金、机械两个专业。随后学生下放到农村、教师精简和专业调整，学校出现萎缩。在计划经济时代，大学按照国家人才需求计划来设置专业，因为在进口和出口上面国家都进行统一规划。

二　大学微观调整专业服务方向

1978年，教育部联合国家计委下发高等学校专业调查和调整的通知。1984年经济体制改革以来，完全的计划经济打破，开始向社会主义商品经济转型,这时社会出现了财经、政法、管理等人才的需求。1984年教育部下发了调整和发展高等文科教育的意见。教育部、国家计委考虑到专业划分过细问题,在1984年发布了《高等学校工科本科专业目录》。1985年,政府提出加快大学专科教育,发展财经、政法、管理等系科和新兴、边缘专业。专业是反映社会职业的一个指标,社会职业产生新的需求时,作为服务社会需求的大学专业设置客观上要求发生变化。而这种需求与政府计划指定专业开始不相匹配,市场意识开始进入到大学专业管理中。政府为了适应这种变化,开始对专业管理放松规制,放权给大学。大学仍然不能自主设置专业,但专业服务方向可以调整。

在1986年的《高等教育管理职责暂行规定》中,省级人民政府管理本地区的高校,接受国家教委的委托,对直接管理高校的设置、撤销和调整以及专业设置进行审查,向国家教委提出申请或建议,审批的权力集中在国家教委。省级人民政府按照国家有关规定,对高等专科学校的专业设置有权审批和撤销。1987年国家教委发布了普通高等学校社会科学和理科本科专业目录,规定新增专业必须在目录范围内。并且按照1987年公布的专业目录统一专业名称,所有专业名称都必须跟专业目录一致,各高校整理专业名称报主管部门审核,审核之后报国家教委审批。统一专业目录名称,便于国家教委在制订招生计划以及毕业生分配计划时作为一个主要的依据。各高校根据国家教委制定的各专业的基本业务规格和教学要求,自主修订教学计划和教学大纲。1989年国家教委印发了《普通高等学校本科专业设置暂行规定》,在本科专业设置审批上面既强调要管住,又强调要微观上搞活。

由此可见,在专业设置和管理上,大学按照国家的政策要求和专业目录标准进行设置,具体设置的权限集中在国家教委的统一管理之下。遵循的是统筹计划的逻辑,到完全计划经济打破之后,也即是1985年之后,专业设置与管理稍微松动,大学具有了申请和调整专业服务方向的权力。国家教委依然把握了专业审批的权力,大学只有提出申请的权力,教育主管部门具有审核权。

第五节　计划教学管理

出于改造旧教育，建立新教育的目的，为国家的经济建设和政治意识形态服务，在教学管理上面也是由政府统一计划。

一　课程教学：从统一规定到报备制度

在教学管理上面，教育主管部门从指定教学大纲、教学内容的计划式规制，过渡到给予参考性指导原则。从1950年起教育部就开始改革课程教学，废除旧的高等教育内容，并且适当增加了革命政治教育。教育部为了有组织地开展教学，给定大学教育内容。比如在1951年全国工学院院长会议上，就详细地规定了课程改革、教材编制和设备标准等具体问题。对教学大纲、教学内容的规定，实际上是为了达到改造旧教育的目的，建立起为新中国服务的教育目的，这在1949年《中国人民政治协商会议共同纲领》中已经明确指示。

当时的教学改革带上了政治色彩，批判个人主义延伸到了教学当中，个人主义的教学态度受到批判，倡导集体主义精神，因此教研组成了核心的教学活动中心。1952年全国进行大规模的院系调整之后，规定从一年级开始学习苏联的专业教育经验，包括教学计划和教学大纲都是照搬苏联。这时出现了不少问题，因苏联的学制与中国学制有差别，大学只好边学习俄文边翻译苏联教材。而有些大学条件简陋，则没有教材，或者是临时拼凑教材。1953年，教育部在这些问题出现后，就要求有计划地进行教学改革。比如中央人民政府教育部下发通知，要求从1953年起马列主义基础成为各类型高校二年级必修课。

1953年成立了高等教育部，1954年教育部提出教学大纲的制定结合苏联的经验和中国的实际进行。1955年，对课程的考试和考查进行规定，什么课程在哪学期进行考试或考查都按照教学计划执行，体现出统一性和计划性。考试的等级由教育行政部门规定，分为优、良、及格和不及格四等。大学的权力限定在确定考试时间，对日程表的制定程序，教育行政部门仍有详细规定，由系主任制定，副校长或教务长审查，校长批准。考试时间确定之后，在开考前一个月通知学生复习。

从1952年至1957年，中央在学习苏联的政策导向下，陆续统一制定教学计划和统一的教学大纲。1956年高等教育部印发《高校教材编写暂行办法》，教材分为教科书和教学参考书，高等教育部负责对一般高校教材组织编写和批准，教育部负责组织编写和批准高等师范学校教材，卫生部和文化部分别组织编写和审查批准高等医药学校和高等艺术学校教材。教学计划、教学大纲制定办法改动过快，1957年为了更充分地发挥学校的积极性和主动性，高等教育下发了改变制定教学计划和教学大纲办法的通知，已经制定的教学计划和教学大纲不再作必须规定，改为参考性的基本原则。从1957年开始教学计划和教学大纲改为参考性文件，高校根据高等教育部制定的基本原则，实行备案制度，各学校、各专业自行修订教学计划和教学大纲，都需要报高等教育部备案。

在1958年就明确地提出，教育必须服务政治，并且必须结合生产劳动的导向。在这种浓烈的国家主导意识氛围中，教学管理这种本属于大学自主管理的教学事务同样带上了浓烈的计划色彩。在教学改革上面都是由教育主管部门发起执行，比如1960年中央布置教学改革，开展以现代修正主义为中心的学术批判。对教学进行统一管理的价值取向，不仅是培养社会主义建设者，同时也是在意识形态认同上达成一致。1961年教育部印发了解决高校理、工、农、医各科教材的具体分工办法。

> 其中理工全部教材，包括本科和专科，由教育部负责。工科基础课和各类专业公共基础技术课由教育部负责；各类专业专用的其他基础技术科和专业课，按照专业归口由中央各主管部门负责。农林科由农业部、林业部负责；医科由卫生部负责；师范类自然科学方面由教育部负责。体育系科教材由体委负责。

在1958年教育革命以来，各大学都编写了教材，但是考虑到政治性、教材联系中国实际的质量等方面的原因，再加上教材品种不齐全，印刷和纸张供应多存在困难，教育部就在1961年提出了解决理科各专业课程以及工科各专业基础课程和共同的基础技术课程的教材问题的计划，抓紧教材工作，选择合适的教材作为通用教材。采用"选""编""借"多种形式解决教材问题。教育部直接领导，省市教育行政部门和学校主持。

在20世纪60年代，S大学的教学计划按照国家要求编制，比如中文科两年课时为1274—1306课时，其中政治理论占到15%，专业课占78%左右，其他课程占到7%左右。中文专科开设政治、体育、教育学、文学概论、中国古典文学、中国现代文学、外国文学、现代汉语、古代汉语、文选习作10门课程。① 由此，在教学管理上面大学都没有自主的空间，按照教育部的规定执行。在国家"高教六十条"的指示下，S大学教务部门纠正极"左"做法，有计划地组织公开课等教学活动。课程的设置受到政治运动的影响，比如在1964—1965年，在国家强调的工作中心是阶级斗争时，阶级斗争开始成为一门主要课程。

二 教育行政权威授权下的专业权威指导

1979年之后，学校教学活动恢复秩序，S大学由县级升为地厅级。1979年中共中央修订了1963年颁发的对高校统一领导、分级管理的决定。在教学管理上面，中央教育部规定教学计划和教学大纲的制定原则，统一规划组织通用教材的选编和审查。省级政府更多是提出建议，监督检查落实中央政府的方针政策情况。1979年教育部建立了高等学校理科教材和工科基础课程教材编审委员会。

1981年教育部试行高等师范院校文科三个专业教学计划，包括汉语言文学、政治教育、历史三个专业。课程设置上要求突出"主干"课程，适当减少必修课，增加选修课。政治理论课占总学时5%左右，外语占10%，教育课占5%，体育课占5%，专业课占65%左

---

① 《S大学志（1958—1989）》，第164—165页。

右，专业课中选修课约占15%。

1980年S大学在师范部各教研室开展教学方法研究，改进教学方法，举行7次公开教学活动。80年代课程设置，国家规定四类课程，包括公共课程、基础课程、专业课程和选修课程。1985年后，专业教学计划做了调整，总学时开始压缩，压缩了10%—15%，压缩的时间给予学生自习，开设部分选修课，给予学生选课的空间，开始了学分制试点。

1985年以前，在教学内容上面都按照国家标准来执行，S大学文理科各专业都是执行师范学院教学计划，为地方培养师资。1985年，在扩大办学自主权政策导向下，开始有了自主调整教育教学内容的权力。教学计划和大纲能够不再按计划，开始选择教材。1985年国家教学改革比较普遍实行学分制，文科、理科、工程、艺术类、农、林科等都进行教学改革。

1986年的《高等教育管理职责暂行规定》，明确课程标准由国家教委设定，教学计划和大纲实行备案制，规定考试形式。制定教学计划和教学大纲的权力下放给了大学，国家和教育部门实行宏观指导。并且在1987年时，国家教委不再组织编写和审定高校工科本科基础课课程的教学大纲，但是并非退出了管理，而是委托课程教学指导委员会来制定课程有关的基本要求。由此，大学的课程设置管理在课程教学指导委员会的要求下进行。按照教改精神，S大学对教学计划进行了一次调整。更为注重与地方社会的人才需求来调整课程设置和教学内容。但是仍然存在一些不适应，比如有的系仍然使用70年代初的国家标准的教学内容。1988年S大学"中国古典文学""无机化学""高等代数""马克思主义基本原理""大学语文"5门课程被湖南省教委确定为重点课程，S大学拟定了《重点课程实施意见（草案）》，实行重点课程的管理。

关于教师的工作量，1957年高等教育部停止实行教师工作量，在还没出台计算办法之前，各高校根据各系各教研组实际情况安排教师工作。1981年教育部试行高等学校教师工作量制度，对于省属一般高校而言，具体实行由各省酌定。对教师工作量的具体算法给出了实施意见,教育部在1981年发布了标准,每年按42周计算,计算下来为1680小时。并且对于超额完成教学工作量的酬金进行了规定,列入"补助工资"范围。由此可见,在教学管理上面,教育行政部门管理呈现出细化和过程化的特征。工作量制度一直沿袭下来成为核定教师薪酬的一部分。到了1985年,随着教育管理体制改革的执行,聘任制的初步执行,原有教师工作量的计量办法就不尽合理,这时,教育部对教师工作量计算办法作出规定,高校可以参照教育部在1981年颁发的工作量试行办法,也可以自己根据教学、科研的情况来制定工作量计算办法。

由此可见,教学管理应属于大学的学术事务,而在计划经济时代,即使是学术事务也按照国家统一规定执行。教育主管部门的目的是通过统一规划达到对于教学内容的控制,以服务于国家建设。到了1979年拨乱反正之后,教育行政权威逐渐退出直接的教学管理,而是通过教学指导委员会对大学进行指导,这种从行政权威到专业权威的过渡,并没有改变计划的性质,大学并没有实质性的自主管理教学,依然服从教学指导委员会指导。

第六节 科研分配制

计划经济时代,大学成为人才加工的"工厂"。教育部为了防止科研时间挤压正常的教学计划,按教育计划来进行科研,于是科学研究与教学工作相分离。开展的科学研究必须是教育计划之内的科研,因为当时注重教学与生产劳动相结合,开展的科研也强调服务于生产劳动。

一 指定科研任务

中华人民共和国成立初期,科研任务实行分配制。1961年中央批准实施《科研十四条》,在学术研究中坚持"百花齐放、百家争鸣"方针,为稳定研究工作,规定科研机构实施"五定",定方向、定任务、定人员、定设备、定制度。大学基本局限于教学功能,S大学科学研究局限在教研室,极少量开展教学以及教学实践之类研究。在计划经济时代,大学科研是由国家指定分配的任务,属于计划科研。科研局限于教学研究,S大学也结合教学开始发表论文。

在1978年之前S大学都没有设立科研管理机构,因为在教学内容和教学大纲上面高度计划,几乎没有开展教学方面的研究。建校至1979年,S大学的科研仅仅是关于教学的研究以及少量技术革新的活动。在1978年十一届三中全会精神的指引下,开始面向经济建设开展科研。S大学按照国家的要求积极面向地区经济需求,开展具有地方特色的研究。1978年之后开始建立科研管理机构,设立高等教育研究室、民族研究室、沈从文研究室、学报编辑部。1979年建立教研科,隶属教务处,开展一般性的教学研究和学术理论研究活动,由分管教学的副校长兼管,各教研室组织实施。因为教育部试行了教师工作量规定,要求教师以教学为主,首先保证教学工作量完成,再积极开展科研活动。在认识到大学的科研作用之后,大学从单纯的教学功能开始向科研功能拓展,S大学才开始自主科研。作为省属本科的S大学虽然内部管理上注重科研导向,在科研实力上面并不强势。

二 计划任务外自主拓展科研

经济建设迫切需要加快技术成果转化,1985年通过《中共中央关于科学技术体制改革的决定》,在政策导向上,大学科研也开始运用经济杠杆和市场调节两大手段,两大手段的目的都是激化大学自我发展和自动为经济建设服务的活力。政府进行了一系列的改革促进大学发挥研究的功能,承担起基础研究和应用研究的责任。在赋予了大学科研中心的功能之后,政府开始重点学科建设。重点学科建设也是政府下达的任务,1987年湖南省委给S大学下达了"民族文化"重点学科建设任务,在此基础上,S大学组织教师在民族历史、哲学、宗教、体育、语言等方面开展研究。"民族文化史""民族经济史"被列为省教委的重点学科。

大学被赋予了教学中心和科研中心的双重功能以后,国家明确经济杠杆和市场调节两大手段运用到科研机构包括大学内,并推进了一系列制度（见表3-6）。由此一来，政府高度计划下直接管理与经济杠杆和市场调节就会发生冲突，于是，政府开始转变计划科研的直接管理方式，以匹配经济和科技体制变化，从而激化大学自主为经济建设服务的活力。

表3-6　　1984—1991年政府关于推进大学科技工作部分举措与制度

年份	举措与制度
1984	建设国家重点实验室
1985	中共中央关于科学技术体制改革的决定
1985	中共中央关于教育体制改革的决定
1986	成立"经济科技合作协调小组"
1985	设立博士学科点专项科研基金
1987	优秀年轻教师基金
1986	"863计划"实施
1986	设立国家自然科学基金
1987	设立国家社会科学研究基金
1987	成立国家教育委员会科学技术委员会
1988	火炬计划
1989	技术合同法
1991	国家教委、国家科委关于加强高等学校科学技术工作的意见
1991	启动高等学校工程研究中心
1991	攀登计划

1985年之后，科研管理上政府开始放松规制，前提是保证完成国家任务科研，高校可以自行决定参加科研项目的投标，接受外单位的委托科研，面向社会开展技术服务。不再完全是计划科研，可以与外单位合作科研。在不需要主管部门增加经费和人员编制的情况下，可以自主决定与外单位合办科研院所和生产联合体。落实中央政府"科学研究必须为经济服务"的方针，在邓小平同志"科学技术是第一生产力"的指引下，S大学在1990年10月首次召开科学大会，鼓励开展科研。召开科学大会两年来，获得的科研经费140.8万元，科

研立项23项，相当于1979年到1989年科研经费总和的4倍。[1]

由此可见，在完全计划经济时期按计划进行科研，国家指定科研任务。1985年之后，大学开始赋予了在计划任务之外自主拓展科研的权力。对于省属S大学而言，也就才开始重视科研管理，开始拓展科研服务。

第七节 计划对外交流

1978年之后，教育部政策是虚心学习外国经验。采用请进来和派出去的方式开展对外交流，开始聘请外籍教师任教，有计划地派遣部分教师出国留学。1985年国家教委外事局对出席国际学术会议的程序和手续作了一些修改，参加国际学术会议由国家教委批准。出国计划，包括出国路线要报送国家教委外事局批准，外事局批准的路线不能任意改变。个人临时向外事局申请改变出国路线，在没有经过学校同意的情况下，一律不予受理。在1986年的高校管理暂行规定中，鼓励大学开展对外交流活动，并允许自主筹资和开展对外交流等。在国家外事政策规定的范围内，学校自筹经费经过上一级主管部门批准可以决定出国和来华的学术交流人员，经过批准的学校可以自行组织出国人员的政治审查。1985年S大学首次聘任外籍教师，之前有少量的学术访问。所以，这一时期的对外交流管理完全依照国家政策规定执行。

本章小结

计划经济的确立，政府集中了国民经济分配的所有权力，成为国有财产的唯一所有者。计划经济时代，政府掌握了资源再分配的权力，国家资源都处于政府的计划调配之中。为了使大学发展与政治经济发展同步，政府把大学纳入社会计划之中，实行统一管理。由此，

---

[1] 《S大学统计资料汇编（1992—2000）》。

政府与大学之间是一种上下级的隶属关系，大学是计划经济时代的一个"单位"。政府对大学规制关系呈现出直接管理，政府采用的规制工具主要是指令和规定。在国家对高等教育改造和新建过程中，逐步形成了中央和地方分别举办和管理的"条块分工"模式。中央政府在对大学的管理权限上经历统一到下放权力到统一的过程，从财务管理、招生方式、机构人事管理到学科、专业设置以及具体的教学内容都在计划之中。1978年前可以称为是完全计划时代，在1978年思想解放后，从1985年教育体制改革开始提出下放大学自主权，但政府主导地位并没有改变。具体有哪些办学自主权也没有形成制度化，造成政府权力下放回收的无序。从1985年到1991年，可以称之为是计划管理下的扩大大学办学自主权阶段。[1] 此时政府开始给予大学办学自主权，但是政府对大学控制仍然十分强烈，大学也缺乏应有的自主性，实际上在1992年之前扩大办学自主权进展并不大。

国家通过各级教育行政部门来代表国家进行管理，而诸如计委、编委、人事、劳动工资等"婆婆"相互制约、扯皮，使得教育行政部门无法很好发挥出管理职能，而大学要受到"多头管理"。这一时期管理称之为"控制型"管理。[2] 计划经济时代，S大学经费来源完全依靠财政投入，人员由人事部门分配，国家按生产需求来培养劳动者，招生形式由国家指定，毕业生包分配，机构类似政府架构，专业设置由教育主管部门统一调配，教学计划、课程设置到科学研究都在计划中运行，政府各部门通过指令、规定的形式对大学进行直接管理，大学并没有多大自主管理空间，遵循政府资源再分配的逻辑。由此可见，直接管理完全是一种计划模式，是计划经济的产物，政府掌握资源配置权力，大学能获得多少资源，发展何种学科专业全部是政府计划的结果。政府对大学的管理细化到微观层面，这种微观管理，遵循政府配置资源和培养人力资本的计划经济逻辑，但是在资源配置

---

[1] 陈传林：《扩大办学自主权必须与计划管理宏观控制相结合》，《上海高教研究》1991年第4期。

[2] 陶增骈：《高等教育管理体制的改革》，《上海高教研究》1985年第4期。

效率和有效激励上无法很好实现。① 这种体制只有在计划经济状态下，政府控制了大学的准入和毕业生分配时才能运行。不论中央与地方政府如何划分权限，大学没有自主权。这一时期，政府对大学采用指令式规制，手段是计划调配。政府与大学之间形成上下级的行政关系，政府领导了大学的财务、人事到教学，大学办学纳入政府统一计划。

---

① 蔡昉：《中国改革成功经验的逻辑》，《中国社会科学》2018年第1期。

第四章 松散粗放式的大学管理
（1992—2006）

到了 20 世纪 90 年代，尤其是在 1992 年党的十四大明确向社会主义市场经济体制改革之后，政府相应改变对大学的规制方式。虽然改革开放从 20 世纪 70 年代末期开始，直到 1992 年才正式确定从计划经济向社会主义市场经济转型。1985 年虽然提出扩大大学办学自主权，而实际对政府的计划管理并无多大改变。为了适应市场经济体制需求，在 1993 年发布了《中国教育改革和发展纲要》这一再次提出放松规制的纲领性教育文件，提出逐步建立政府宏观管理、学校面向社会自主办学的体制，进入实质性的扩大办学自主权阶段。本书把 1992 年作为政府对大学管理转型的一个节点，到 2006 年这段时间称之为松散粗放式管理阶段，在这一时期高等教育开始扩招，政府的规制由细化和直接管理转变为宏观管理，大学开始面向社会自主办学。在制度层面上明确政府放松对大学的规制，重要的标志则是从立法层面对大学自主权的确立，1998 年《中华人民共和国高等教育法》制定，大学被赋予七项自主权。那么本章将从 S 大学自主权的七个维度来分析这一时期的规制关系以及形成逻辑。

第一节 松散财务管理

在计划时期，大学作为教育主管部门的附属机构，大学依靠政府拨款，按政府的规定开支经费。进入 20 世纪 90 年代，适应社会主义市场经济需要，政府与大学之间的隶属关系发生变化，大学逐步面向社会自主办学。到 1998 年，周远清在全国高等教育管理体制改革座谈会上，提出加速高等教育管理体制改革。里面谈到的主要思路，仍然是关于大学隶属关系的改革，淡化政府与大学之间单一的隶属关系，提出加强省级政府的统筹管理。周远清提出加强省级政府的统筹管理，目的是淡化单一层级政府的投资体制，通过扩大大学的服务面向多渠道筹措资金。中央政府或者是中央各部门、单位向省级政府下放管理权，并且向市场放权，给予大学面向社会筹资的空间。

一 转型初期

20 世纪 90 年代，计划经济向市场经济转型，带动了财务管理体制的变化。从图 4-1 可以看出，S 大学在校生人数稳步增长，而国家预算拨款则是在回落中缓慢增长，很显然投入并没有跟学生数的增长匹配。在校生人数增加，办学成本相应增加，在国家缺乏常态化的稳定拨款时，政府放松对大学的干预，允许大学面向市场筹资。大学从市场上来获取资源，就必须按照市场经济的逻辑。学术资本的研究表明，大学面向市场获取资金的一个途径就是将学术资本化，通过科研成果转化、学术咨询等方式获得经费来源。另一种方式则是以社会捐赠的方式来获取资源。具体到 S 大学这种省属大学，在上级主管

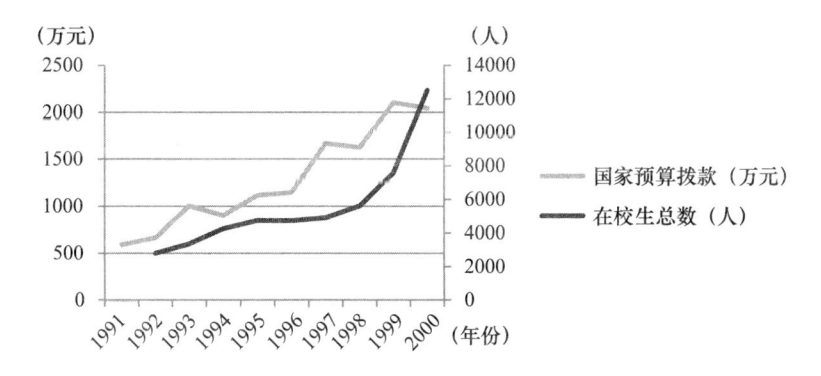

图 4-1 S 大学国家预算拨款与在校生人数

数据来源：《S 大学统计资料汇编（1992—2000）》。

部门的拨款不足时，大学要发展，当时采用两种方法。第一是向上级主管部门争取政策、资金；第二就是面向市场筹资。而面向市场筹资能力不够，大学只好走向依赖政府，那么掌握了资源分配权的政府自然就具备了对大学进行规制的条件。

前面介绍从1986年开始，国家对大学的投入采用"综合定额+专项补助"的方式，这种方式本身就是一种模糊的拨款模式，政府把握政策性拨款的权力。在财政获取上面，S大学就特别需要与上级主管部门处理好关系，主要依靠政策支持扩大学校收入。通常是向省教委以汇报的方式获得一些预算外的补助资金。而这些补助资金获取后在使用上比较自由。所以，学校首先就要跟教育主管部门保持良好关系。为了1997年合格评估，在资金筹措上S大学强调走出校门向上级领导机关多请示、多汇报，争取更多的计划外经费。另外，向上级部门要政策，通过优惠政策扩大财源。

进入21世纪后，随着原中央部委所属院校与地方院校的合并、调整，并且以地方管理为主之后，财政部设立了"中央与地方共建高等学校"专项资金，后更名为中央财政支持地方大学发展专项资金。此专项资金主要用来共建大学仪器合并购置、房屋和基础设施维修改造等修购项目。教学仪器设备购置、行政设备购置、修缮工程等实行项目管理和招投标制度。当时项目拨款还没有完全公开透明，还有争取的余地。在访谈中了解到，S大学领导把主要精力集中在对教育资源的争取上面。比如：

> 2002年3月12日，S大学校领导在湖南省省长助理带领下，得到教育部副部长张保庆及民族司、规划司、财务司的有关领导接待，经过汇报，允诺2002年继续完成新增国债1000万—1500万元的综合教学楼续建项目。当时，S大学校领导请求600万元支持正在建设的校园网工程，张副部长承诺学校写报告，教育部再批。

从2002年开始在财政上初步建立了中央有关部门的筹资渠道，

当年获得财政部省部共建专项资金600万元，教育部校园网建设资金650万元，基本建设专项资金2000万元。并且融资1.2亿元支持S大学用来与另一座旅游城市一所高等专科学校的合并，S大学称之为"北上"发展战略。比如2002年S大学教育事业总收入为12925万元，S大学制定了《S大学关于引进资金奖励暂行办法》，自我筹资情况如下。

> 初步建立了与中央有关部门的筹资渠道，获得财政部省部共建资金600万元，教育部校园网建设资金650万元，基本建设资金2000万元；巩固了省直主管部门的筹资渠道，年底一次性获得省财政厅、教育厅专项补助560多万元；积极争取地方部门职称，所在地区财政拨款足额到位；与各家银行合作，获得国家助学贷款150多万元，及时融资1.2亿元支持学校"北上"战略实现。(《S大学二○○二年财务工作报告》)

比如2003年，S大学筹资成效明显增强，显然筹资主要是通过上级部门计划外的补助所得，通过向上级部门请示汇报争取而来。

> 山东省援建专项资金1000万元；教育部专项补助500万元；国家财政部专项资金400万元；省教育厅、省财政厅预算外各类专项补助670万元。以上经费占到财务实际收入的15.2%。(《S大学二○○三年财务工作报告》)

为什么要寻求合并？在文献资料以及访谈中了解到，湖南省教委呈现一个特点"扶强不扶弱"。根据省教委的这种喜好，S大学在2000年的财务工作报告中提出办万人大学来争取省教委的财政支持。高校合并是在政府规模效益的倡导下开展的，20世纪90年代中期贯彻执行"共建、调整、合作、合并"八字方针，目标是由"外延式"的大学发展方式转变为"内涵式提高"。1994年国家教委在上海召开座谈会，探讨高等教育管理体制改革。改革的途径是多头并进，提出

规制与自治：大学管理体制变革研究

五种改革的形式，分别是共建、联合、合并、协作和划转。其中一种途径就是规模较小、科类单一的高校进行合并。国家的一个整体目标是减少高等学校的数量，并且提高高等学校的效益。在这种价值目标的导向下，高等学校之间进行合并。这段时期在管理层级上的变化比较明显，出现形式多样的联合办学、共建共管、学校合并等改革试验，S大学开展了高校的合并。

在管理层级上，从1993年开始，中央逐步向省级政府下放大学管理权。从1998年扩招以来，行政管理体制基本保持稳定，稍微调整。到2000年政府与大学的隶属管理转变为"中央和省级政府两级管理、以地方统筹管理为主"。在提高高校规模效益的理论基础上，到2000年底，在体现"规模效益"的政策导向下，全国已有600余所高校进行了"合并"与"重组"，其中中央与地方共建的高校197所。中央政府放权给省级政府，省级政府管理将会淡化中央统一管理。政府通过分权措施，调整中央政府教育主管部门与业务部门关系，形成全国性、区域性、地方性三类大学布局，使得大学能够面向区域社会经济发展办学。但20世纪90年代政府在政策上面突出重点优势，更多的是横向综合化，而纵向分层发展不明显。[1]

一位处长提到，在上级主管部门没有生均拨款保障之前，只要是能够找得出来的名目都可以去向省里要资金、要政策。

> 经费是上面管的，一个学校基本经费只占拨款经费的一小部分，更大部分是他们找的项目来给你拨款，实际上他们掌握了大头吧，这个项目，我同意你这个项目，我就给钱嘛，他控制了的。[2]

由此可见，政府这种资源分配方式，给予了政府能够随意调控大学的基础。在拨款上面除了经常性拨款外，还有一部分需要去争取。

---

[1] 胡建华：《关于大学体系层次化的若干思考》，《清华大学教育研究》2003年第4期。
[2] SSH20170328访谈材料。

也就是校领导们反复强调的要多向上级部门汇报,争取支持。积极争取上级领导下拨经费,在财政正常拨款之外,多向上级汇报,反映困难,争取财政专项补助和各种经费。

S大学地处偏远,在访谈中,一致认为,政府掌握了资源的分配权,政府拨款制度造成贫富不均匀,关系成分很大。对"211"大学的投入多,而对远离省城的大学投入少。由此造成大学必须围绕政府转,否则无法生存。比如:

> 教育厅经费每年有限,你多了他就少了。必须跟教育厅搞好关系,年底教育厅有个"扫仓",没用完的钱,关系好就给谁。给厅长汇报,拨了100万,有些项目比较自由。[1]

2005年湖南省教育厅和财政厅联合印发的经常性财政拨款方案,主要依据是标准普通本专科生人数核算,加上五个调控参数,诸如生师比、生均教学行政用房、生均教学科研仪器设备值、生均图书、具有研究生学位教师占专任教师的比例。也就是说在经常性财政经费的拨款中,一部分是物的部分。因为拨款方式按公式计算,整个过程通过方案设定的程序自动运行。不同于20世纪90年代"跑部钱进",在经常性财政拨款上面不需要向教育主管部门多请示汇报。这个依据也是按照2004年教育部印发《普通高等学校基本办学条件指标(试行)的通知》要求制定。

因此,也可以说因为教育主管部门拥有资源分配的权力,使得大学积极寻求政府规制以获得资源,同时也给予了主管部门可以按自己的意愿来规制大学的空间。大学与政府之间处于一种资源依赖关系,政府掌握了核心资源,大学依靠与政府之间保持紧密的联系,依靠请示、请求等方式来获得财政部门以及教育主管的支持。也正因为依靠这种方式获得的资金并非是制度化的结果,在使用上面就相对没有如计划经济时代按指令和规定来理财。

---

[1] SZH20170316 访谈材料。

二 自主筹资

省属本科大学在逐步扩大办学规模，同时在上级部门投入不足的情况下，政府放松对大学的财务管制，给予大学面向市场筹资的权力。尤其在1998年扩招之后，国家没有全额负担大学经费时，鼓励大学多渠道筹集资金办学。按照计划时代核算式财务管理，并不需要发挥组织内部的积极性，只需要按规定办事。而要向社会筹资，则就需要充分调动各单位和教职工理财、聚财的积极性。在此目标下，S大学改革财务管理制度，建立一级核算、多级管理、包干使用的财务体制。要面向市场来筹资，可以有几种路径。第一，增加学费；第二，社会捐赠；第三，学术资本化，通过科研成果转化、学术咨询等方式服务社会来获得资金。

1. 按政府定价收取学费

"财政拨款为主，多渠道筹措资金"的资金来源方式看似大学资金来源丰富，然而多渠道筹措资金对于省属大学而言，主要是指学费收入。到1997年正式并轨招生后，所有学生实行成本补偿，收取学费。2000年，教育部、国家计委、财政部针对少数高校乱收费问题，提出了学校招生收费工作的意见。意见中指出，学费标准由省级教育部门提出方案，同级物价和财政部门联合审核，最后由省级人民政府批准，大学无权自行设立收费项目。具体学费、住宿费标准由物价局核定，现由省发展与改革委员会核算。为了规范收费，规定学费收入由学校财务部门统一收取，学费收取后上缴到同级财务专户，由同级财政部门按照预算以及预算外资金统一划拨。在对S大学访谈中了解到，学费需要向物价部门申报，申报依照一定的标准进行核算，物价部门会考虑到大学所在地域居民收入水平。S大学地处贫困山区，学费偏低，对财务部门人员的访谈中了解到学费收取的标准基本就是一个成本价。因此，依靠增加学费来提高大学的办学经费行不通。

那么筹资另外来源为社会捐赠以及学校学术资本转化的能力。而S大学在综合实力和社会影响力上都不够，因此在社会捐赠和学术资本创收能力两方面都很弱。由此可见，在学费的收取上面，大学没有自主空间，不存在诸如美国大学通过涨学费来扩大办学经费的通道。并且在捐赠、学术资本化等方面来获得办学资金，S大学也不具有充足的条件。

2. 疯狂的市场借贷

政府给予了大学面向市场筹资的空间，大学通过借贷、社会融资的方式来扩充能力建设。1992年，S大学争取到了106万美元世界银行贷款，国内给予1：1配套款。1993年，S大学党委书记在财务工作研讨会上，提出学校在筹资、融资、用资、监资上面下功夫。[①] 为了加快新校区建设，1993年制定《关于引进资金的内部管理暂行规定》，成立了世行贷款办。在新校区建设中1996年国家投资2900余万元，学校自筹318万元，负债970万元。为了迎接1997年本科教学评估，此次评估为本科教学合格评估，主要考察是否达到本科教学的标准。而实际中，S大学财力薄弱，对照教育部评估指标还有差距，为此开始举债补充建设费用。1999年S大学在基本建设上都已经负债超过1400万元。[②] 社会借资的方式主要是企业，特别是建筑企业自己垫资建设。曾经在湖南某高校，出现企业垫资无法偿还，企业把学校大门封了，严重影响教学秩序。对此一位处长谈道：

> 政府一放开，有的高校胆子特别大，贷款规模特别大。包括社会融资，到还款时候，学校非常艰难。当时我们学校财务处经常关门，报不了账。我们学校相对来说比较谨慎，我们学校有特殊情况，从地方来讲，当地银行势力比较弱，包括可以寻找的贷款银行比较少。[③]

由此可见，政府的投入与评估指标之间存在悖论，政府投入并不能满足教育部自身提出的合格指标要求，而为了达到合格指标标准，

[①] 《S大学统计资料汇编（1992—2000）》。
[②] 同上。
[③] SDA20170405访谈材料。

S大学只好通过社会筹资的方式来进行内涵建设。而在社会筹资的过程中，上级主管部门并未形成政府与大学互动理论中的互动关系，政府在很大程度上采用退出的方式，此时，大学面向市场，采用借贷方式来获得资金，这就给大学本身的还贷能力留下隐患。同时，也造成了内部财务管理的混乱，以至于无法正常运转。

3. 短暂的董事会筹款

为了自我发展和筹资，大学开始通过办产业来筹资。比如，1993年，以民族经济重点学科为基础，设立了乡镇企业管理学院，1994年，举办了"S大学乡镇企业学院"挂牌，当地政府拿出10万元资助学院建设。后来因为经费等原因，解散了。比如，1997年与中国乡镇企业总公司合作成立酒业公司，共同开发白酒，为贫困生获得"S大学光彩基金"100万元的资助。同年，S大学迎接教育部的本科教学合格评估，争取到正常拨款之外各种专项补助将近600万元，基本建设投资400万元。[①]

为了多方筹资，S大学加强横向联系，向社会、企业、校友等争取支持。2001年为了向社会筹集资金，在省政府的批示下成立了董事会，由时任一位副省长担任董事长，该副省长退休后，由时任的省委常委、宣传部长担任董事长。董事会由校长办公室的一副主任负责日常事务。时任的省委常委、宣传部长当时给了S大学100万元。之后，因办公室副主任违纪被处分，董事会也无人管理，形同虚设。

三 "收支两条线"

政府鼓励大学向社会多方筹资，相对放松对大学的规制。在政府放松规制的情况下，S大学的财务管理制度建设并没有相应完善。在政府没有出台硬性禁止规定时，大学内部并没有制订理性的内部制度。由此可以认为，S大学在主管部门长期计划指令和规定的规制之下，形成了对计划规定的路径依赖，规制放松之时，大学本身还没有形成良性的制度安排。政府把大学这段时期的社会融资行为定性为

---

① 《S大学统计资料汇编（1992—2000）》。

"一放就乱"。出于矫正的目的，政府的理由是监督经费使用情况，国家出台规定要求大学强化内部管理。1999年，教育部办公厅下发了坚决制止"小金库"有关意见的通知，要求大学贯彻落实中央"收支两条线"的规定。

在此强制规定下，S大学建立预防"小金库"的各级经济责任制。S大学实行的是一级财务核算制度，按照国家财经政策规定要求，严格实行"收支两条线"。在1997年合格评估之后，从1998年起，S大学所有的财务和经费必须由财务处统一管理，这也是按照财政部和国家教委的财务管理要求政策导向。根据《事业单位财务规则》，1997年财政部和国家教委执行《高等学校财务制度》，要求加强大学内部财务管理，实行"统一领导、集中管理"。在财务核算上面，依照1998年财政部与教育部联合下发的《高等学校会计制度》要求执行会计核算。从1998年下半年起，S大学正式将人员工资、办公经费、教学经费、水电费等费用的大部分划给各单位包干使用，超支不补，给余留用，学校只留少部分作为机动。

20世纪90年代，S大学的收入要求纳入学校财务处统一管理，严格"收支两条线"。但在多方筹措资金的政策下，S大学出现自主收费，该上交学校时不上交学校，拖欠学费等现象。比如2002年在合并了W高等专科学校之后，因原W高等专科学校财政年终赤字，基本从校本部调拨资金偿还应付欠款，S大学财务运转十分困难。学生欠费现象严重，至2002年累计欠费达到1000万元，2002年学校收入总额为12925万元。在财务管理上面，一方面财政困难，另一方面管理不规范，管理制度不完善健全，在有限财力下难以集中起来最大限度发挥资金使用效益。出现铺张浪费，财务漏洞、预算缺乏刚性、重复购置、重复建设等现象。而这种现象的本质，则是缺乏内部规范的财务管理制度，以及财务管理手段落后，财务监督滞后。2002年签订财务管理目标责任书，严格执行"一支笔"审批制度。2002年获得省部共建支持，S大学在实验室建设等科研平台建设上面才有所改善。S大学在20世纪90年代至21世纪初期，虽然在内部制度上面要求所有的收入实行财务处统一管理，而在实际的运行中单位"小金库"等现象存在。比如 2003 年，S 大学纪委查处了某学院与另一大学协办旅游管理短线自考班提成经费 4 万元公款私存的问题。

以上分析表明，这一时期，政府本身对大学的投入偏低，说明政府控制资源分配的权力在一定范围内时，放松对大学规制，允许大学向市场筹资。可以认为 S 大学获得了资源拓展的机会，但是面向市场筹集的空间给 S 大学带来的是内部财务管理失范，以及债务无力偿还。因为大学无力通过学术资本化，以符合大学知识生产机构的途径来获得市场资源，而是通过市场借贷方式来获得资源。而与市场借贷并行的途径则是"跑部钱进"，政府资源投入的不均衡使得大学围绕政府争要资源。而大学向市场筹资并没有取得政府的预期效果，自我筹资并没有给大学自主管理带来规范。从大学角度而言，向市场自我筹资行不通，带来的是负债累累，内部管理不规范。从政府角度而言，并没有达到政府预期的目标，大学依然利用跑关系向政府争要资源，甚至最后通过政府化债的方式来解决，因此为政府加强规制提供了合理性依据。

第二节 招生管理：粗放式指标分配

到了 20 世纪 90 年代，社会主义市场经济体制确立，再按国家计划来分配和培养人才已经不能适应，1993 年中共中央、国务院印发《中国教育改革和发展纲要》逐步建立政府宏观管理、学校面向社会自主办学的体制。由此，招生制度和毕业生分配制度的完全计划都面临着变化，招生制度采用国家任务计划和调节性计划结合，毕业生大部分"双向选择""自主择业"。1994 年原国家教委下发了改革招生和毕业生就业制度试点的意见，毕业生不再按照行政分配，提出社会就业需求信息引导毕业生择业。在招生方式上实现"并轨"，国家任务招生计划和调节性计划两种分数线取消实行统一分数录取。"并轨"的实行有一个过渡的时间段，并非在 1994 年实现，到 2000 年才彻底完成。1999 年《面向 21 世纪教育振兴行动计划》提出发展高等教育，到 2000 年入学率达到 11% 左右，2010 年接近 15% 的目标。这种招生方式虽然有变化，但是变化的决策权在教育主管部门手中，并且学校可以收取部分培养费。大学开始具有了参与招生的权力，大学又是如何来运用有限的招生权力呢？

一 "基数+增长"计划投放

进入20世纪90年代，特别是在1992年社会向市场开放，生发出新的行业人才需求，而现有的大学毕业生在需求的种类和数量上出现短缺。国家的招生计划实际上是控制招生的规模，从90年代开始呈现出扩招的态势，1998年开始明显扩招，这一政策持续到2008年，招生规模才趋于平稳。招生指标划分以"基数+增长"方式下拨，这种计划投放模式符合国家高教发展精神，实际上是政府逐步在有计划地扩大招生规模。只是这个扩大不是完全向市场开放，而是以政府的计划手段实现。S大学招生指标数逐年增加（见表4-1）。

表4-1　　　　　　　　S大学普通全日制招生数

年份	国家任务（人）	委托培养（人）	自费生（人）
1992	678	1	72
1993	675	0	236
1994	798	0	53
1995	737	0	126
1996	617	5	312
1997	1033	0	0
1998	1270	0	0
1999	1911	0	0
2000	2162	0	0
2001	2683	0	0
2002	3931	0	0

数据来源：《S大学统计年鉴》。

那么指标投放的权限在谁手中？招生指标的批准权限，本科计划和研究生计划归教育部管理，专科计划归省人民政府管理。招专科省政府批准就可以，省政府批准就是教育厅批指标，教育厅就具体到计划规划处批。如果是要在专科指标上增加一点，湖南省批准了，只需到教育部备案。而本科招生指标则是教育部在全国核总数，然后再进行分配。

"基数+增长"这个数量如何来确定呢？在核定招生计划数上面，本科院校就按照本科办学标准，按本科合格标准来核定大学招生指标基数。根据本科办学标准，包括师资、场地、建筑物、实验设备等条件来衡量，比如综合性大学按1∶18比例，即1名老师可以招18名学生。招生指标最终确定，通过硬指标和软指标结合，再核定一个增长，由此可见这个增长就具有模糊性。具体增长多少，则完全是政府的宏观调控。

国家预计到2010年高等教育毛入学率达到15%，进入大众化阶段。实际上2002年毛入学率已经达到15%，比预定的计划提前了8年。从2003年开始，教育部开始把招生计划的下拨与就业情况相结合。于是大学招生从完全的学校挑学生，开始了学生挑学校。为了使得社会和考生了解大学的就业情况，教育部在大学简章的发布中，要求各大学公布毕业生就业率。教育部要求各大学设立就业指导机构，并配备就业工作专职人员，人员比例不低于1∶5000，5000名毕业生就要有1名专职就业指导工作人员。

教育部把就业率纳入了高校评估指标体系，就业率低的学校一律不能评为优秀。2004年，毕业生就业工作已经实现"市场导向"。2004年教育部印发《普通高等学校基本办学条件指标（试行）》，废止原有的高校招生规模办学条件标准，以及"红""黄"牌高校的办学条件标准。对于一项基本指标低于限制招生规定要求的学校，将会受到限制招生的黄牌警告。两项或者两项没达到基本指标，或者连续三年受到黄牌警告的学校，则实行暂停招生的红牌。这一条件指标成为核定招生计划的重要指标。

二 大学参与招生

正因为招生采用的是国家任务和调节性计划相结合的方式，政府对招生指标管得比较松散。并且国家逐步退出毕业生分配，毕业生开始自主择业，国家在毕业生分配上实际是减轻了负担，国家没有了招收多少学生，就必须分配多少毕业生的压力。这一时期处于逐步扩招时期，因此大学在条件允许下可以争取多招学生，大学开始参与招生。

1. 争取追加指标

因为政府全盘把握了大学的规模，控制了总的计划投放数量，所以大学参与招生权力仍然是在政府的权力限度以内，依靠政府的审批。计划经济时代，指标分配上大学没有任何空间。而在社会转型之下，大学开始面向市场办学，政府给予了大学一定的空间，但是空间十分狭小。在生源充足，而政府下拨的指标数不足时，学校在办学条件允许下，就会去争取追加指标。在访谈招生部门人员中，谈到：

> 2008年以前，处于扩招阶段，国家把计划管得比较松。比如给大学下100个计划，可能录了200人。①

在指标追加当中，并非按照市场的供需规则由学校自身来评定。追加指标并非学校自己能够做主，必须向教育厅争取，指标的控制权依然掌握在教育厅手中。教育厅具有宏观调剂的权力，大规模的追加指标不允许，因此就形成了大学去相互竞争学生市场，但是这种竞争是在教育厅调控范围内的竞争，并不是完全依靠办学能力的竞争，需要教育厅以审批的方式来获取生源，由此产生了大学对政府资源审批式路径依赖。因为，追加指标必须向教育厅汇报申请，才有可能争取多一点指标，必须听教育厅的安排，否则即使生源好也争取不到指标。

同时，主动压缩计划数则是允许的，压缩计划实际上是主动放弃部分政府下拨资源。2006年本科教学水平评估中为了达到优秀评估

---

① SLI20170417访谈材料。

标准，S大学主动把招生规模压缩，因为政府在评估指标中包含人均办学条件测算，人数越多，平均测算下来会拉低人均办学水平。资源的分配权力始终掌握在政府手中，追加指标反而增加了政府的规制力量。到2005年，中国高等教育毛入学率达到了21%，进入马丁·特罗所称的大众化阶段。2006年全国普通高校招生540万人，是1998年的4倍，高等教育毛入学率达到22%。从2006年开始，高等教育的任务从普及到提高质量的阶段，国家招生政策从扩张转变为适当控制规模增长幅度。

2. 基本分数线上"点录"

在录取的规则上，2008年以前没有任何批次。国家划定录取的基本分数线，达到基本分数线之后大学有权自己决定具体要录取谁。由此，就给予了大学招生参与的空间，国家教委规定在统考成绩达到控制线的考生中按照1∶1.2的比例投档，学校从高分到低分，择优录取。这其实是给予了大学在基本分数线上自由选择的空间，但是由于信息不透明、信息不对称，而在实际的操作中这种自主权空间演化成为面对不成熟市场的利益寻租。而正因为并没有一个透明的机制，出现了教育主管部门和大学共同寻租的现象，产生了"点录"行为。"点录"实际上是招生录取时，不是按国家规定的从高分到低分的录取原则。因为在只有分数线这一评判标准下，大学的招生权力也就只能限定在按分数从高到低的择优录取了，除此之外，并无其他选拔的方法。那么这种录取方式中，大学实际上没有自治空间，因为只有分数这一种评价标准，并不存在除了分数之外，还有诸如面试之类的环节。而分数这一标准又不是由大学掌控，是国家统一考试的结果。

为了防止暗箱操作和招生录取的不正之风，教育厅下发文件要求加大督查力度。要求学校纪委全程参与招生过程，加以监督。S大学也相应制定招生录取的行为规范。

可以认为这一时期，教育厅给予了大学一定的招生空间，能够去追加指标，能够相对自由地录取。但是指标的最终决定权在政府的手中，政府追加给谁指标，由政府决定。指标就成了政府手中的权力，要获得指标的追加，大学之间就必须展开竞争，这种竞争就一定要通过与政府建立起良好关系，才有可能获得指标。显然，这种参与招生的空间并不是真正面向社会自主办学的结果，追加指标之间的竞争反而强化了教育厅审批的权威，强化了对政府资源的路径依赖。而在大学自身缺乏理性制定内部规制和实行内部自律的情况下，即使是自由录取的狭小空间也演化成为失范行为。

第三节 编制与自主聘任相结合的人事管理

师资的配备相对于国家而言是属于劳动力配置的一部分，正如研究者指出的，劳动力作为一种重要的经济资源，如何分配与利用是区别计划经济与市场经济的一个重要标志，劳动行政部门在市场经济转型下相应地进行改革。[①] 20世纪90年代，在社会向市场经济转型的过程中，政府相应放松了对大学的人事管理，由人事分配制向编制核定下的聘任制转变。1994年主动适应社会主义市场经济体制改革，以及在《中国教育改革和发展纲要》的政策驱动下，S大学改革人事制度。这一时期政府开始放松规制，给予大学自治空间。

一 定编下的聘任制

1992年党的十四大报告指出建立社会主义市场经济，这就与根植于计划经济土壤的大学人事管理体制产生了矛盾。1992年11月，S大学首届教职工代表大会第四次全体会议通过了"深化学校改革的决议"，并通过了人员编制核定的实施办法。深化学校改革是在党的十四大上邓小平提出建立社会主义市场经济体制的政策背景下提出来的改革目标。

从1993年起，S大学开始控编，原则上冻结管理和工勤人员的调进，把编制用于急需专业教师的引进上。控编的主要措施是减少固定编制的人数，1994年，S大学严控人员规模，采用多种用人方式，诸

---

① 岳经纶：《市场转型与治理变革：中央劳动行政部门的个案研究》，《公共管理研究》2006年第4期。

如固定编和流动编，事业编和企业编，分为正式工、合同工、临时工等多种用人模式。到1995年，S大学教职工由808人缩减到了797人。

从1998年开始，S大学计划实行定责、定岗、定编的"三定"，在人员上面实行"人事结合、双向选择、竞争上岗"的逐级全员聘任制。在执行全员聘任制之后，国家并没有退出人事管理，而是以编制的形式来核定大学人员。2000年，中组部、人事部和教育部联合下发高校人事制度改革的实施意见，实行编制总量控制，微观放权。在高校中引入竞争机制，逐步建立高校自主用人的管理体制。那么为什么要定编呢？这种政策与国家对大学的投资模式有关，因为在20世纪90年代，在财务管理部分也已经分析，是采用的"综合定额"的方式，那么综合定额中编制与经费就产生了关联。在1999年因为全国大学扩招，为了控制人员膨胀，湖南省就给每一所大学定编。大学可以在上级部门核定的编制总数内合理确定人员结构比例，要求严格控制教学管理人员编制，提高教师占教职工的比例，校部党政机构人员编制可按照6%—10%控制。

S大学教职工在数量上并不少，存在人力资源丰富而人才资本缺乏，所以在人事制度改革中精减人员。比如2002年S大学教代会、工代会闭幕式上校长的讲话中指出，全校1412名在职教职工中高学历人才偏低，博士以及在读博士仅仅43人，占4.4%，硕士为76人，加上完成硕士研究生课程学习人员为247人，占到32.2%。这个比例与教育部要求的博士占15%，硕士占60%的距离还很大。

从定编上看，就可以判断大学在自己的人员结构上是不能自由设置的，必须按照政府指定的编制规范。在对S大学人员的访谈中，省编制办掌握了大学人员编制分配的权力。因长期没有定编，S大学的情况是，从2002年合并了另一所高等专科学校之后，两校编制数加起来还差一大截，从此就一直保持申报，处于与编制部门不断地请示、争取的过程当中。在2006年国家《事业单位岗位设置管理试行办法》中明确指出各省事业单位的岗位设置方案报本地区人事厅（局）核准。对S大学而言，先报省教育厅审核之后，再报省人事厅核准。如果不按要求设岗和聘用，政府人事行政部门不予确认，情节严重的还要给予相关领导和责任人纪律处分。因此政策规定与纪律处分同时并用，以达到对于大学人事管理的规制。2005年S大学人才强校工程实施纲要的措施之一，是要建立合理的淘汰机制。S大学的淘汰机制部分写道：

> 到2008年，凡40岁以下的青年教师除个别特殊专业外，未取得硕士学位者（取得正高专业技术职务任职资格除外），45岁以下的管理人员不具备本科学历者解除聘用关系（正高职称或博士学位人员配偶除外）；建立职称淘汰机制，到2008年……年满38岁未取得中级专业技术职务任职资格的教学科研人员解除聘用关系（博士学位人员除外）；建立无作为淘汰机制……杜绝"职称退休症"、"学历退休症"发生……（《S大学人才强校工程实施纲要》）

聘用制的试行，教育主管部门给予了S大学通过淘汰机制来实现人员结构优化的自主权。而在调研的过程中，发现整个湖南省除了部属大学对新进人员实现了淘汰机制之外，省属本科都没有执行。S大学虽然实行了全员聘任，教职员工都与学校签订了聘任书，但是并没有真正推行聘用制。实际上存在"老人老办法"和"新人新办法"两种导向，而在具体操作过程中，"老人老办法"起到对部分人员的政策保护作用，而"新人新办法"又没有真正执行，全员的聘用制成为了变相的"终身制"。

二 多种形式选拔干部

因为实现全员聘任，S大学在干部人事管理上发生了变化。从1998年开始，S大学打破领导干部终身制和单一委任制，逐步推行领导干部的聘任制、任期制、非领导职务制和干部交流制。对教学业务干部实行任期聘任制，党政管理领导岗位实行任期限期，干部交流实际上是在校内岗位之间流动。人员分类管理，根据教学、科研、产业、服务、党政管理等建立事业化管理、企业化管理、事业单位企业化管理三种人事管理机制。相对于计划经济时代，下放了部分权力。出于精简机构的目的，在机构设置上不要求上下对口。在处级干部的任命上，学校在规定职数内具有自由任命的权力。省教育厅不干预学校干部，由省委教育工委管理。1998年《中华人民共和国高等教育法》以立法的形式规定大学的领导体制为党委领导下的校长负责制。在向市场经济转型的过程当中，省属大学校级领导仍然是由政府部门任免，纳入省管干部范畴。除了校领导之外的管理人员则可以由大学自主选拔，但是这种选拔并非是完全自由的，必须按照国家对于党政干部管理规定。

政府以立法的形式赋予大学程序自治，但在实际的运行中并不一定得以执行。比如1998年《中华人民共和国高等教育法》规定，高等学校的管理人员实行教育职员制度，教学辅助人员及其他专业技术人员，实行专业技术职务聘任制度。1999年教育部制定《高等学校职员制度暂行规定》，大学的管理人员和行政人员统称为职员。教育部试行先试点，再逐步推开思路，2000年开始，教育部在武汉大学等5所大学进行试点，但是试点之后全部失败，结果是没有推行。在领导人员选拔上实行聘任、选任、委任、考任等多种任用制度，坚持党管干部原则。搞活用人机制，全面推行聘任制。对于落聘人员，实行"老人老办法"，实行校内转岗，或者建立校内人才交流中心，鼓励流动。2002年国务院办公厅转发了人事部在事业单位试行人员聘用制度意见的通知，湖南省人民政府相应在2003年转发了省人事厅关于事业单位试行人员聘用制的有关问题意见。S大学在两个文件精神指导下，下发了《S大学人员聘用制实施暂行办法》。2004年S大学开始第三轮人事制度深化改革，目的是引入竞争机制，强化岗位管理。从这时候开始，在用人机制上提出职务能上能下，人员能进能出的政策，实际上收效甚微。

三 框架内的绩效分配

为了激活大学的办学活力，1994年，国家改革事业单位工作人员工资制度，大学在定员定编的基础上实行工资总额包干管理，编制内节余的部分可由大学自主分配，前提是不能改变国家规定的工资制度和工资标准。进入20世纪90年代，S大学下决心打破"铁饭碗"，实行校内工资制，使得奖金、津贴分配体现出岗位性质。1994年开始，S大学在校内分配制度上，逐步实行国家工资和校内津贴相结合的分配方式。1994年开始，国家财政预算列支工资固定部分的70%和活的部分的30%，以及国家规定的年终奖金。同时加快内部分配制度改革，提高了校内分配部分，实行校内津贴，逐步形成国家工资为主、校内津贴为辅双轨运行的分配制度。

自从1998年实行全员聘任之后，政府赋予了大学绩效分配的空间。1999年教育部发布了《深化高等学校人事分配制度改革的意见》，提出精简内部党政管理机构，打破"铁饭碗"和平均主义，强化岗位聘任。从1998年下半年开始，实行校内效益工资试点。在国家政策的调整下，S大学开始试行校内效益工资制，把工资中活的部分、岗位津贴、课时津贴、生活补贴等合并为校内工资，逐步建立国家工资和校内工资相结合的分配制度，以此来激化人员活力。根据职务、职称的大小高低，设立等级拉开差距。但是这种分配方式是在国家的框架指导下进行，并不能随意自行设计。

比如，2000年《S大学分配制度改革实施方案》中，实行"档案工资＋津贴＋奖励"的分配机制。原档案工资（含省、州规定的工资及津、补贴）保持不变。校内津贴实行奖勤罚懒的标准，包括岗位津贴、课时津贴（绩效津贴）、特殊津贴、奖励津贴。课时津贴和绩效津贴以学生数为计算依据，按每名学生300元包干到各单位。[①]

其中岗位津贴发放标准按照在职年限分为不同的标准，比如专业技术人员的标准如表4-2所示。从表中可以看出，岗位津贴虽然拉开了档次，标准则是按照任职年限来制定，并没有在很大程度上引入竞争，并且必须按照国家的工资政策和制定的岗位等级来加以区分。

---

① 《S大学分配制度改革实施方案（试行）》，2000年。

表 4-2　　　　　　　　　　专业技术人员津贴发放标准

专业技术职务	院士	正高			副高			中级			助理			员级
在职时间（档次）		6年以上	3—6年	3年以下	6年以上	3—6年	3年以下	6年以上	3—6年	3年以下	6年以上	3—6年	3年以下	
月津贴标准（元）	10000	1100	1000	900	700	650	600	500	450	400	350	300	250	200

数据来源：《S大学分配制度改革实施方案（试行）》（2000年12月）。

因为在20世纪90年代的改革中，出于激发活力的目的，允许了大学调整工资结构，发放绩效津贴。而在国家不再把人员经费作为一个拨款项目时，则大学有可能会把本应该用于教学科研的经费，移作他用，不设上限地给教职工发放津贴。2006年全国事业单位工作人员收入分配制度实施改革，湖南省相应制定了实施方案。

> 国家对事业单位绩效工资分配实行总量调控和政策指导。事业单位在上级主管部门核定的绩效工资总量内，……自主决定本单位绩效工资的分配。

因此教育厅和财政厅就用绩效总量控制来限定大学的绩效分配，不允许突破总量。政府在宏观的政策上给予大学部分自我分配的权力，同时也严格地控制大学自我分配超过规定的总量。

由此可见这一时期，政府在扩大大学的办学自主权，开始聘任制、自己任命处级干部、开始绩效分配来激化活力。但是这一时期并没有完全放开，并不是完全由市场供给机制决定，仍然存在政府权威的作用，而是利用编制核定以及职数核定、工资标准等来加以规制，总体而言，属于相对松散的阶段。

第四节　放松学科专业管理

计划经济的打破，按照计划来统筹安排大学的学科和专业已经不合时宜。教育主管部门相应调整学科专业目录与设置办法,大学的自主空间相应扩大。

一 学科建设意识萌发

对于省属一般本科大学而言,基本局限于教学功能,从国家赋予了大学教学与科研的双重功能之后,省属大学才开始具有了学科建设的意识。当时省属本科局限于教学工作,局限于传播知识,在知识的创造上还没有多大的能力。申请到硕士点之前,S大学学科建设意识非常薄弱。1993年,S大学单独建制科技处,其中学科建设与学位办是科技处管理的一个科室。1993年,以民族经济重点学科为基础,在社会各界的支持下设立了乡镇企业管理学院。到1996年S大学建成了"民族文化""民族经济""应用生态"三个省级重点学科,这三个省级重点学科是在计划经济时代政府按照地方经济需求,按照计划发展起来的学科。1997年,S大学通过原国家教委本科教学工作合格评估后,S大学才有意识地自主开展学科建设。从1998年开始申报硕士点,当时S大学对于学科怎么建设根本搞不清楚,当时还闹出笑话,以为学科跟专业没有区别。从2001年开始,S大学决定把学科建设作为重点战略。S大学开始摸清当时已有的11个学科的状况,开始清理学科建设思路,制定了《S大学学科建设和发展规划》。重点学科建设围绕着硕士学位授予权的申报,对照硕士学位授权学科、专业点的基本条件和具体要求,有针对性地建设。S大学加强学科建设,开始于2003年申报硕士点成功之后,才开始思考探索学科管理的问题。2003年S大学6个省级、校级重点学科获得了硕士点授予权。2004年,实施了S大学"十一五"重点学科建设规划。

2006年落实《国家中长期科学和技术发展规划纲要(2006—2020)》,教育部加强国家重点学科建设,实行国家、省级部门或者主管部门、所在单位三级管理。在重点学科的确立上面,不再实行计划发展的方式,而是实行申报制。S大学要建设省级重点学科,就必须按照教育主管部门要求进行申报立项。

二 专业设置审批层级逐步下放

在1992年党的十四大确立社会主义市场经济之后,为了大学的专业设置能够契合社会需要,增加人才培养的适切性,国家教委下放部分专业设置的审批权限。随着社会职业的拓展,所需求的专业不断增多,国家教委本身也无法来统一管理审批。在下放部门审批权限时,通过专业设置规定来规范。比如1993年《普通高等学校本科专业设置规定》,专业设置由学校、学校主管部门和国家教育委员会分工负责审定、审批和备案。在社会主义市场经济体制精神的指引下,S大学开始深入周边地区的政府部门和用人单位进行调研,开始主动地调整专业结构,拓宽专业口径。S大学适应地区经济发展需要,在保持已有的师范教育专业的基础上,瞄准中小企业、乡镇企业和农村人才,改造或者新建一些专科层次的应用专业,比如新办了"应用语文""计算机应用""机电""会计""外经外贸旅游英语"等专业。到1996年,S大学基本上具备了综合性大学的雏形,其中包括9个本科专业和16个专科专业(专业方向)。

因专业结构与市场需求的不相匹配,造成了毕业生供需之间的矛盾。教育部提出专业设置和招生方面的盲目性导致部分专业毕业生供需矛盾突出,而在社会主义市场经济逐步建立和完善的过程中,政府对专业设置集中审批与市场需求之间出现不相匹配。1998年《中华人民共和国高等教育法》颁发,紧接着1999年颁布了本科专业目录设置和调整的规定,按照新的本科专业目录设置,目的是拓宽专业口径,构建新世纪所需要的人才培养模式。1999年版的专业设置,教育部门主要是对于专业设置的规定。面对市场需求不匹配的情况,并非完全按照市场,由学校决定专业设置。教育主管部门设置规定的目的是为了合理布局专业设置,避免重复建设。在1999年高校本科专业设置中规定高校的专业总数由教育主管部门核定,实行总量控制。此时教育部在审批长线专业上实行控制,比如对于当时出现供给矛盾的文科、财经、管理、法学类在1998年和1999年原则上不再新设,特殊情况由教育部审批。同时减少这些已设专业招生计划,而加大对师范、工科、医科等专业的招生计划。并且教育部拟定对于毕业生的就业情况和新设专业进行公布，便于各大学参考。

由此，在专业设置上面最能体现出大学与社会需求之间的匹配度，大学自主设置专业客观上是大学应对社会需求做出自我发展的判断，而在社会向市场经济转型过程中，教育主管部门已经不能按照计划分配的方式来把毕业生分配到各种专业技术行业的时候，必定在专业设置上逐步放权，但仍然需要审批。

专业审批分为两种，一种是基本专业，指专业办学成熟，并且社会需求量大，长期以来比较稳定，比如汉语言文学等。另一种属于特设专业，根据社会、经济发展需求变化而设置的一些专业，可能在专业目录里面有，也可能没有。不包括在专业目录里面的，通过论证可以向教育厅申报。基本专业的申报，根据学校需要，在学校层面上通过教学委员会投票表决之后，再向教育厅申报。教育厅具有基本专业终审权，组织全省的专家进行审核，审核完之后报教育部备案。另外一种特色专业，称为"国控专业"，涉及国家安全、国际名声的核心问题，比如医学。对于"国控专业"就设置了严格的监控和审批程序，在省里面推出去之后，再由教育部组织专家进行审批。最后经教育部备案和审批的专业，教育部公布之后就具有了相应的招生权。

显然，上级部门审批专业的逻辑是审核是否达到专业设置的条件，上级部门的规制工具就是准入控制，达到要求的就可以设置，没达到要求就不能设置。比如2003年S大学申报了6个本科专业，最终4个获得教育厅批准。教育厅对专业办学水平进行评估。2003年，对于根据毕业生就业来调整学科专业结构，教育主管部门在专业设置时加以引导，对连续三年达不到本地区平均就业率的大学进行专业总量控制，新设一个专业就撤销一个旧专业。在教育部审批专业时，首先要通过省教委的推荐，在众多的申报学校中，必须获得省教委的支持。在访谈中了解到，在专业的推荐上面存在很大的不确定性。

> 专业申报报到湖南省讨论，学校每年只能报3到4个，专家评审后，报到教育部通过以后才能招生。申报的话，那就是跟上

面的关系越好就申报得越多。①

S大学通过多种途径积极向省教委汇报，推荐申报专业，争取省教委对专业建设的支持。从1998年扩招之后，毕业生就业与社会需求之间的矛盾出现。比如1999年扩招的专科生在2002年毕业，扩招的本科生在2003年毕业。2002年普通高校毕业生比2001年净增27.26万人，增幅为23.1%。而2003年毕业生比2002年增长了46.2%，人数达212.2万。而在一年之内社会需求并没有发生多大的变化，因而毕业生就业问题突出。而就业的主要矛盾体现为毕业生的素质与社会需求不相匹配。② 在此背景之下，就对于大学的学科专业结构的调整提出了要求，客观上需要大学调整学科专业结构，切合市场的需求。为了强化专业与市场的对接程度，教育部以指导意见的方式进行原则上的规制，比如2001年教育部制定了本科学科专业结构调整的指导原则，允许学生主修和辅修专业，允许学生转专业。

这一时期，国家教委不再指定专业设置，并且逐步下放了审批专业设置的层级。大学开始面对市场，结合就业率调整专业结构，申报设置新专业。教育主管部门并没有放开对专业设置的管理，相对于计划时代在放松，放松规制中依然存在对于专业设置的规定。

第五节　指标评估规制教学

在1993年《中国教育改革和发展纲要》出台之后，一直处于计划之中的教学内容和课程体系已经落后于当时的经济、科技社会发展状况。国家教委逐步改变对教学的规制，但是并没有完全给予大学自主管理的权力，而是运用指导意见和质量评估双重结合的方式进行规制。

---

① STA20170419访谈材料。
② 何东昌：《中华人民共和国重要教育文献（2003—2008）》，新世界出版社2010年版，第14页。

一　原则指导与自主调整结合

国家教委在改变对教学的计划规制之后，实行了一系列改革工程来指导大学教学改革。1994年初实施"高等教育面向21世纪教学内容和课程体系改革计划"，改革教学内容和课程体系。改革的内容包括对未来社会人才要求的研究，教育观念和人才培养模式改革，专业结构、目录和设置的研究与调整、各专业的人才培养规格，基础课程和主干课程的教学内容以及体系改革，高水平的面向21世纪课程教材，教学方法和手段的改革等。教学改革并非完全把教学管理的权力交给大学，国家教委在改革中强调统一性和多样性，开始注重对学生个性培养。统一性更多的是政府的规制，多样性则是大学的自主管理。国家教委以试点的方式进行改革，以分级立项和分级管理的方式执行。立项由国家教委批准，管理由国家教委高等教育司负责，国家教委只提供部分经费，承担项目的学校以及主管部门具体管理，提供必要条件和经费。省级教育行政部门和学校都可以批准相应级别的项目，自行提供经费和进行成果鉴定。项目主管部门的资助经费拨给大项目负责人，专款专用。1994年S大学召开了第二次教学大会，第一次教学大会在1987年召开。从1987年到1994年两次全面调整了专业教学计划。

培养适应21世纪的高素质人才，从1995年开始，原国家教委组织52所高校进行文化素质教育试点，1998年推广到各大学。在原国家教委的倡导下，S大学成立了素质教育中心，以选修课的形式开设素质教育课程。而对于实际的素质教育选修课的管理，在对S大学原高教所所长的访谈中，说道：

> 从我们学校来讲，我估计80%以上的老师，没有把握住通识选修课程在专业人才培养中间的功能。有的根据自己的兴趣，想开什么就开什么，但是这些课程到底在素质教育中起到什么作用，在人才培养的各个环节中间，这门课程的功能是什么，这门课程对学生素质的提升，或者说素质的拓展有什么价值和作用，

> 很多老师没有思考这个作用。实际上在顶层设计方面应当说没有问题，那么在具体实施中间，整个过程的控制环节当中，工作打了折扣。所以课程建设的质量也就大打折扣，这个折扣应该是学校自己的责任，和上级主管部门没有关系。通识选修课程或者是专业选修课程功能发挥打折扣，这个主要责任在学校。①

1998年教育部为了适应21世纪经济社会发展需要，下发了修订普通高校本科专业教学计划的指导意见，在全国范围内组织实施高等教育面向21世纪教学内容和课程体系改革计划。对教学计划作出了基本的规格要求，修订了核心课程设置。教育部指导意见中课程设置可分公共基础课、专业基础课、专业课、必要的教学实习、毕业实习（社会实践）和毕业论文（毕业设计）等部分。加强国家基础学科人才培养基地，国家基础课程基地建设，采用政策、法规、信息、评估等手段来对大学进行宏观管理。根据高校党建工作需要，教育部会同中宣部贯彻党中央精神，对大学"两课"进行新的部署，规定在1999年秋季入学本科新生中开设七门课程，分别为"马克思主义哲学原理""马克思主义政治经济学原理""毛泽东思想概论""邓小平理论概论""思想道德修养""法律基础""形式与政策"。湖南省下发了《关于进一步深化普通高等学校马克思主义理论课改革的意见》，S大学按照省里下发的意见执行。

从1998年起，根据国家教育部、省教委的统一部署和要求，1999年S大学召开教学工作改革大会，全面进行教学改革。教学大会提出适应社会主义市场经济体制，对人才培养目标、规格、专业设置与培养过程、课程结构与教学内容、教学方法以及教育思想等方面作出调整。改变突出存在"专业口径过窄、人文教育薄弱、教学模式单一、教学内容偏旧、教学方法过死"的五大问题。S大学各系重新修订专业教学计划，设计新的课程体系。制订了S大学面向21世纪教学计划，课程结构上突破原教学计划"三层楼"模式，在教学计划课程体

---

① SDA20170405访谈材料。

系中融入"厚基础、宽口径、高素质、强能力、优个性"的人才培养模式。投入了50万元启动资金，以项目管理的办法确定了120项教改项目，并且制定了S大学《教学内容和课程体系改革首批立项项目验收评估细则》来促使教学项目改革落实。之后，每年都立项教改项目以促进教学质量，并申报省级教改项目，组织省级教学成果奖的申报。获得省级成果奖的基础上，推荐国家级教学成果奖。比如，2005年S大学获得6项省级教改项目，实现重大突破。同时，S大学加强了教学常规管理，制定了相关的管理制度，比如《S大学教学事故认定办法》《S大学仪器设备综合效益评估方案》。开展了教学比武、优秀教案评比、推行教学质量检查月报等活动，以此来促进教学质量提高。

2003年在2001年教学改革基础上，S大学根据教育部发展要求，对本科教学专业教学计划进行调整，编制了2003年S大学专业培养计划。同年，实施了学院制管理改革，开始在文学院和商学院实行学分制试点。2005年修订的学校本科教学计划制（修）订与执行管理规定，规定教学计划在经主管校长审核批准后执行。

由此可见，S大学的教学管理改革，是在教育主管部门的指导意见下开展的。与计划时代不同的是由直接的教学计划和教学内容的规定，转变为了在教育主管部门的各种改革规划和指导意见之下，大学相应地展开教学管理以及改革。大学不得不按照指导意见进行，因为教学上面必须要接受教育部的质量评估，只有按照指导意见进行，才能够达到评估指标要求。

二 指标框架下的质量评估

在教学管理上，除了在人才培养和课程设置上教育主管部门制定了规范之外，还有一个重要的规制手段就是质量评估。1993年以来，国务院推进科教兴国和人才强国战略。为了提高人才培养的质量，教育行政部门对大学教学管理设定系列指标，以评估达标的形式加以规制。合格评估和水平评估都是由教育部设定指标，包括定量的标准和定性的要求，实际上就是教育主管部门给大学教学管理设定目标。而大学就可以对标，按指标来一项项达标。1990年国家教委为了使得教育管理部门的管理有据可依,发布了《普通高等学校教育评估暂行规定》。通过评估,国家教委可以系统地收集普通高校的教育教学的主要信息,从而在打破了完全计划之后,也能够比较充分地了解普通高校的办学水平和办学质量。评估分为三种基本形式,分别为合格评估(鉴定)、办学水平评估和选优评估。其中,合格评估(鉴定)主要是依据《普通高等学校设置暂行条例》《中华人民共和国学位条例》以及国家制定的各层次的教育培养目标和学科专业基本培养规格。合格评估主要是检验是否达到国家指定的各种标准。

1997年S大学经历了本科教学合格评估,2006年通过本科教学水平评估,等级为优秀。在进行专业设置时候,教育部从保证专业准入质量的角度,对每一个基本专业设置了最基本的要求。教育部指导意见只是一个宏观意见,属于普适性指导,这个普适性指导要求专业教学达到起码的标准规范。这些规范性标准包括设置专业的系列目标要求、毕业标准与学位授予条件、主干学科、主要课程、主要实践教学环节、教育教学活动安排、课程设置及学时学分比例、教学进程安排等。由此,S大学的人才培养方案首先在最基本的要求框架下制订,否则达不到国家专业评估的标准。

评估实际上对S大学起到了推拉作用,促使S大学逐步建立起规范和制度。比如,为了达到合格评估的要求,教学管理在向合格层面靠近,要求做到有实际的教学大纲、先进的系列教材,有主讲、辅导老师,完整教案等常规的环节。改变了在计划时代一个教师一本教科书代表一门课程的状况,逐步构建合理的课程结构,完善教学大纲、教材教学参考资料。在对S大学原教务处副处长的访谈中,了解到20世纪90年代初期,很多教师在教学计划、考试试卷等方面都不规范,通过合格评估还是起到了很大的规范作用。在评估之前,比如学生考卷比较随意,有了评估就不能随便更改,随意更改就不符合标准,教务管理更为规范。在对S大学人员访谈中发现,评估对学校的教学管理起到促进作用。

在《2003—2007年教育振兴行动计划》颁布后,教育部实施了高等学校教学质量与教学改革工程,并且提出实行五年一周期的教学质量评估。质量评估的目的是教育部门把关教学质量，在教育主管部门通过指标达到一定的教学水平之后，逐步放权给大学，从评估上面反映出来就是从指标评估转变为审核评估。由教育主管部门定指标，到由学校自己定标准。

由此可见，从1992年之后，指定教学计划已经完全打破，教育主管部门主要通过原则性的指导和质量评估双重手段来规制大学教学。大学具有了自我管理的空间，但从S大学的教学改革来看，基本都是在上级部门的要求下进行，并且对照上级主管部门设立的指标。

第六节 项目竞争制科研

国家重心转移到经济建设上来之后，在科教兴国的政策导向下，大学开始成为科研的主要载体，科学研究管理上突出科技服务。在科研管理上，政府从计划科研转变为宏观调控，并且发展市场机制来促使大学科研与产业发展相结合。大学在政府的政策导向下，逐步与产业合作，开展产学合作研究。

一 项目制逐步推行

社会主义市场经济的确定，计划科研逐步淡化，国家有关部门主要采用项目竞争的方式，科研管理就逐步以项目的方式开展。科技投资由政府单一"供给制"的无偿拨款，向计划和市场相结合方式变革，引入无偿拨款和有偿使用资金，中央和地方财政拨款、自筹经费等竞争和择优相结合的机制。从21世纪开始，政府有关部门主要是采用项目竞争的方式来推进科学研究。

从1992年开始S大学逐步实行学科带头人负责制、课题主管负责制、科研贷款制。S大学从20世纪90年代才开始鼓励科研，并且开始了专门的科研管理的组织建制。1991年科研科脱离教务处成为学校直属科，1993年10月正式命名为科技处，成为单独的机构建制。1998年国家教委印发了《普通高等学校人文社会科学研究成果奖励办法》。随后相应地制定或者修订科研管理制度，比如《S大学科学技术奖励试行办法》《S 大学经费配套及管理办法》。S 大学真正强化科研导向，是从 21 世纪开始，原因是政府财政拨款中专项经费增加，而专项经费的申报立项需要科研竞争力，在这一大趋势之下，才逐步形成了系统的科研管理。

二 指导科研成果转化

1992 年邓小平视察南方发表谈话时提到经济发展必须依靠科技和教育，而现有科技工作则偏重理论研究，与经济不结合。[①] 政府在科研管理上，倡导科研成果转化，研究开发与生产相结合。国家通过各种计划、办法，加速科技成果向现实生产力转化（见表 4-3）。

表 4-3 适应社会主义市场经济发展科技服务经济的举措（1992—2005）

时间	内容
1992	产学研联合开发工程
1993	中华人民共和国科学技术进步法
1993	启动"跨世纪优秀人才计划"
1994	增设"杰出青年基金"
1994	国家教委、国家科委、国家体改委关于高等学校发展科技产业的若干意见
1995	关于加速科学技术进步的决定
1995	启动"211 工程"
1995	实施"新世纪百千万人才工程"
1995	科教兴国
1996	中华人民共和国促进科技成果转化法
1999	国家科学技术奖励条例
1999	中共中央、国务院关于加强技术创新，发展高新技术，实现产业化的决定
1999	关于开展大学科技园建设试点的通知
2000	国家实验室
2001	关于北京大学清华大学规范校办企业管理体制改革试点指导意见
2001	关于推进行业科技工作的若干意见
2002	关于国家科研计划项目研究成果知识产权管理的若干规定

---

① 朱丽兰：《科教兴国——中国迈向 21 世纪的重大战略决策》，中共中央党校出版社 1995 年版，第 66 页。

第四章 松散粗放式的大学管理(1992—2006)

主要有国家"火炬计划"、国家重点推广计划，国家科委的新产品试制（鉴定）计划、重大新产品试产计划，科技兴农和参加技术市场活动。随着政府改变对大学的拨款方式，允许多元化筹集办学经费，S大学开始有偿提供社会服务和创收，发展校办产业。显然，这也是国家政策指引下的结果。S大学开展了服务地方产业的科研，并进行了成果转化。比如生物系研制的猕猴桃系列产品被农业部优质农产品开发服务中心授予"希望奖"。1992年S大学研制出人工机制木炭等十余项新产品，签订了100多项意向合同。[①]

1995年召开全国科学技术大会，提出科教兴国战略。1997年，温家宝在国家科学技术奖励大会上强调有条件的科研机构和大专院校以不同形式进入企业或者参与合作，兴办高新技术产业，走产学研结合的道路。为了加强科学研究基地建设，1999年教育部制订了普通高等学校人文社会科学重点研究基地建设计划。从1999年开始到2001年计划滚动评审100个左右国家级重点研究基地。1999年，在"科教兴国"的政策导向下，科技部和教育部联合下发促进科技成果转化的若干规定，鼓励高校科研人员进入市场，提出教育主管部门指导高校制定内部促进成果转化的制度。并且在同年颁发了《高等学校知识产权保护管理规定》。在发展高科技，实现产业化的政策导向下，1999年全国有200多所大学有组织开展产学合作教育。S大学也开展横向项目研究，横向项目与纵向项目比较仍是十分微弱的部分，比如，2002年企、事业单位委托项目经费为8.8万元，而当年的科研经费收入为653.04万元。

2005年时，教育部和财政部联合发文，强调大学科研经费，不论是何种来源都必须由学校财务部门统一管理，集中核算。之所以强调统一管理，是因为在审计检查过程中少数高校出现科研经费管理方面的问题。在这个规定中，不仅仅针对纵向项目，同时包括横向项目。比如，规定项目管理费最高比例为项目经费的10%。

由此可见，在这一时期，政府对大学的科研管理由计划向项目制

---

① 《S大学统计资料汇编（1992—2000）》，第2页。

转变，并且在政策导向上鼓励大学转化科研成果。大学拥有了一定程度的自主开展科研的自治空间，开始尝试科研成果转化。科研管理上给予了大学一定的自主权，而在大学本身尚未建立内部制度规范时，政府又转而以规定的形式来强化管理。

第七节 逐步扩大对外交流

这一时期的对外交流，S大学完全按照国家政策执行。1996年成立"国家留学基金管理委员会"，调整和完善公费出国留学政策，并在江苏、吉林两省改革试点，改革高度计划分配名额制度，采取"个人申请、专家评审、平等竞争、择优录取、签约派出、违约赔偿"的方式。2002年，省教育厅批准S大学招收留学生以及港澳台学生。这一段时期，S大学国际合作与交流局限在少量的校级领导交流考察、聘请外籍教师，学者之间的讲学交流、考察，其他合作项目尚未开展。

本章小结

社会主义市场经济体制的确定，改变了政府通过高度计划来调配大学发展的格局。从1992开始，政府改革重点转变政府职能，政府职能变化不得不重塑政府与大学之间的关系。政府包揽办学格局打破之后，局部让渡管理权，扩大大学面向社会依法自主办学的空间。政府规制大学的层级有了明显的变化，中央政府与省级政府分权明显。在21世纪里，中央政府分权给省级政府，中央政府集中管理转变为以省级政府管理为主。中央政府对大学的管理属于统一性质，而省级政府则具有了管理的灵活性，能根据地方发展需要对大学加以规制。这个主要原因是中央政府放松规制，以增加大学的灵活性和多样化。从集权到分权的角度而言，大学的自治（或者称自主权）没有多大变化，仅仅是政府规制的层级发生了变化。

在计划经济向社会主义市场经济转型，并且大学在逐步扩招的20

世纪 90 年代，因缺乏常态化的稳定财政拨款，政府鼓励大学面向社会自主办学，相应放松了财务规制。大学逐步具有了内部分配的空间，目的都是为了激化大学活力。市场机制的引入，大学财务管理并没有取得预期的效果，下放的自主权出现滥用，呈现出面向社会融资以及向政府争要资金的现象。计划经济打破，毕业生包分配和教职工分配制都相应转变。大学在逐步扩招之际开始参与招生，但是指标的追加权依然把握在政府手中，只能是围绕政府之间的竞争。人事分配制度转变为编制内的聘任制，编办把握编制的总数，财政拨款中包含人员经费部分，编办从控制经费的角度控制编制数量，编制内的人员 S 大学可以自主聘任。职称的评审依然由人事部门组织主管，并没有指标限制，仅仅下放了政府部门之间的审批层级。大学具有了任免处级及以下管理人员的权限，开始多种形式选拔干部。在专业设置上面也在放松规制，不断调整放宽自主设置目录，教育部下放部分审批权力给教育厅。在放松规制的同时，出于保障质量的目的，教育主管部门设置系列指标，S 大学在教学管理、专业建设上面对照指标来管理。在国家政策驱动下，学科管理和科学研究在 20 世纪 90 年代才开始起步，计划科研逐步向项目竞争科研制度过渡。对外交流随着改革开放，逐步得到扩大。

这一时期，因政府放松规制，大学具有了一定的自治空间。S 大学通过融资借贷以及向政府争要政策资源方式扩大了规模，同时也造成了内部财务管理混乱，债务缠身，而在没有资金保障的条件下，学科专业管理、教学管理和科研管理都凸显出自治条件不具备，也缺乏相应的内部约束机制，无法真正面向社会自主办学。相对于计划时代的规定和指令发生了变化，指令式和规定式的规制工具不再能够匹配市场经济体制的社会需求，属于计划与自主混合管理时期。政府对大学的规制从微观层面转向宏观层面，政府部门对大学由直接行政管理向运用规划、评估、指导等规制工具的宏观管理转变。

第五章 "有序规范"的大学管理
（2007—2017）

自 2007 年开始，国家不再扩招，高等教育已经进入数量上的大众化阶段，从扩大规模到注重质量提高。从这时候开始，高等教育进行内涵建设时期。这一时期，政府继续推动与大学之间规制关系的调整，在政策的导向上推动大学面向社会自主办学，注重大学内涵发展和质量提高。下面将分析这一时期政府与大学的规制关系及其生成逻辑。

第一节 条款审批规范财务

这一时期大学的债务在政府推动下基本得到化解，财政投入基本稳定。政府给予了大学基本的办学条件后，政府并没有指定大学财务使用，而是以规范的名义按条款执行审批。在政府提高教育投入的政策导向下，S 大学财政状况有所改善。生均经费已经不需要学校向上级部门多汇报多请示获得，对 S 大学而言就有了一个基本保障。S 大学现有经费来源主要分为三个部分：一是省财政对大学的常规拨款；二是省财政或中央财政对大学专项拨款；三是学校收取的学杂费、考试费等事业性收入。常规拨款由财政部门根据预算制度分拨，专项拨款是财政部门根据高校项目建设需求及财政财力许可对大学的专项拨款，事业收入是高校根据国家政策按标准收取的学杂费等。图 5-1 为 2007 年以来 S 大学年度收入情况。

从图中可以看出上级财政投入在逐年增加，所占比重也在增加，这就意味着除了学费收入外，S大学仍然依赖政府部门财政投入。到2012年，S大学完成化债。2012年国家确保财政投入接近了占GDP投入的4%目标如期实现，S大学上级财政投入增加。另一个原因是从2011年开始，S大学争取到了中西部能力建设的经费。随着政府对教育投入的加大，政府采用审批资金使用的方式来对大学财务进行规制。政府的目的是为了防范财政资金使用风险，以审批的方式来确保财政资金恰当运用到教育教学上，从而提高财政资金配置效益。那么政府具体如何进行规制，大学的自治空间在哪里？下面将进行分析。

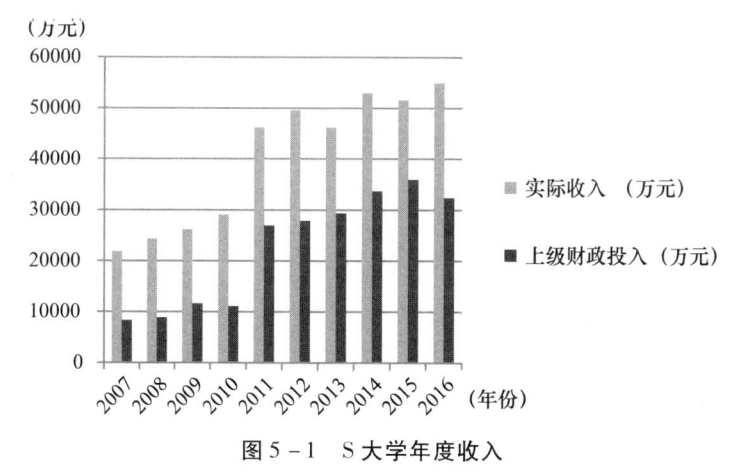

图5-1 S大学年度收入

数据来源：《S大学年度财务报告》。

一 项目竞争的初期

省政府对省属本科投入相对加大，但是各省的财政投入并不一样，目前湖南省生均拨款接近1.2万元，并且这个拨款分两部分，包括常规性拨款以及一部分选择性拨款。因为存在竞争性拨款，意味着重新洗牌，与大学的办学能力有关。也说明，财政投入的常态化以及竞争性项目的增加。政府常规拨款的到来，在生均拨款基本达到1.2万元之后，依靠向上级部门争取来的灵活性项目减少，自己找名目跑钱的成分几乎很少。项目申报更趋向透明，这时候政府改变了规制工具，采用项目审批的方式。

近年来项目经费才予以公示，以前是没有公示。项目申报必然存在竞争，政府的动机是压缩依靠请求和关系要政策的空间，激励大学办学水平之间的竞争。在项目的争取上，只有符合政府要求才能够争取到项目，项目的审批替代了政府计划规定，发挥出高度政策导向的功能。因为审批权掌握在立项部门手中，仍然需要跟项目主管部门建立良好关系。比如，国家为了支持中西部地区大学发展，制订了《中西部高等教育振兴计划（2012—2020年）》。2011年S大学在申报中西部能力建设工程时大概排到全省的第七、第八名，而全省仅有6个指标，已经被排除在外，入围的学校都是省城以及周边城市的大学。S大学地处西部，校领导为了争取此项目，向国家发展和改革委员会请示，国家发展和改革委员会出面协调，才进入工程范围。2011年S大学获得中西部能力建设项目后，S大学的上级财政投入数量大幅增加。很显然，此项目的获得直接提升了S大学的办学能力。

上级财政拨款中除了经常性拨款之外，其他部分加大了竞争力度，采用专项拨款方式。专项拨款公开竞争，各高校申报，通过评审确定。比如2015年的财政收入中，2400万元是中央财政支持地方高校发展资金，中央财政支持地方高校发展资金属于政策性拨款，达到一定条件一般地方高校都会获得，专门用来支持实验室建设。6000万元属于中西部高校基础能力建设资金，上面提及S大学在激烈的竞争中纳入了中西部高校基础能力建设的范围，才有此项拨款，经费的使用必须是报项目，严格按项目来开支。通过争取，获得省以及当地政府财政基建资金1488.6万元。2016年，S大学获得各级财政拨款35971.55万元，占总收入的69.71%。在财政拨款中，经常性拨款仅为23022.8万元，占到当年财政拨款的82.82%。那么就是说有17.18%是其他的专项拨款，而这些专项拨款则需要S大学达到一定的申报条件，属于竞争性拨款。在专项资金的使用上面，各级项目主管部门设置了资金使用条款，制定了严格的使用方式，要求严格按项目使用支付，大学没有自由使用的权限。经常性财政拨款属于大学可自主支配的范围。政府采用项目化的管理，带动了S大学财务管理规范，也形成了S大学内部财务科层式管理。2007年S大学总收入首次突破2亿元，随着经费的增多，以此为契机健全财务管理的规章制度，签订各级负责人经济责任制。政府项目化拨款，中央财政支持地方大学以及中西部大学基础能力建设工程都是以项目的形式，专款专用，学校没有自由支配的权力。同时，在上级财政投入加大的情况下，上级部门出于监督大学合理配置资源的目的，开始对专项资金进行绩效管理。

二 国库集中支付

2010年根据国家中长期教育改革和发展规划纲要要求，财政部和教育部联合提出对地方普通本科高校的生均拨款不低于1.2万元的意见。此时，国家依靠行政权威强制执行非税收入国库集中支付，推行公务卡结算。同时，随着财政资金的增加，政府从防范风险的角度对财务支出监管更为全面细化。在政府细化过程管理的要求下，S大学依据国家财政政策法规，制定《S大学预算管理暂行办法》《S大学各级负责人经济责任制（试行）》《S大学货币资金内部控制暂行办法》《S大学实践教学专项经费管理暂行规定》等财务管理制度，以此强化目标责任制，适应国库集中支付。事实表明，只有在国家对大学实行国库集中支付时，S大学才真正严格实行收支两条线。

国库集中支付范围不仅仅包括财政投入，学校的所有事业收入全部包括其中。因为政府的科层管理很难做到个性和灵活化，于是在财务管理手段上出现"一刀切"的方式。学费收缴之后上交国库，变成非税收入，纳入国库集中管理支付。对于省属本科而言，财政拨款与学费等其他全部收入纳入预算审核范围，实行一种细化过程管理。比如，据S大学2016年的财务工作报告，2016年的收入情况如表5-1所示。

表 5-1　　　　　　　　　　2016 年 S 大学收入情况

	占总收入比例（%）	金额（万元）
各级财政拨款	58.92	32394.74
教育事业收入	26.25	14429.18
上年度转事业收入	10.44	5738.47
科研事业收入	3.71	2037.8
其他收入	0.68	376.51

从收入情况来看，S 大学收入并非完全来源于政府。但是政府采用细化的过程管理，所有的经费统筹纳入预算分配中。教育厅和财政厅的目的是监督大学合规合理使用资金。支付程序非常严格，比如采购，列入政府采购目录的必须要政府采购。在对财政厅相关人员的访谈中了解到，财政监控和国库集中支付的目的，是为了防范大学乱签批、资金挪用行为。

1. 杜绝经费挪用

S 大学的管理人员认为在没有执行国库集中支付之时，经费使用尚有一点自主权。在执行国库集中支付之后，学校在依法依规的基础上自主安排自筹资金，学校自筹资金来源于学费、住宿费和其他国有资产有偿使用收入。虽然对自筹资金可以自由使用，但是在具体的使用项目上，教育厅和财政厅设立了上限和条款。比如对于"三公经费"等都必须按照新的控制方法，包括每年的绩效支出都有一定的额度，不能自由使用。学校自主调配资金使用的空间很小，有限的经费用到"保运转"和"保重点"之上。比如，在 2015 年的财政支出中，S 大学的人员经费占到总支出的 53.04%，能够用到其他方面的经费并不多。

S 大学财务处处长说道：

目前学校财政供需矛盾十分突出，现有的财力还不足以改善内涵建设，比如财政支出中人员经费就占到了一半，还属于保运转阶段。我们想要改善条件，提升学校层次，提高职工待遇都还力不从心。另一方面，我们有些单位不计成本、不讲效益的现象在一定程度上存在。依法理财的意识还不强，严格按法规和制度来办事的自觉性还有待提高。

显然，严格的审批制度也杜绝了经费挪用，项目经费只能用到具体项目。经费使用审批在一定程度上说明，政府代行了大学对资金使用的监管功能，并且条款化资金使用。在最近三年，所有资金纳入国库集中支付，教育厅和财政厅收回了资金的使用权，用钱全部需要审批。在对其财务处副处长的访谈中，认为，

> 合规的财务使用会更有效率，这种管理并不会有阻碍，只有不按规矩用钱的人才会觉得太过繁琐。这也杜绝了随意审批，对于财政资金多了一道监督程序。对于挪用资金的情况也在杜绝，再加上巡视组的巡查，大家都不敢乱用钱，都按照上面的条条框框来用。①

2. 计划定式再造

大学主体由教师和学生构成，在访谈中一致认为，学校这种具有生产性质的事业单位，突发事情无法预料，凡事都要去审批，有可能耽误时间，扩大交易成本。在教育投入达到基本标准之后，重点就是提高质量的问题，把钱发挥出最好的效益。遇到突然需要用钱的事情，还必须按规定向上面申报审批，等到审批下来则又耽误了时间。

在对 S 大学前任财务处长的访谈中，说道：

> 财权，特别是对省属院校的管理，还是计划经济的管理思维方式太多，什么都是计划。现在你像国库集中支付，他把你就统

---

① SLI20170427 访谈材料。

得很死啦。严格讲还是一种计划经济，真正没有给大学放自主权。①

总之，政府成了大学的经费管理者，政府监控大学每一分钱的用法，政府成为无所不能的监督者、评判者。在生均拨款没有增加的情况下，客观上需要 S 大学增加自我筹资的能力。S 大学现有财政拨款基本上达到生均 1.2 万元的标准，对于大学而言，政府投入仍然不足。政府出于合理规范资金使用目的，反而加重了对大学的规制。而大学向市场筹资的能力微薄，不得不遵循政府规范，以获得政府的拨款。

现在最主要的问题并不是严格的预算管理带来的束缚，而是本身省级政府以及中央财政对省属本科高校投入仅仅能够保证大学的正常运转，而没有发展的财力空间。②

三 内部预算

2012 年，S 大学在财政化债的支持下完成了化债，针对在此之前出现的上报教育厅和校内预算"两张皮"现象，教育厅开始严格了预算的刚性。教育厅和财政厅审批大学经费使用，具体方式按预算审批。首先审批大学预算，然后在具体的使用过程中进行审批。制订预算，是大学的自主权，然而这个预算的制订是在政府条框下的预算，并非完全自主。在经费构成上，专项经费大学没有自由分配的权力，在经常性经费和事业收入上，政府同样设置了一定的规范。大学虽然是自己做预算，但是必须按照上级主管部门设定的条款来做，否则预算审批通不过。对于编制预算的自由，前财务处处长说道：

---

① SWA20170503 访谈材料。
② SLI20170427 访谈材料。

第五章 "有序规范"的大学管理(2007—2017)

但是给你的条条框框太多,他讲你自由,但是呢你还是按照他的意愿去做。他的框框给你做在这里,还不是只能按他的走,只有一条路可走。①

预算形成流程如下,上报教育厅总经济科目预算,教育厅预算管理分为两个部分,一个是基本支出,一个是项目支出。项目支出需要明晰到具体项目,比如基建、实验室建设不能笼统报,必须具体到项目。教育厅对大学的预算实行一算、二算审批。对大学而言,流程为,先报送给主管部门教育厅,教育厅再报送给省财政厅,财政编制完了全省的预算之后,然后再上"两会","两会"通过就具有了法律效用,执行当年的预算。

S大学预算每年9月份开始,做到12月份。两上两下,每个单位都要报两次,按照上面审核的数据来回反馈两次,最后形成一个预算结果上报校务会,通过之后,再报省里。学校的预算制订流程也是结合省里财务管理模式,首先是部门申报预算,申报完毕之后财务处作为预算牵头编制部门,汇总之后对所申报项目进行可行性调研。在调研基础上编制预算草案,然后经S大学成立的财经工作小组审议,在此基础上确定一个数目,财务处在此基础上编制预算草案。在草案编制完成之后,报各个部门的分管校领导审阅,让各部门校领导了解各部门的预算情况。在这个过程中,可以进行预算调整。财经工作小组以校长为组长,主管财务副校长为副组长,财经工作小组办公室设在财务处,财务处处长为办公室主任,成员包括资产、人事、审计、纪委等人员。在财经工作小组审议通过之后,提交到党委会讨论,党委会集体决策讨论通过之后,提交到教职工代表大学审议。

按照S大学规定,超预算部分,主管财务的副校长只有2万元以下的审批权,超过2万元需要召开校务会集体讨论。整个预算原则,在有限的经费内首先保运转保工资,实际能够调控的范围非常小。在

---

① SXJ20170328访谈材料。

预算的编制中，校党委会上每一位校领导都会参加，因为关系到自己分管部门的预算经费。

政府为什么要实行预算审批呢？在对教育厅的了解中，提及最多的是大学本身出现"预算两张皮"，教育厅审批预算的目的是规范预算，预算审批再结合国库集中支付，开始"绩效预算"强化理念。在没有执行国库集中支付之前，大学的预算仍然要报教育厅审批，但是因为大学的资金没有全部上收，出现上报的预算和实际预算不符合，也就是"两张皮"，预算失去严谨性。或者是"先斩后奏"，先做，然后再去请示汇报。对于S大学而言，大学财务内部自控能力尚欠缺，存在预算与实际差距大。2012年开始，预算审批和国库集中支付使用，这些现象都得到了遏制。由此可见，从政府规制的立场上，上述两种规制工具的使用确实是起到对大学内部财务管理的规范作用。然而，在大学作为改革行动者的立场上，规范的同时，也在束缚大学财务的自由裁量权。在对前财务处长的访谈中，认为现在的财务预算是一个"别扭的预算"，因为只能按照教育主管部门的规定来预算，一旦发生变化就必须要审批。

四 多部门行政审批

在专项经费获得之后，具体使用必须报项目，审批程序则是层层审批。为什么会出现需要多部门来审批呢？在访谈中了解到，教育厅虽然是S大学的主管部门，但是教育厅没有财权，作为业务指导部门，首先要接受教育厅的审批，然后具体财政支付需要财政厅审批。在基建等项目审批上则还要涉及省发展改革委员会等一系列部门。在S大学基建处长的办公室里，挂着一幅长长的审批路线图，喻为"万里长城图"，包括27个关键环节操作流程。在访谈中，基建处处长认为，现在处于管理探索和磨合阶段，基建属于住建厅归口业务管理，项目审批难度大，虽然在收费上面有所减少，但是审批要经过烦琐的程序和环节。比如以前很多可以在地方报建报批的项目，现在一律到省里报建报批，涉及省教育厅、省财政厅、省发改委、省住建厅。项

第五章 "有序规范"的大学管理(2007—2017)

目由省发改委和教育厅立项，先必须要他们批。财政厅管资金，也需要批。住建厅管业务也要批。审批多头管理，政出多门，非项目成本非常高。

访谈中，了解到并非是教育厅设置烦琐的程序，教育厅相对而言了解教育教学规律，但是教育厅没有财权，只有替大学呼吁，而实际上并没起到多大作用。

> 除了监督权以外，所有的财权，省教育厅现在都没有了，所以教育厅作为我们高校的娘家，很想给大学办学自主权松点绑，但是这个工作做起来没有任何成效。比如我们财政厅每用一分钱，到财政厅要经过无数道程序，这个很麻烦。①

每个部门都是出于用好财政资金的目的，他们把握了资源分配的控制权。各部门之间存在不协调，相互不采信的状态。而这个审批过程对S大学的管理人员来说，则是十分烦恼的事情。并且在向上级审批的过程中，大学处于非常弱势的地位。尤其对于地处偏远的S大学而言。在访谈中，了解到审批过程，现在虽然是门容易进了，但是事情照样不好办。

按现有的预算要求，当年的预算必须当年完成，到年底就收回资金，而在财政厅则经常出现上半年资金没到位，到下半年下拨，下半年匆匆忙忙无法完成预算。挤到年底12月份前把钱支付出去，而要支付出去就必须严格按照程序来进行，影响到资金使用的效益，出现财政资金用不完的假象。

通过以上分析，可以认为政府的财政投入增加，政府并没有放松对大学的财务规制，随着政府财政投入的稳步提高，相对于计划指令和松散粗放式管理，政府规制由规定转变成层层审批。大学无力处理混乱行为引起政府的强制干预，即国库集中支付和预算审批，政府以规范的名义设定资金使用规范，监控审批大学所有的资金使用流向。

---

① SXI20170401访谈材料。

大学无力处理混乱行为，以及大学出现的预算管理失范可以认为大学本身自治条件尚欠缺。大学本身则认为，"其实关键说到底还是一个钱的问题，没钱"。① 因此，S大学在财务管理上最大的阻碍是获得资源的能力，而有限的资金在政府各部门防范风险、强化监督的理念下强化了政府的规制，政府各部门之间控制权在没有得以恰当协调之下，大学还得接受多部门的审批，大学财务自主权并未有实质性的拓展。

第二节　招生计划的审批与依赖

到了2008年之后，国家注重大学的内涵式发展，收紧了招生计划，招生方式上实行网络化、透明化的"阳光录取"。

一　一次性审批招生计划

国家在招生规模达到一定比例后，不再进行调节性招生计划，而是一次性下达招生指标。各大学向教育厅申请计划，教育厅根据办学条件、毕业生就业率等因素综合考虑进行审批，计划一次性下达不再追加。全省的本科招生计划不能突破教育部核定的总数。那么对于招生计划审批，教育厅某处长这样说道：

> 公办本科有自律性，招生计划下放，我觉得可以，但要看教育部同不同意？因为本科计划调控权在教育部。②

在总的招生计划审定之后，在录取方式上教育部制定新的批次规则来区分大学录取。因为"点录"中存在的利益寻租现象，教育部禁止"点录"。教育部为了规范大学录取行为，2007年，湖南省教育网运行"阳光高考"平台，大学相关信息及时发布上网。从2008年

---

① SLI20170427 访谈资料。
② ZYA20170320 访谈材料。

以后，招生计划一次性下达，追加指标很难，追加的指标控制在小范围内。比如，2015年，S大学本科计划招生4032人，实际录取4192人。实际报到4100人，报到率97.81%。

二 专业计划自主调配

在省教育厅下拨招生指标总数之后，其中指标如何分配到各个专业，则给予了大学自由分配的权力。因为大学已经具有了自主调整专业的权力，相应的专业招生计划的内部分配由大学自己做主。由此一来，大学就具有了结合毕业生就业率，往年报考人数等因素，来决定内部指标投放的自主权。专业面向社会职业，如果完全以社会需求为标准，则按照完全的市场规则，生源好的多投放指标，生源差的少投放指标。但是国家划定了招生批次，像S大学是二本招生，生源对象就限定在上了二本线的同一批次的学生之间录取，于是竞争就限定在同一类型层次的大学。

如何来运用专业指标分配权力呢？招生指标下拨之后，S大学专业计划的划分由招生就业处、教务处、教学学院共同协商。目前的运行机制是，招生就业处总体协调负责指标分配和录取，教务处给出各专业指标。在各专业指标的投放当中结合往年的报考率、录取率、学生就业率等指标进行分析。基本程序是每年召开招生就业大会，招生就业处给每一个学院、校领导发放一份上一年度的招生志愿填报情况的汇总表。汇总表上，详细注明志愿填报的统计情况，录取学生的报到率。显然，学生被录取没有报到就浪费指标，报到率低的专业，填报志愿少的专业，就业情况不好的专业将会面临停止招生的危机。相近的专业将会合并到一起，内部之间也时常会有争议。分配专业招生计划虽然具有完全的自由，但即使市场需求程度高，在专业设备、师资力量不具备的情况下也无法多招生。

对于生源差的专业，按照市场规则自然要暂停招生。但是在实际中，S大学很难充分面向社会自主调配专业招生指标，对于生源比较少的专业仍然难以割舍。比如，在对一学院某专业2015年填报志愿人数很少的院领导的访谈中了解到，30人的文史类投放计划中，填第一志愿的考生仅 1 人，30 个人的计划指标中有 19 人属于调剂。此学院的负责人表示很为难，虽然具有了动态调整专业的权力，就是说生源不好可以自己暂停专业招生。而现实情况是，人员难以退出，因为都是编制内的人员等多种原因，此专业的老师将没办法安排。该学院总共 3 个专业，作为学院力争保持专业招生。某处长说道：

> 专业计划分配学校有完全的自主权。没有谁规定要办成综合性，希望大家办成小而精，不要大而全。因为学科多，专业多，老师也多，我们办学效益还是比较低的。[①]

而实质性的原因，仍然是由政府的总量计划这种因素造成的，因为在总量指标限定下，其他专业填报人数多的，可以调剂到这个没人填报的专业上来，仍然可以维持。因此对这种总量计划控制的规制 S 大学并不完全排斥。

三 回到计划依赖

上面分析中，可以看出大学具有了面向市场的需求来调配专业指标的权力，但是这种自主权的运用却是不充分的。指标的划分，反而给予了可以不按市场需求来调配计划的生存保障。对于 S 大学而言，实际上是谋求这种规制。计划核定在一定程度上是对其生存的保障，不会因为办学水平低而没有生源，也不会因为办学水平高而生源大增。在访谈中了解到，省属本科并不希望能够具有完全自主招生的权力，考虑到市场竞争力等方面原因，招生管理部门的人都认为，完全的竞争下一般地方大学将无法生存。某处长说道：

> 如果招生计划政府不管，那么包括我们这种学校会垮掉，为什么呢，因为我们国家这种体制下，好资源好学校都在大城市，

[①] SLI20170417 访谈材料。

省会城市，那么这种学校生源就会好。作为考生，谁都愿意去外地读，读万卷书行万里路，学生都想到大城市读书。所以说，湖里满了小溪就会有点水。①

同时，大学无法承载过多的学生。因为学费是省里核定的，虽然看似多招学生多挣钱，但是实际上的情况并非如此。学费由物价局核定，大学没有权力自行调整，物价局核定学费并不会考虑到其他的费用因素，整体上学费仅仅是一个成本价，因而多招生并不会带来更大的效益。

并不是说无限的招生就能带来最大的收益了，这个有临界点。本身你能容纳多少学生，有多大的规模，你如果是无限制地扩大招生，到时候有可能会变相带动办学成本增长。于是扩大规模无限制地招生，可能会对学校造成很大的冲击，学生寝室不够了，师资不够了。按照上面的评估—测算，到最后一般还是自己吃亏。②

因此像 S 大学这样的省属本科更趋向于赞同政府招生计划的划分，使得他们能够免受激烈的学生市场竞争，至少可以起到生存的保障作用。同时，也因为自身面向市场获取资源的能力和空间不够，无力来承载更多的生源，因此形成对于政府控制招生计划的路径依赖。

四 单独招生案例

在对 S 大学某院长的访谈中，表示学院没有任何招生自主的权力。大学希望招进有某些特长而又达不到分数线的人，已经没有任何空间。2006 年 S 大学获得武术与民族传统体育单独招生资格，是学

---

① SLI20170417 访谈材料。
② SLI20170427 访谈材料。

校唯一一个单独招生的专业，也是目前湖南省此专业单招的唯一学校。开始正式招生到了2007年，因获得招生资格当年来不及做招生简章，就推迟到第二年。第一次计划是30人，到2008年就扩大到40人，现在招生人数为30人。可见从数量而言，单招的人数占极少的份额，招生人数依然是从国家核定的总数里面扣除。那么单独招生是否就是完全自主呢？

1. 体育总局基本要求

S大学单独招生，并非完全的自主命题招生。此专业录取，分为文化成绩和专项术科两项。文化考试，由国家体育总局命题。专项术科由学校自己组织考试，但是必须根据国家体育总局的考试大纲和考试要求、评分内容和方式进行。国家体育总局限定了考试录取的要求，文化成绩不能低于600分的30%，专项术科不能低于40分，一级运动员可以降30分录取，健将可以降50分录取。报考人员资格，必须符合国家体育总局的要求。

2. 国家部分权力回收

术科考试由S大学自主组织，在术科评委遴选上，早几年是S大学自己组建。而在单独招生的过程中，S大学本身出现违规操作行为，曾有工作人员受到学校处分。而且在单招过程中，其他大学出现权力寻租现象。正是单招过程中出现的违规现象，引起了国家体育总局加强规范，术科考试全程摄像录制视频，视频存放纪委3年。只要有人提出异议，可以调出视频查看。并且在评委的人员构成上，国家体育总局计划组建考官信息库，从信息库抽调评委。这就意味着并非由S大学自己遴选的评委来考查考生。教育部也想把这个单独专业招生纳入统一管理，因为教育部也涉及当中。

> 这两年国家体育总局对这个专业考试管得比较严，实际上教育部也想把这个统一，最终教育部也在管，国家体育总局也在管，因为最终录检表是跟高考一起。预录通知这个考生已经考了，但是考完之后，我们要把录取的档案调到各个省，必须要有

高考报名号，没有高考报名号又是白搞的。①

由此可见，即使是单独招生仍然是在有限空间内的自主，而在大学自律不够时，上级主管部门的反应就是收回部分权力，制定出新的规则。

通过以上分析，政府在矫正大学不规范录取行为，以及控制招生规模时，采用一次性审批指标和阳光录取方式。这种方式不存在大学参与的空间，然而这种方式使得 S 大学免受激烈的市场竞争，这种竞争包括学生竞争和专业竞争，因此，一次性计划审批对 S 大学生存起到保障作用。

第三节　严控编制下的机构与人事

到了 21 世纪确定省属本科主要以省级管理为主，并且财政投入改为生均拨款以及增加了竞争性的专项之后，省编制部门、人力资源和社会保障部门对大学机构与人事采用的是总量控制审批管理。

一　党政机构限定总数

经历高校合并之后，出现内设机构偏多，行政管理队伍臃肿，导致管理有效性偏低问题。又因为，学校规模扩大，所有机构都由省编制部门来批复本身已经使得编制部门不堪重负，而且存在严重的信息不对称，省编制部门再包揽所有机构批复已经不相匹配。现在由省编制改革委员会办公室（简称编办）核定党政管理机构总数，其他的教辅机构和院系设置大学能够自我决定。在规定的机构总数内，学校具有自由设立和更改机构、设立机构名称的自治空间，但是必须要征得省编办的批复同意。目前省编委核定 S 大学为 20 个党政管理机构，机构的设置必须得到省编办批复才能够得到承认，否则就是"黑户口"。省编办为什么要限定党政管理机构的总数呢？教育厅某处长这

---

① SSH20170407 访谈材料。

样说道：

> 作为高等学校他要设多少个处、设多少个管理部门，应该是他的自主权，我们是这样理解，因为现在管学校的这些，不是教育部门在管，而是非教育部门在管。①

教育厅认为是省编办没有完全下放机构设置的权力，而省编办则认为，这是根据国务院的精神要求，限定机构，理由是防止机构膨胀。因为编办在编制核定时，对于管理干部的职数核定了总数。多设机构必定多产生管理干部，而在管理干部与工资待遇挂钩时，编办必定要控制。

然后，在总数的控制下，还存在其他形式的隐性规制。大学虽然赋予了在总数内自由设置机构的权力，但是，上级主管部门科层式的管理，大学必定会设置相应的机构来与之对接，因此虽然计划设置机构的做法被打破了，但是上级部门只要还在对大学采用科层式管理，就必然左右大学的机构设置。由此一来，作为编制部门更要控制机构的总量，否则机构膨胀无法控制。而对大学的隐性控制并不是编办，而是诸如教育厅等其他部门。

1. 红头文件引导

虽然说S大学被赋予了在总量内自主设置机构的权力，但是在具体设置上却受到政府部门的隐性引导，使S大学设立与政府部门对接的机构。隐性引导是什么呢？其中一个因素是上级主管部门的红头文件。政府通过红头文件的形式来对大学下达通知和指令。执行上级部门的指示，连带下来大学管理呈现出会议多、文件多，而这些红头文件自然需要相应的机构来办理，由此一来，自上而下的官僚行政系统形塑了大学行政管理的特征，驱使大学不得不设置相应的机构来照章办事。表5-2为2016年省教育厅下发给S大学的公文统计信息。

---

① ZYA20170320 访谈材料。

表 5-2　　　　　　　　2016 年 S 大学收文信息统计

发文单位名称	下发份数	已签收份数	未签收份数	签收比例（%）	签收效率
省教育厅委机关	550	550	0	100	15 小时
办公室	192	192	0	100	17 小时
政策法规处	1	1	0	100	32 小时
人事处	1	1	0	100	66 小时
财务建设处	11	11	0	100	7 小时
发展规划处	3	3	0	100	31 小时
高等教育处	44	44	0	100	14 小时
科学技术处	10	10	0	100	4 小时
学生处	48	48	0	100	16 小时
国际交流处	6	6	0	100	8 小时
基础教育处	1	1	0	100	2 小时
教师工作与师范教育处	26	26	0	100	18 小时
民族教育处	9	9	0	100	13 小时
体育卫生与艺术教育处	47	47	0	100	8 小时
教育督导处	3	3	0	100	2 小时
纪检组	7	7	0	100	6 小时
机关党委	34	34	0	100	12 小时
省委教育工委组织部	17	17	0	100	17 小时
省委教育工委宣传部	57	57	0	100	18 小时
省委教育工委维护稳定工作办公室	13	13	0	100	12 小时
学位管理与研究生教育处	11	11	0	100	4 小时
信息化办	9	9	0	100	10 小时

数据来源：湖南省教育厅电子公文传输通道。

从 S 大学机要室了解到，上级下发给学校的公文主要有两种通道，一种是主管部门教育厅电子公文传输通道，另一种是湖南省政府办公厅的机要发文通道。在 S 大学机要室里，管理人员配备有 3 台电脑，相应对接发文系统。主管部门教育厅内网传输的公文传输通道里面详细记载文件签收情况，以及签收效率，一旦显示收文时间过长则会电话通知。而每一份文件都必须签发办理，一旦没有办理，则会进行通报，影响到相应主管领导或者部门的考核。上级文件签收之后，接下来的程序就是签发给各部门、执行、办理等流程。因此，大学内部管理机构设置架构在很大程度上对接上级部门，以此来照章办事。在对 S 大学机要室人员访谈中了解到，从公文的下发数量上面并不见得有所简化。机要室收文还不全是上级主管部门的指示，随着网络信息化，有些部门的通知文件通过 QQ 群、微信群等方式下发，也是要遵照执行。

S 大学机要室收到公文，首先由校办主任签到分管的校领导，校领导再签署具体意见给相关的部门或者学院，进行办理。由此，政府部门的指示要求通过党政管理部门传递到教学学院。党政管理部门传达上级部门要求，以及分配资源、任务的常用方式即是开会，下发通知、文件。在访谈中，了解到 S 大学每一个管理部门都觉得疲于奔命，而院系则感到面对职能部门的指令无所适从。会议、文件居高不下，而能够用到教学科研上的时间反而不够（见表 5-3）。

表 5-3　　　　　省教育厅下发的文件与 S 大学全校公开会议数

	2011	2012	2013	2014	2015	2016
省厅下发的文件数（份）	—	491	477	489	564	550
S 大学全校公开会议（次）	122	172	195	183	163	174

数据来源：S 大学校办公室，2011 年因电子公文传输通道尚未使用，则无统计数据。

为什么会有诸多的会议？显然有上级部门烦琐规定的原因，然而这并不足以解释，其中还包括 S 大学本身管理缺乏一种有序理性的制度支撑因素。由此过多的事情就趋向会议讨论，而在内部无法解决时，就拿出上级的文件，运用上级部门的权威来构建内部管理秩序。

2. 上级舆论干预

在实际操作中，上级舆论干预形成另一种隐性力量，使得大学不得不设立一些机构。比如，教育、宣传方面等相关主管部门都会对大学进行规定。正因为是领导部门，同样会利用上级的权威来干预到内部机构设置。

> 比如说统战宣传可以合到一起，但是不行，每条口管下来，体现对宣传工作的重视就要单独，体现对统战工作的重视，统战工作必须独立，这次我们学校就独立了。他不是通过其他的，他通过各种舆论来干预你，比如说上级领导给相关部门负责人打个招呼，因为你的工作要归他管，他是你的主管部门，这个东西你说有什么自主权。对政府相关部门，对上级相关部门的约束没有。[①]

因此，无形中产生对大学有限自主空间的限制，为了接收上级的命令，有些机构不得不设，这样一来，主管部门对大学的规制工具从指令变成了舆论压力。

从上面的分析中，实际上可以判定大学已经没有多大自主设立机构的空间，对于省编制改革委员会而言，控制大学的机构总数，目的是控制大学机构臃肿。S大学原有的机构没有减少，而新增机构又超过了总量，变通的办法就是纳入教辅机构，而非党政管理机构的行列。目前对于教辅机构、直属部门这些机构设置，教育主管部门没有作出数量规定。但是此类做法要面临被上级处分的风险。在对某处长的访谈中，说道：

> 我认为真没有必要搞那么多机构。学校搞那么多机构，今后怎么交差，明显上面没批。明摆就是一个管理部门，你怎么说是

---

① SXI20170328访谈材料。

教学辅助部门呢，我说他们搞，我是有点担心。①

上述分析，可以认为复杂的因素造成大学自身缺乏精简机构的能力，为编办的总量控制提供了基础，编办认为大学不加管制就乱设机构。同时上级部门种种行为以隐性的形式进行干预，那么这些隐性的控制同样强化编办来控制总量，因此两者共同造成了党政机构设置的总量控制逻辑。

二 编制内的聘任审批

国家采用生均拨款之后，拨款中不存在按教职工人数来拨的因素，也就是说与编制实际上没有关系了。编办即使核定了编制数量，在经费上也起不到规制作用，但是编制部门并没有以此放松对大学的控编。从2011年开始，国家出台政策，重新核定大学编制。由此，从1998年实行编制内的聘任制转变成了严控编制内的聘任审批制。首先是编制部门严控编制，并且人事部门对大学人员的准入进行审批。在审批之外存在高层次人才和非事业编制人员大学可以自主聘任，但仍然受到相关条件的制约。

1. 重核编制

政府的目的是精减人员，控制党政管理部门和事业单位人员膨胀。在实际操作过程中，编制部门把握了编制核定的决定权。2010年《湖南省高等学校机构编制标准（试行）》要求大学进行机构和编制的申报。通过反复三次致函到省编委，2011年省编委才批复核定S大学事业单位编制1602人，其中省人事厅预留160个。后来，学校为了编制问题专门向编办请求，历经两年要回80个编制，现有编制为1522个，与实际核定的编制并不符合。某处长说道：

> 为什么要争取编制？第一，学生人数不断在增加。第二，我们这种老牌大学应该有科研编，科研编一个都没核，到现在为止

---

① STA20170419访谈材料。

第五章 "有序规范"的大学管理(2007—2017)

都没核,这是不对的啦。第三个呢,附属单位他不给你核,比如一个学校有医院、有学校、有工勤人员,他不给你核编。你怎么弄,就一直卡着你嘛,各行其是,所以就出现了人事代理啦、临时的,就这么搞,没有办法。①

在编制与经费挂钩的时期,能争到编制就能争到钱,政府出于经费的原因,控制编制就是控制经费。现在实行生均经费拨款,而国家则依然控制大学编制。教育厅某处长说道:

现在不按编制拨款,按生均定额,本身编制已经跟资金不挂钩了,本来这是一个很好破除编制的契机,但是国务院要管,那省里也要管,就一级级管下来。②

首先控制编制总数,然后是规定编制的结构数,干部职数、职称的结构数。编办在核定总数之下,同时进行了岗位编制的设定。岗位设置实施办法根据人事部和湖南省人民政府、湖南省人力资源和社会保障厅按照事业单位岗位设置及要求进行设置。2007年,S大学进行了内部管理体制改革,重新核定了机构设置和人员编制,这次改革只涉及行政机关和教辅部门,全校的行政管理和教辅人员按照机构设置职数方案,重新进行了一次校内聘任。先在全校范围内竞聘各二级机构的领导岗位,领导岗位确定之后,按照公布的岗位职数公开招聘,竞聘上岗,其中有极少数管理岗位人员转为教师岗。2008年湖南省人民政府对湖南省事业单位岗位设置的类别和控制标准提出相关意见,S大学在设置中按照省政府提出的岗位类别设置,包括管理岗位、专业技术岗位和工勤技能岗位三个种类。并且套用省政府意见,高校岗位设置保证专业技术岗位不低于总量的70%。

2011年在重新核编的政策下,湖南省人力资源和社会保障厅针

---

① STA20170419 访谈材料。
② ZYA20170320 访谈材料。

对高等学校印发了具体的岗位设置实施办法,这个办法中对专业技术岗位的等级和类别比例都作了相应的规定。S 大学岗位设置按照这个比例执行,不能突破总量。2012 年的《S 大学岗位设置实施办法》,适用于 2006 年 7 月 1 日以来的在编人员,在湖南省编办核定的总量编制下,按照省政府岗位设置意见执行,其中专业技术岗位占 75%(见表 5-4 和表 5-5)。在聘用的权限上,一级教授由国家统一执行,二级教授在全省范围内统一审核。

表 5-4　　　　　　　　S 大学岗位类别及其结构比例　　　　　单位:%,个

类别	比例	岗位职数	是否按省规定
管理岗位	18	288	√
专业技术岗位	75	1202	√
工勤技能岗位	7	112	√

数据来源:《S 大学岗位设置实施办法(2012)》。

表 5-5　　　　　　　　S 大学专业技术岗位设置标准　　　　　单位:%,个

层次	高级				中级			初级	
	正高级			副高级					
比例	15	27	45		13				
职数	180	325	541		156				
等级	二级	三级	四级	五级	六级	七级	八级	九级	十级	十一级	十二级
比例	40	60	20	40	40	30	40	30	50	50	
数量	72	108	65	130	130	162	217	162	78	78	
是否按省规定	√	√	√	√	√	√	√	√	√	√	

数据来源:《S 大学岗位设置实施办法(2012)》。

严控编制,编办的角度是控制人员膨胀,而从大学行动者角度而言,编制的约束又是在无法解决人员退出等矛盾面前的折中办法。政府在核定了编制之后,具体的聘任权力给予大学,大学的自主空间就限定在总编制和分类编制下的人事管理。那么大学是否能够充分地运

用这项权力呢？大学的权力局限在岗位编制内进行招聘，这就意味着大学具有了自我聘任与解聘的权力，但事实却是"只进不出"的聘任制。

虽然在人员聘任上签订一个三年或五年的合同，但是在现在的条件下 S 大学尚未建立退出机制，那么聘任制就仍然呈现出身份管理，并没有实现真正意义的聘任制。学校在人员的流动上实际上处于被动地位，不存在到了年限没有续聘就解聘。出于维护学校稳定的因素考虑，即使某些教职工不能胜任本职工作，也很难解聘，而是采用调换岗位的形式。

> 比如说这个老师不行，我不想聘他了，就一点自主权都没得，他必须到这里，永远吃大锅饭下去，你没得办法啦。[①]

"没得办法"不是说大学没有这个意愿，而是实际上大学没有能够按需求来解聘人员的能力。在对院系以及人事处的人员访谈中，都认为现在还没有达到退出的条件，最大的因素是社会保险等配套措施不完善，解聘有可能造成教职工闹事难以平息。人员总量省编办进行了控制，不论是院系还是行政管理机关都抱怨人手缺乏，行政管理机关的人员出现老化。由此，即使是部分的权力，大学也无法完全来运用。因此，这种状况，在编制部门看来则是大学内部聘任机制并不完善，自我行动的能力弱化，也为编制部门严控编制提供了依据。

2. 聘任审批

省人力资源和社会保障厅认为大学可能会不坚持高质量标准引进人才，或者是会出现任人唯亲现象，出于把关的目的，把握了大学人员准入的审批权。教育厅某处长说道：

> 就怕高校乱进人，怕高校会任人唯亲，人社厅认为高校会任

---

① SLI20170427 访谈材料。

人唯亲，不信任高校，所以要管。①

在人员的招聘上，在2012年前S大学还可以进行自主招聘，不需要省里审批。在2012年以后，人员招聘严格按照《湖南省事业单位公开招聘人员试行办法》执行，规范审核程序。此办法则依据人事部令第6号《事业单位公开招聘人员暂行规定》制定。人员招聘手续由学校人事处办理，最后报到省里审批。2014年，李克强总理签署国务院令《事业单位人事管理条例》，条例中明确了事业单位新进人员实行公开招聘，并且规定了公开招聘的7个方面程序。分别为：制定招聘方案——公布招聘信息——审查应聘人员资格条件——考试、考察——体检——公示拟聘人员名单——签订聘用合同，办理聘用手续。编制内人员的引进先必须把招聘的条件上报省人力资源和社会保障厅，由人力资源和社会保障厅进行公示。大学的自主空间则是具体的招聘条件设定，但是在具体的招聘过程中不允许修改。在人员的进入和退出上面，都严格管理，退出人员也必须出编。

学校进人计划报省人社厅，每个岗位招聘条件报人社厅公示。学校人事处主持招聘，必须与公示的条件一致。如果招进来的人与公示的条件不一致，人社厅不认同，没有编制。那么实际就会出现以下效果：

> 假如是要进文艺学博士，你看上的是学哲学的，但是到政府部门就通不过，实际我认为哲学跟文艺学结合，高度还站得高些，甚至理论功底还强些。作为高校来讲，知道这个规律，但是政府部门不行，与公示不符合，到他那里通不过。②

因此，可以认为政府为了规范防止大学盲目引进人员，而采取统一审批模式。政府审批编制内人员的准入，那么在大学内部由谁来决

---

① ZYA20170320访谈材料。
② SXI20170328访谈材料。

第五章 "有序规范"的大学管理（2007—2017）

策？校内，人事处充当了内部审批的部门，具体的人员招聘从学院报计划来审批。在实际运行中，存在三种不同的方式。其一，学院自己建立了进人机制，有些学院如果有学术委员会的话，以学术委员会讨论的结果为准。其二，有些可能是院长一个人说了算。其三，人事处对计划初审，初审之后最终学校开会来定，然后按省里要求走程序。人事处有时把招生就业处、教务处的这几个部门人员请来了，根据他们提供的就业、报考、师资等数据来分析这个专业到底缺不缺人，以此来作为进人的依据。根据这个专业近几年的招生情况、师资配备情况可以看出，如果招生不理想，师资相对充足的话就没必要进人。但是也不一定都要走这个程序，要不要走这一程序依靠领导意愿。因此而言，大学内部并没有形成制度化的安排，个人因素占到很大成分。

在对职能部门以及学院院长的访谈中了解到，如果缺乏制约，对于不顾长远发展的院长们可能就会按自己的喜好，而不是学院的真正需求，来影响人才引进。

> 人事处必须尊重专业，尊重学院，不能定。我感觉有时候进人的话并没有跟学科专业建设完全结合起来，你知道，中国是个人情社会。[①]

在具体的招聘中，学院院长看中某人，就可以推举，在招聘报名过程中，普通博士三个人就可以开始竞聘。如果是特殊人才，学科带头人等就不需要走这些程序。学院在人才引进上，没有决策权，只有引导权。那么，谁来决策呢？在现有的管理体制中，决策权在职能部门。在访谈中以及在实地的考察中发现，实际情况取决于院长和职能部门的自我约束程度。

> 决策权在职能部门，如果职能部门开明，他就会尊重你学院的意见。如果职能部门不开明，还有就是牢牢掌握权力嘛，这种

---

① SWE20170405 访谈材料。

因素还是有的啦，就有可能不尊重。①

而往往就出现解决内部矛盾冲突的办法是依靠政府的审批权威，"审批通不过"成了最大的挡箭牌。由此，形成了一个复杂交织的逻辑，政府部门的审批制约了大学的活力，而在大学内部尚未建立起内部控制的制度时，又在一定程度上反而对政府的审批产生了依赖。把政府当作权威，审批成了约束的底线。正因为此，S大学往往以审批通不过为理由而产生行动的约束，内部并没有真正建立起控制制度。

3. 聘任范畴

在上述编制管理之外，大学能够自主使用的权力是引进高层次人才。高层次人才不受编制限制，并且政府不把高层次人才纳入绩效总值范围，这是因为政府出于高层次人才争夺的需求。但是，S大学这种学校，在没有政府对高层次人才引进方面的拨款支持，而自身财力又不足的情况下，根本没有这种自治的条件。并且在编制范围内，像医学博士、土木工程博士等专业人才都很难引进。

> 上面要求我们博士要达到45%，实际上我们远没达到，但是我们博士又进不到，像理工科，包括外语专业引进不到，土木工程想进博士引不到。一个医学博士我们这里一年十几万元收入很不错了，但在医院随便几十万元，我们医学专业培养那么多博士回来几个？而对于省里鼓励引进的那种高层次高水平人才，我们更出不起钱，我们没有人敢讲引进一个给100万。②

由此可见，局限于自身的办学声誉和财力，S大学这种学校很难运用好这种不受限制的权力。另一个可以自主决定的是非事业编制人员聘任。非事业编制最初称为人事代理，即人事档案没有转入学校，

---

① SSH20170427 访谈材料。
② SLU20170320 访谈材料。

保存在人才交流中心，也就是俗称没有编制的人员。编制人员和非编制人员采用同工同酬，然而在社会保险方面存在差异。虽然在数量上没有控制，但是这种非事业编制也不能搞多。对某副处长的访谈中，说道：

> 即使省里不控编，高校自己也要控制人员膨胀，也要有个安排。人事代理也不能搞得太多。①

那么，既然编制被编办严控，可以走非事业编制的道路。但是大学照样不能按需求来聘任，为什么呢？因为，S大学自我筹资的能力弱，无法向市场获得资源，只能依靠政府。而政府为了防止大学把有限的经费过多用于人员工资而挤压教学经费，因此政府划定了人员经费的绩效总额，非事业编制人员的经费纳入其中，经费的缘故局限了大学的自主行动能力。另外，虽说是同工同酬，但是在社会保险、职称晋升、职务晋升等方面非事业编制都有差别，这样也限定了大学通过非事业编制招不到优秀的人才。实际上非事业编制的招聘要求都比事业编制内的低。所以，我们可以认为大学虽然具有一定的自治空间，但是在自主招聘人员上财力不足，社会影响力不够等自身的原因，还必须受制于编制管理。

三　薪酬分配接受总量控制

2007年以后，教育厅和财政厅一直对大学的绩效津贴实行总量控制。教育厅和财政厅立场是让大学把有限的经费用到教育教学上，而不是个人待遇上。S大学的人员谈道：

> 湖南省的本意呢，希望把有限的钱多用于教育方面，就是说不要都用于个人利益，估计他的初衷是这样的。对于穷的省份来说，我觉得应该是个好事情，因为你一旦放开，有的学校可能会

---

① SWE20170405访谈材料。

> 建设都不做,就是说互相攀比,我们学校有条件,发个 3 万元,他们学校如果建房子了就只发个 2 万元,大家一看,他们都发 3 万了,那我们也发 3 万,房子就不修了。或者是学科建设就不做了,就有这种情况。①

为了防止大学不按照总量控制来分配,在实际运行中政府运用审批和巡查双重手段进行监管。比如,2011 年湖南省人民政府办公厅印发了《湖南省其他事业单位绩效工资实施意见》,大学也纳入全面清查津补贴范围。在工资的发放上,事业编制人员工资每一个月都要到省人社厅工资福利处审批。审批的场景跟报账大厅场景一般,各高校排队等候审核有变化的部分。年终再从头到尾认真审核一次,包括工资总量、总编制数量、管理人员等项目。可见,上级主管部门细致的管控并没有发生实质性的改变。

教育主管部门对工资部分的过度管控,就出现了即使 S 大学想提高点待遇也不能。而且,津贴绩效工资的发放成为省委巡视每年开展工作的重点。在访谈中,管理人员谈到,谁也不敢突破,一旦突破巡视组一来就是查处对象。因为 S 大学地处西部,没有地域优势,在人才引进上面有天然的劣势。在没有区位优势的情况下,而待遇又反而没有优势。

> 待遇必须要比一般的高,才有可能把别人吸引过来。但是把总的数量卡死的话,待遇没办法突破。②

并且,在薪酬待遇上,根据传统的定式,待遇每年都要有所上涨。而实际上涨的幅度远不及物价上涨的幅度,也远没有达到 S 大学校长工作报告中增幅 10% 的标准。随着人员扩招,在薪酬总量控制的前提下,S 大学面临很大的压力。正如总的面包只有这么大,吃的

---

① SLI20170427 访谈材料。
② SWE20170405 访谈材料。

人多了，就会吃得更少。

> 个人角度来说肯定是希望不要设这个上限。在稳定人才上没有优势，近几年我们学校都有十来个，二十几个调到贵州，别人都宁愿去贵州的二流学校，都不愿留到这里，尤其像现在的挖人，引进人才，动辄就是几百万的安家费，对我们的冲击还是比较大的。如果是提高教授的水平必然就会挤兑下面一些基层人员的工资水平，这样的话势必会造成差距拉大。因为总数只有那么多，蛋糕就那么大，你把他切多了，下面的就少了。

由此，可以认为虽然大学具有了内部实行绩效分配的空间，但是因为本身人员的庞大，最为重要的因素是S大学面向社会获取资源的能力缺乏，整体的办学经费缺乏，也就无法来充分地发挥这项自主权。而政府则处于保障经费合理使用的角度，实行绩效总值控制，并采用双重监督的方式来约束大学。

四 干部提拔任免的规则

2006年S大学获得教育部教学水平评估优秀等级之后，次年对内部管理进行了一次大改革，即第四轮内部管理体制改革，大幅度调整了二级单位领导班子成员和管理干部。此次改革提任了处级干部44人，其中科级提任副处级32人，副处级提任正处级12人，调整、调配处级干部47人，提任科级干部52人，其中副科级31人，正科级21人，是S大学建校以来最大幅度的一次提任和调整。[①] 到2014年中央组织部、教育部党组以实施意见的方式要求贯彻党委领导下的校长负责制，坚持大学党委的领导核心地位。由此可见，这一体制并没有改变，形成了一项长期的制度。校级领导归口省委管理，省委组织部是省委的一个职能部门。这种模式沿袭了中央的领导体制，即"党管干部、党管人才"。由此可见，在校级领导的选拔任命上国家就已

---

① 《S大学年鉴（2007）》，第82页。

经把大学纳入到了官僚系统的管理当中，从而确保大学能够与政府的意识形态和发展目标相符合。在校级领导的遴选上，学校的参与权表现为民主推荐的环节。

虽然给予了大学能够自主选拔中层干部的权力，但是省编委对学校处级干部职数，主要是指党政管理部门，进行核定，不能超额配备干部。2014年根据中央新修订的《党政领导干部选拔任用工作条例》，S大学修改了《S大学干部选拔任用工作实施办法》。学校也根据党管干部的原则，党委集体决定干部，包括科级干部、处级干部都由党委决定。党委会讨论干部任免或提名，按照干部选拔任用程序，不允许"临时动议"和"个人决定"。

为什么要进行总量控制以及严格"规矩"，在对省委组织部门的了解中，相关人员谈到大学本身存在超配干部现象。因为大学本身超设了编办核定的机构数，自然就会超配干部，只有对职数作出刚性的规定，并且配合省委巡查才能遏制大学违规现象。同时，他们谈到，主要因为还没有一个针对大学的干部选拔制度，虽然中央发了文件，到省里面具体怎么办，都是还没有实质性的改革和政策。

目前，S大学处级干部职数63个，包括正处级21个，副处级42个。而S大学现在情况是副处级44个，共65个处级干部。这65人中不包括学院院长和书记，他们属于"业务干部"。在人事处设置了机构之后，干部的派出就由学校组织部管理。其中的程序严格按照国家"党管干部"的任命原则，由学校党委任命，报省里核定备案。现在按中央规定，"凡提必核"，有关事项报告省里。提拔任用有严格程序，按照岗位程序，逐级提拔，不能破格提拔，破格提拔和越级提拔都必须报省里面批准。

同上面分析的"只进不出的聘任制"一样，管理人员仍然是属于编制内的人员，同样是在退出机制不完善的情况下，出现干部老化的现象。

其一，职数是一定的，管理部门干部基本上没有外出流动的渠道。

像北京大学那样的高校，可以派出别的学校当干部，而且渠道比较多，还可以往地方派。所以，内部的通道比较通畅，像我们这种学校，干部基本上派不出去。①

像S大学这种省属本科，干部基本上派不出去，流动主要是校内轮岗，而实际上人员并没有变化。形成就这么多坑，萝卜就这么多。长期担任副处级、正处级干部S大学不乏少数。

其二，虽然S大学内部制定了退出机制，但是效果微弱。2016年，S大学按照《党政领导干部选拔任用工作条例》《推进领导干部能上能下若干规定（试行）》等党内法规，以及《湖南省推进领导干部能上能下实施细则（试行）》规定，也出台了《S大学推进领导干部能上能下实施办法》。理性的经济人假设告诉我们，人都在追求自身利益的最大化。获得相应的职务，那么就会相应提高待遇，这种待遇至少是薪酬上面的。这样一来，在实际运行中，尤其对于没有高职称的领导干部而言，基本不会主动退出。因为直接面对的是工资待遇等利益的受损，一退出就只能按教师的职称来拿工资。可见，在现有党政干部管理体制没有改变之前，能上能下很难达成实际的效果。政府在保持对大学领导体制不变的框架下，进行局部的调整对于省属本科而言很难实行。

虽然S大学建立了干部能上能下的退出机制，但是在现有的领导干部行政管理体制下，根本无法推动。在没有真正实行职员制，仍然是按照行政级别来定薪酬的前提下，大学的管理人员势必要追逐行政级别以提高各方面待遇。已有的管理干部无法退出，新提拔的管理干部就有可能超过职数。这样一来编制部门对职数的限定以及组织部门对干部的任命严格规定反而具有了合理性。

五 职称评审对应指标结构

编办在对编制总量的控制中，已经限定了职称的结构。编办限定

---

① SWE20170405访谈材料。

职称结构比例，与经费相关。职称越高，工资待遇相应增加，政府从控制经费的角度来控制职称的结构。职称评审由湖南省人力资源和社会保障厅组织评审，到了2015年S大学获得所有学科教授和副教授职称评审权。随着人社厅对所有大学开展职称评审的工作量增大，同时也是出于放权的思考，就对部分大学下放了职称评审的权力。下放权力实际上是委托高校自我评审，评审结果要报省人社厅进行审核确认，报省教育厅备案，其中中级职称评审结果只需报省教育厅审核确认。

在调研中了解到，在没有获得职称评审权之前，高级职称评审全部在省里评审。够上条件的基本都能通过，因为本身人才资源就少，另外没有指标限制。而在S大学获得委托评审权之后，职称评审相对更难。

在实际的运行过程中，因为定岗定编已经控制，教授和副教授等职称指标数是一定的，不能突破指标。S大学副高人员已经接近饱和，正高人员尚有一点点空间。因此，并非达到一定的学术水平和要求就能评上职称，主要是要看有无指标。而S大学又不可能一年把指标全部用完，所以职称评定竞争十分激烈。而为了留住人才，S大学新近出台一个政策，即具有博士学位，以及主持有国家课题的人员享受副高待遇，但是并不会解决职称矛盾根本问题。

> 那解决不了根本问题，除非你这个学校将来淡化职称。只要用职称跟老师的收入挂钩，那么这个问题就永远是一个瓶颈问题。如果没突破职称总量的话，这几年学校里面新进的博士基本上会走完。①

教育厅则认为限定职称总数，是为了鼓励流动，一个学校职数满了，就可以流动到其他地方去。

---

① SLI20170424 访谈材料。

第五章 "有序规范"的大学管理(2007—2017)

> 鼓励流动啊，现在是评聘结合，过去评聘分开，没职数你就没得聘，拿不到待遇，你可以评，现在呢，为了防止这种问题，因为这种你评了教授只能聘为副教授，你也闹啊，为了避免这种问题还是结合起来，有教授职数才能评，没职数不能评。现在是评到了待遇兑现，各有利弊啊。①

正因为此种情况，在诸如部属大学高级职称的比例远多于一般的省属本科，在此职称结构的限定下，S大学即将面临教师断层危机。来校3—5年的博士们，在获得了不少成果的情况下纷纷流失。因此在职称结构的限制下，S大学面临人才流失以及学科建设人员结构不相符合的困境。

> 因为政府给你的权限太小，你再怎么改也就在他的巴掌上改来改去。比如学科建设，按学生实际情况来讲要5个教授，一个学科没5个教授怎么搞，但是规定了学校总数只有10个，已经去了8个了，只剩2个名额了。②

S大学的实际情况，已经获得职称的人员出现了部分"职称退休症"。因为现有的考核标准相对来说比较低，以致一些具有高级职称的人员在自己没有主动意识的情况下，失去了搞科研的动力。在与人事部门人员的访谈中，谈到两个方面的原因，能够评上职称也是有一定的学术水平，这点需要肯定。同时如果标准定得更高，而学校的待遇总体提不高的话，这些人也许会流失到待遇更好，或者是更为轻松的地方去。

以上对机构与人事管理的分析表明，政府从完全计划转变成为总量控制，而总量控制依然是一种强规制的逻辑。为什么会出现这种逻辑，从大学自身来分析，虽然政府给予了有限的自治空间，比如总量

---

① ZYA20170320访谈材料。
② SLI20170424访谈材料。

限定下可以自主设置党政机构。然而 S 大学本身精简机构能力表现不足，因校级领导由上级组织部门任免，在免受上级隐性引导、舆论压力方面的能力不够，为编办的总量控制提供了合理性依据。在人员聘任上，出于控制人员膨胀的目的，编办仍然用总编制以及分类编制来约束 S 大学，又出于质量保障的目的，人事部门对聘任进行审批，同时 S 大学内部缺乏完善的人员准入制度安排，一定程度上依赖审批权威。即使某些不受编制约束的自主聘任，有限财力限制下 S 大学根本无法很好地运用。而在社会保障等配套措施不健全的情况下，S 大学无力运行人员退出机制。处于防范有限资金移作他用的风险，教育厅和财政厅控制薪酬总量。编办从控制经费以及鼓励流动的角度，限定大学职称结构，而在职称指标结构达到饱和时，实际上 S 大学自主评审职称的权力空间极其有限。在经费下拨与人员无关之下，职称指标结构限定，可以认为编办在规范的名义下放权不彻底。

第四节　学科专业管理：框架下的审批

一　学科管理

2013 年，S 大学学科建设科室从科技处划分出来，成立了发展规划与学科建设处，开始专门的学科管理。

1. 教育部制定设置办法

在学科的设置上面，教育部不再像计划时代一样规定大学的学科设置，而是通过制定学科设置办法的方式进行引导。S 大学按照设置办法要求来设置，因为硕士点博士点申报，按照教育部制定的规范进行评审，自然大学遵循教育部的标准规范，否则申报硕士点博士点时就会不符合要求而通不过审批。最新一级的学科目录为 2011 年国务院学位委员会、教育部下发，按照一级学科目录设置，由 89 个增加到 110 个，由 12 大学科门类变为 13 大门类，新增了"艺术学"。目前，S 大学设有 51 个二级学科。校内通过"十三五"学科发展规划的方式，报送给省教育厅的相关处室作为备案。在学科建设上，则是重点支持有计划的 51 个学科。某处长说道：

> 肯定要按文件要求来设，不然你报硕士报博士都不行。学校自身可以在目录范围之外搞一些学科，比如像一些新兴学科，交叉学科在目录上不一定一一体现出来，如果要申报省级重点学科，甚至有些地方申报国家级重点学科，再把这些特色优势按照目录把他套进去。这样的话，一方面能符合国家的要求，另一方面又能体现出学校的特色优势。①

在教育部统一规划之下，大学也存在一定的自治空间。那么这种空间就局限于，大学能够依靠自己的资源来建设的学科上面。开展校级学科的立项资助，评定校级重点建设学科是自由的。因为最后申报硕士博士点的发展所需，即使是校级层面的学科管理，也需要以某种方式报到省教育厅相关处室备案。而校级学科产生的规则以及管理办法，则是学校自己决定。

2. 审批省级重点学科

教育厅对于学科管理的规制，采用的方式是审批项目，制定规则，以项目的方式来投放经费。对于教育厅而言，目的是刺激大学之间的竞争，不搞计划，以学校的学科实力为标准。大学要想获得省级的资助，就只能去申报省级重点学科项目。省级重点学科，或者是国家级重点学科，则必须按文件要求申报争取立项，获得立项才有专项建设经费资助。省级重点学科则是省教育厅审批，比如，2012年制定的《湖南省重点学科建设与管理办法》规定：

> 省级重点建设学科从尚未具有硕士学位授予权的普通本科学校中择优确定，按照二级学科设置。程序是学校申报、省重点学科建设专家委员会评审推荐、公示、省教育厅审核批准。

教育厅制定的规则是按照中国学科建制而来，也是保证大学的学科建设能够与学位授予、硕士博士点的申报保持一致性，不偏离规划

---

① SJI20170401 访谈材料。

方向。经费的使用严格按照《湖南省重点学科建设与管理办法》的要求规定专款专用。S大学经费主要依靠财政拨款和学费，因此学科建设上面只能向省里的政策靠拢，按照教育厅项目建设来申报发展学科，项目之外的学科建设投入就明显减少。文件中规定学校与省厅的配套经费比例不低于2：1，鼓励大学积极争取社会资金投入学科建设。而S大学的实际情况则是面向社会筹措资金的能力薄弱，主要依靠政府的支持。上级部门不仅规定经费使用情况，而且提出配套要求，主要因素是大学本身财力匮乏，政府强制要求大学把有限经费用到学科建设上。

在重点学科建设的申报上，以及在校级重点学科建设的立项上，校内程序由各个学科、各个学院申报，职能部门不参与评审，由纪检监察室从学术委员会名单中抽取评委，比如自然科学分为一组，人文社会科学分为一组，由抽取的委员来打分、评议，确定完之后才提交校务会审核，基本上以学术委员会为准。在内部推荐评审上，S大学正在逐步建立其学术权力，这样可以说明，学校内部的学术权力正在逐步形成，并参与到教育教学管理中。显然这种权力的运行还处于非常有限的范围，最终依靠省里的评审，并按照省里的要求来管理。

3. 制定学术委员会标准

教育主管部门不仅在学科管理上设立项目审批，在对大学内部的学术事务管理上也进行强制规范。教育主管部门的目的是以上级权威来实现大学内部学术权力的构建。S大学一直建有学术委员会，但是基本上由具有行政职务的人员组成。而且在内部学术评审上，基本上由行政领导说了算，没有行政职务的教授根本没有话语权。在教育部学术委员会规程出台之后，学校学术委员会的标准原则和运行机制发生了很大的变化。在2014年12月下发的《S大学学术委员会委员推选办法》中规定，具有党政领导职务的委员不能超过总数的1/4，非领导职务专任教授不得少于总数的1/2。这一规定是遵照执行教育部《高等学校学术委员会规程》，如果不按规定设置，省教育厅审查通不过。

比如在2011年调整的学术委员会成员共37人，其中校领导10

人，其余全部为学院院长、职能部门处长一级干部。而在 2015 年《S 大学学术委员会章程》制定之后成立的新一届学术委员会中，共 47 名成员，校领导减少至 3 人，没有担任任何行政职务的教授开始加入（见表 5-6）。

表 5-6　　　　S 大学 2011 年与 2015 年学术委员会成员情况

年份	领导/普通教授（人）	教育部规定比例（人）
2011	37/0	—
2015	30/17	23/24

注：普通教授指没有任何行政职务的教授，上表的统计中 S 大学领导人员包括党政领导职务及院系的副处级人员。

在访谈中，说道：

> 我们学校的学术委员会，我判断，包括调研，省内外的大学现在学术委员会的成立，很多都是以学术为主导了，很多机关行政领导、党政领导都没有进入到学术委员会里面来，因为教育部有对非领导职务专任教授的人数要求。而且我们的学术委员会成立以后，我们要报到省里面去备案，要经过他们审查的。

教育主管部门的官僚权威与大学内部学术权力构建本是两种不同的理性构成形式，甚至存在冲突，教育主管部门的官僚权威甚至在一定程度上带给了大学行政化。从 S 大学的分析中，学术权力逐步形成，这一改变并不是来源于 S 大学本身的改革，而是教育主管部门通过官僚权威来制定标准，再加以审批的方式自上而下推行。从学科管理上，可见大学本身学术权力弱化，在缺乏教育主管部门的强制性规定时，大学无力构建起学术权力，也缺乏构建学术权力的动力。学术权力的构建并非是大学自身的行动自觉，而是在政府的规制下的行动结果。从而也说明，大学在自主权的实践能力上本身很弱。在这种情况下，政府的强制规定起到积极作用。

二 专业审批与评估

在专业设置上最能体现出大学与社会需求之间的匹配度，大学自主设置专业客观上是大学应对社会需求做出的自我发展的判断，而在社会向市场经济转型过程中，教育主管部门已经不能按照计划分配的方式来把毕业生分配到各种专业技术行业的时候，必定在专业设置上逐步放权，但是仍有一个审批的程序。

1. 程序审批下自主调整专业结构

2007年教育部和财政部联合发文，实施高等学校本科教学质量和教学改革工程，在专业结构调整上制定了指导性专业规范。教育部向信息服务转变，定期发布各类专业人才的规模和供需变化，目的是为大学调整专业布局和人才培养计划提供参考。2012年教育部实施新的专业目录和设置规定，相比1999年版对专业设置的规定转变为侧重对专业设置的管理。目前采用2012年版设置目录和设置标准，在审批环节上相对于1999年有所简化。大学自主设置专业的权力进一步扩大，在国家控制布点专业之外的专业都可以自主设置，并且审批的层级放低，教育部审批的范围缩小，仅仅审批国家控制布点专业和目录之外的新设专业，其他专业教育厅审批后报教育部备案。管理方式强调服务，建立专业设置和调整公共信息服务与管理平台，强化专业申报信息公开和社会监督。备案或审批专业材料全部实行网上公示，接受社会监督。

由此，大学专业设置需要向教育厅申报，专业审批分为两种，一种是基本专业，指专业办学成熟，并且社会需求量大，长期以来比较稳定，比如汉语言文学等。另一种属于特设专业，根据社会、经济发展需求变化而设置的一些专业，可能在专业目录里面有，也可能没有。不包括在专业目录里面的，通过论证可以向教育厅申报。基本专业的申报，根据学校需要，在学校层面上通过教学委员会投票表决之后，再向教育厅申报。对于基本专业教育厅具有终审权，组织全省的专家进行审核，审核完之后报教育部备案。还有一种特色专业，称为国控专业，涉及国家安全、国际声誉的核心问题，比如医学，就有严格的监控和审批,在省里面推出去之后,由教育部组织专家进行评审。最后经教育部备案和审批的专业,教育部公布之后就具有了相应的招生权。显然,上级部门审批专业的逻辑是审核是否达到专业设置的条件,上级部门的规制工具就是准入控制,达到要求的就可以设置,没达到要求就不能设置。

2. 自主调整权力的获得与条件的缺失

大学的自治空间表现为,在教育厅或者是教育部的审批下,自主设置专业,并且能够自行地调整专业。也就是说对市场需求不旺盛的专业,可以停招,只需报教育厅备案。觉得市场需求旺盛的专业要设置就需要去审批。教育主管部门在设置准入时,要求大学按照市场需求来进行专业建设。但是至少在S大学还没有真正实行起来。为什么呢?要能够面向市场自主设置专业,就必须具备相应的硬件设备和师资条件。

硬件设备包括实验室设备条件、实训基地等,师资条件起码要具有一定数量的行业性教师。这两个条件成为面向市场办专业的基础,硬件设备和师资条件最终需要经费的支持,在专业建设上面省财政投入经费极其有限,比如在S大学2016年度的预算报告中,"十三五"专业综合改革试点专业省级3个,每个20万元,校级10个,每个10万元。而S大学自我筹资的能力微乎其微,基础设施等硬件条件与自我调配专业不相匹配。

除了专业设置上的审批之外,政府多部门规制也给S大学的专业管理带来束缚。比如,S大学软件学院是湖南省第一家按教育部规定设置的示范性软件学院,也是全校改革试点的一个学院。毕业生现在的就业率为100%,人均薪资每年超过了10万元,据麦可思调查显示,就业平均年薪超过同专业全国平均年薪的2倍。改革主要是学校和企业共建专业,具体从三个方面来共建:第一,共同制订人才培养方案;第二,共同完成专业课教学,特别是实践性环节企业承担主要的任务;第三,学校和企业共同实施专业教育和职业规划。进行专业改革首先就必须要有师资条件,要创造师资条件必须要有财力保障。在软件工程学院校企合作办专业的改革试点中,S大学向省发改委、教育厅、财政厅等部门多次汇报、请示，才获准软件工程学院学费标准从 5900 元提高到 10000 元。而正是因为学费的提高，S 大学给软件工程学院返回 80% 的学费作为办学经费，为学院专业改革提供资金支撑才得以获得成效。

在专业建设上，尤其是理工科专业，必须具备一定的设备条件。比如，实践能力和动手能力的培养在实验室里做，才能够出效果。迫于办学经费的紧缺，S 大学的实验室建设直到 2000 年以后才得以稍微改善。还是国家实施了中央支持地方资金项目，才开始实验室建设。除了依靠国家投入，S 大学自身并无改善实验室的财力。并且实验室专业老师缺乏，也给专业建设带来阻碍。

> 一个临床医学专业可能一年是 300 到 400 个学生。但实验室的老师只有两到三个，你按照 3 到 5 人一组的话，这些老师就是一天到晚不吃饭不睡觉都没办法带完所有的实验。①

真正面向市场调整专业，就要求各个专业建设人员，到用人单位去广泛调研，以便有针对性地开展专业管理。比如对人才的需求量、规格变化等社会需求展开调研。然而 S 大学在实际关键性因素的运行上却不具备相应的能力。S 大学主要培养应用型专业人才，这就需要具有行业背景的教师。把教师派去行业学习也不具备条件，教务部门的政策与人事政策有冲突之处。

> 如果说推动我们的老师到企业去挂职，去轮岗轮训，但是我们现有的人事制度不支持，为什么不支持呢？如果说我们这个老师没有承担教学任务，他没有岗位津贴了。然后，他年终绩效没课时量啊，那这一块老师就权衡利弊，我为什么要做这个事。②

---

① SLI20170510 访谈材料。
② SLI20170424 访谈材料。

第五章 "有序规范"的大学管理(2007—2017)

虽然给予了学校面向市场办专业的自治空间，但是在硬件设备、师资等条件达不到的情况下无法恰当地运用这项权力。在这种情况下，教育主管部门从保障专业建设质量的角度，对新设的专业开展评估。一届学生毕业之后，教育厅将会对新设专业的办学水平和新增学士学位授权点进行评估，评估不合格则勒令整改，整改不合格将会面临停招。比如，湖南省教育厅下达《关于开展2011年普通高等学校专业办学水平评估和新增学士学位授权学科专业评估的通知》，S大学按照指标体系一一对标进行准备，顺利通过省教育厅组织的专家组的评估。由此，从保障专业质量的角度，这就为教育主管部门制定标准，并审批准入提供了合理性。而大学在自身条件不够的情况下，同样倾向于依靠教育部门审批，而不是依靠市场竞争。

通过以上的分析表明，在学科管理方面，S大学的自治空间局限在校级层面的学科建设上，从评定的方式到管理的规范都可以自行设定。但是要获得学科的发展就必须遵守上级部门的规范，申请省级的重点学科，接受上级部门的规制。而在实际操作中，自行设定的管理也必须在上级部门的框架下，因为申报硕士点博士点必须按照上级部门的规范。而要获得上级的资助也必须靠近纳入已有的框架目录中。说明S大学有限的资源下，要发展学科只能依靠政府的投入，必然接受政府的规制。

在专业管理上，政府给予了S大学按市场需求来调整专业的权力，但这需要资金、硬件设备、行业性师资等条件的支撑，而恰恰这些方面都处于匮乏状态，在客观上不具有面向社会办专业的条件。而教育主管部门的审批准入则是相对简化，由政府说了算，而不是市场说了算，一旦审批通过就可以获得招生资格，获得招生计划和财政拨款。相对于激烈的市场竞争，大学更愿意选择政府审批和政府的专业评估。即使给予了大学面向社会管理专业的空间，但是在自身不具备面向社会办专业的条件时，主要是基础条件达不到，只有依靠政府的审批来保证底线，以政府审批以及政府的专业合格评估来维持专业管理的标准。

第五节　教学管理：规范指导与质量监控

下面将从人才培养方案、课程设置和质量评估三个方面来展示教学管理的场景。因为人才培养方案是整个教学的"宪法"，而课程设置则包括了大学能够提供给学生的"商品"，质量审核评估则是目前政府对于大学教学实施的评价。

一　普适性指导人才培养方案

人才培养方案作为教学的总纲领，S大学人才培养方案是怎样制订的呢？下面将来分析S大学在人才培养方案制订中教育部门的规制以及大学的自治空间。

在国家教学指导委员会的普适性指导下，具体由S大学的教务处统筹规划人才培养方案的制订。学校给各学院下发人才培养方案的指导意见，这个指导意见根据教育部的指导意见，再结合本校的实际形成。内部的制订规范S大学可以自己来定立，比如教学大纲制订要求规范，定稿的大纲需要撰写人和审核人签字，不能为同一人，审核人一般为专业负责人或者教学副院长。教学大纲由学院编制后，报教务处和实验室与设备管理中心。职能部门包括教务处和实验室与设备管理中心检查大纲编制，审定通过后由学院汇总编印。从学校的教务处了解到，各学院的人才培养方案制订也是良莠不齐。

那么学院具体怎么制订呢？不同的学院呈现出不同的过程。对一学院老师的访谈中了解到，他所在系里教学计划是两个人制订的，学院有学术委员会，具体怎么操作，一线教师并不知情。在访谈中发现，虽然院系会开会讨论人才培养方案制订但多流于形式，究其原因：

其一，教师群体本身对人才培养方案制订的动力不足，缺乏参与的动机。

> 真正安心于教学的老师绝对不多，比如要做一份人才培养方案，大家都做不好，但是如果要做一份国家自科基金申请书，没

第五章 "有序规范"的大学管理(2007—2017)

问题，这个东西，不要人参加，一个人都能做得到。这个就是一个导向问题，一个国家自科基金，1：0.5 的配套，不配套也有至少 50 万吧，而人才培养方案弄下来，跟我没多大关系。①

同时，教师本身对专业教学定位能力缺乏。

关键就是讲老师对人才培养方案定位，很多老师把握不准。应当由学院自身研究，包括教学委员会之类，实际上很多就是院系几个领导商量，也没有经过充分论证。②

可见，从资源分配的角度而言，教师参与人才培养方案制订并没有直接的利益，从而导致参与不足。

其二，整个学校群体对人才培养方案的淡化。

我们最大的一个共性，就是没有把人才培养当作学校的中心工作，这是我们当前，无论是"985"还是"211"，还是一般高校存在的问题。③

由此可见，在普适性指导下，S 大学具有了制订人才培养方案的自治空间，但是内部的激励不足，对于人才培养方案重视不够。而在此情况下，则只有在政府的强制性评估中，以此来完善人才培养方案制订。

二 程式化课程设置

再来分析课程设置情况，课程实际上是学校能够提供给学生的所有"商品"的集合。2007 年教育部启动教学改革质量工程之后，提出重视实践环节，人文社会科学类实践教学环节不少于教学计划总学

---

① SLI20170510 访谈材料。
② SDA20170405 访谈材料。
③ SLI20170502 访谈材料。

时的 15%，理工农医类专业一般不应少于总学分的 25%。国家通过立项精品课程的方式，重点立项资助，进行课题改革。比如在 2011 年，S 大学立项了"毛泽东思想和中国特色社会主义理论体系概论""古代汉语""民族传统体育""声乐"四门省级精品课程。课程设置上，同样是出于保证质量的目的，国家教学指导委员会提供一个框架指导，大学首先要接受框架指导，这个框架指导是一个起码的教学要求。课程设置首先按照国家下发的一系列指导意见，国家下发系列指导意见，目的是提高教学质量，然后就是教学指导委员会的通用指导（见表 5-7）。

表 5-7　　　　　　　　2016 年 S 大学课程体系构成

课程平台	课程模块	修读方式	课程组成	学分安排	备注
通识教育	公共必修课	必修	思政类、外语类、计算机类、大学体育、军事教育、健康教育、职业规划与就业指导、创新创业等公共课	45—55	上级规定
	通识选修课	选修	人文精神类、科学素养类、创新能力类、艺术情趣类、本土特色类等全校性选修课	10	自主
学科教育	学科基础课	必修	学科门类基础（一级学科）和专业大类基础（二级学科）课程	专业确定	教指委指导框架
专业教育	专业主干课	必修	专业核心课	专业确定	
	专业方向课	选修	专业选修或跨学科选修课	专业确定	
实践与创新创业教育	实验（训）课	必修	专业独立开始实验（训）课	专业确定	
	集中性实践环节	必修	入学教育与军训、专业实（见）习、社会实践、毕业实习、毕业设计（论文）、毕业教育等	专业确定	
	创新创业实践	选修	科学研究训练、社会实践活动、竞赛活动、创新创业活动等	4	

目前，S大学在课程设置上每个专业都有四大平台，平台下面再细分模块组合而成。在课程设置中，其中公共必修课，必须达到上级规定的课程种类和课时量，以此来强化意识形态认同、大学生体质健康等目的。除了上级部门规定必须使用的教材外，比如两课"马工程"教材，其他教材教育部没有明确的规定。2013年教育部、中宣部下发高校哲学社会科学相关专业统一使用马克思主义理论研究和建设工程重点教材的通知，湖南省教育厅根据通知精神要求省内各高校统一使用，S大学相应发布了实施方案，按上级要求执行。

由此一来，每年制订课程设置时，学院意见最大。为什么呢？每一年本科生总学时是固定的，S大学大概文科2200多个总学时量，理工科2800个总学时量。在这个总量下面，上级主管部门规定要开设的必须开设，由此可见，在课程设置上，大学自治的空间实际上并不大。大学自治空间局限在通识选修课，以及专业课的开设上，专业课接受国家教学指导委员会的指导。

三 质量审核评估

质量评估作为教育主管部门重要规制手段，质量评估的目的是教育部门把关教学质量，评估经历了一个变化过程，从教育部门给定指标评估到审核评估。对于教育主管部门而言，这一过程是给予大学自主权，逐步放权的过程。合格评估和水平评估都是由教育部设定指标，因此给定指标，都有定量的标准和定性的要求，实际上就是教育主管部门给大学教学管理设定目标，大学就可以对标，按指标来一项项达标。而审核评估，则是教育部设定一个大框架，没有具体的指标，大学自己可以提出目标，按照大学自主提出的目标来进行审核。由此就迫使大学自己思考自己的教学管理要怎么走。

当前，教育部启动的审核评估，是新时期高等教育背景下提出来的，教育主管部门认为这是促进高等教育质量的重大举措。为什么？因为前面两次评估，水平评估和合格评估，主要要求大学能够达标，重点还是促进教育投入。因为只有达到一定的投入，才有可能达标，比如师生比、教师硕博士的数量等等。而审核评估则是国家在教育经

费的投入达到一定的比例,教育主管部门对于大学内涵建设的一种新规制。在对教育厅某处长访谈中,说道:

> 从标准角度来讲就不一样,给定标准,大家都对标,那么高校现在千校一面,千人一面的状况没有从根本上改变。审核评估的目的是一定程度上放权,促进高校自我管理、自我提高、自我完善。①

按照大学自己的尺子来衡量,目的是增加大学自主管理能力。审核评估中,人才培养的起点由学校自己定,教育部没有指定。在对 S 大学校领导的访谈中,了解到:

> 审核评估就是你自己定标准,自己定标准就更难搞。一个综合性大学,我把标准定得太低也不行,定得太高也不行。最好的办法就是把脚踮起来,甚至跳一跳能把苹果摘到,这个标准是定得最合适。②

审核评估条件以基本办学条件指标和生均拨款水平的意见为相应标准,湖南省在此基础上制定了相应的实施办法,在 2016 年至 2020 年进行审核评估。S 大学在湖南省文件要求下,2016 年 6 月,相应制定了《S 大学本科教学工作审核评估评建工作方案》。为什么大学如此重视教育主管部门的评估?省教育厅在文件中写道,对审核评估通不过的高校,省教育厅将进行通报批评,约谈主要领导,不准新设专业,减少本科招生计划,限制教学改革与建设项目及相关重大项目申报。这实际上也是教育厅为了大学能够顺利通过教育部的检查验收的激励行为,激励指对完成政策目标的奖励和惩罚。由此一来,大学作为代理人而不是教育部这个委托人关心激励问题,审核性评估实际上

---

① ZYA20170320 访谈材料。
② SLI20170502 访谈材料。

是教育部对大学的检查验收。

S大学高度重视此次评估，在对学院教师的访谈中都认为，现在全都在按教务处的要求，一个标准模子在做材料，对试卷、论文、教学大纲、培养方案等都在反复地修改，有标准的按标准模板弄。学校进行了听课检查，在对校内评估专家的访谈中，认为一些教师的教学水平不过关，上课质量不好。而被听课的教师则认为，怎么上课那些行政部门的处长怎么能够听懂，质疑其专业性。

教师们有些反感审核评估费时伤神地整材料。有些老师则庆幸自己自从2006年合格评估以来，教学规范包括试卷、教案、毕业论文等方面都十分注意，所以这次很轻松就整改了。对一音乐舞蹈学院的老师访谈中，谈到，这个审核评估就是教育部偷懒，指定指标还要好一些，可以对照指标来做。现在没有指标，就几个宏观要求，反而加大了难度。在S大学的评估准备中，可以看出审核评估在促使大学真正思考自己如何办学。老师们基本认为，这种整改也有好处，至少是形式规范了，规范下来以后就好办多了。老师们都被学校领导注入了压力和紧张，学校领导一再强调审核评估的效果直接影响到招生，直接影响到学校的生存，直接影响到教师们的饭碗。各学院反复查找问题，以确保能够应对评估检查中万无一失。因此可见，审核评估给予大学自我发展的压力。由此一来，为国家的质量评估提供了合理性依据，并且国家的质量评估又在一定程度上倒逼S大学来进行教学规范。

从上述分析中，在教学管理上政府规制从计划转向了评估，虽然给了了S大学自主制订人才培养方案，自主设置课程的空间，然而，这个空间是在教育部教学指导委员会框架之下的空间。研究发现，在这个有限的空间里，依然不能很好地发挥出实效，主要因为专业教师资源不足以提供多样化的课程。而在资源分配导向不足以产生内部激励时，专业教师专注教学的动力不足。当S大学内部激励不足以强化教学管理时，政府外部权威反而起到了规范的作用，S大学一方面认为上级条框束缚了教学管理，另一方面又借助于政府的评估来规范教学管理。由此一来，形成了政府强规制的逻辑。

第六节　科研管理：照章办事

在科研管理上，各级科研主管部门基本采用项目申报的方式，项目申报就必须按照立项单位的要求管理，大学仅仅是照章办事。

一　校级项目：政府规定下的自主

在 S 大学的科研管理中，大学的自主权仅仅局限在内部制定科研政策上面。科研成果校内奖励以及奖励的标准，科研成果在职称评定、年度绩效分配、工作量核算等方面完全由学校自主管理。因为教育主管部门各种项目的申报，注重大学科研的分量，目前 S 大学加重对科研成果的奖励。科研的取向则还是偏重于"论文科研"，因为在职称评定、科研奖励、绩效津贴的核算等与教职工切身利益相关的部分注重纵向课题和论文的发表。在科研管理上，S 大学自主设立的校级课题、校级科研平台、研究基地则是可以自主管理。

虽然在校级项目的设立上完全自主，但在经费管理上受到一定程度的政府规制，科研经费使用纳入年度预算计划，使用办法同样是参照政府部门科研项目经费办法。根据前面的财务管理分析，目前已经进行国库集中支付，国库集中支付审核每笔经费的使用是否合规，因此校内自己资助的科研经费的使用，同样严格按照政府部门科研项目经费办法开支。由科研管理部门签批，通过财务处报账。

由此可见，校内科研管理自主实际上仅仅局限于校级课题、研究基地之类，以及依靠自筹资金部分的管理。而通过向上级部门争取到的项目则必须按照上级部门的管理规定，S 大学就仅仅只是一个照章办事的"传达工"。

二　纵向项目：大学充当"传达工"

S 大学科研项目来源主要是纵向项目，纵向项目是指有上级部门的批文以及经费配套的项目。

1. 立项申报制

纵向项目来源，指各级政府部门，教育主管部门下达的课题，都需要申报立项。出于择优选择，鼓励竞争的目的，各级科研主管部门几乎都是采用的项目申报制，不单是大学可以申报，其他科研机构、单位也可以申报。那么纵向项目的管理规制就是同一性的，不仅仅是针对S大学，而是针对所有的项目获得者。学校只是服务的部门，没有权力来制定管理的规范，只能按照项目立项部门的要求，这就是资源依赖的逻辑。S大学成立了科技处和社会科学处分别来管理自然科学和社会科学科研活动。而社科处在2017年才通过省编办的报备。各级科研主管部门通过科技处和社科处来组织、联系、管理本校的科研活动，科技处就是一个服务"中转站"，联系上级科研主管部门与广大师生的纽带桥梁。从狭义的科研管理而言没有任何自主权。科技处长说道：

> 作为管理职能，没有自主权。政府的干预正是科技处存在的前提。承担哪个部门的科研项目或平台建设就要接受哪个部门的管理或规范。严格按照管理办法执行，比如项目管理办法、经费管理办法、平台管理办法。[1]

在项目申报上面，必须按照项目下达部门的要求按时、按量、按规定进行申报。只有获得项目，才有后续的管理，在项目都无法获取时，则无从谈起管理。在对教育厅的访谈中，说道：

> 这是从公平竞争的角度，不搞计划科研，谁有势力谁就可以获得立项。目的是鼓励多出成果，出优秀的成果。[2]

---

[1] SFU20170502 访谈材料。
[2] ZXI20170507 访谈材料。

在项目的中期考核、结题都必须按项目下达单位的要求。并且，项目下达单位做出对学校予以配套经费的要求，而这种要求，学校出于鼓励科研的目的尽量达到。但是在资金不足的时候，也不会完全按照要求来实行配套。不论是配套经费还是下拨经费的使用都必须按照项目下达部门的规定使用。

在科研平台建设上面，政府把握资源，大学必须去争取。所有的科研平台、创新团队，研究基地都必须申请立项。在对科技处处长的访谈中，了解到学校必须与相关部门保持密切联系，常采用电话、短信、微信等方式，也要专程去汇报工作。这些都是必须的，要让相关部门了解学校的状况、能力，争取获得上级部门的信任。然而上级部门的评审，存在很多不确定因素，比如项目的申报，不仅看实力，而且还要看"出身"，这就更加强了S大学对于上级部门的依赖。

在访谈中，了解到S大学国家杜仲工程实验室的争取过程。整个过程中，科技处一开始认为不符合条件，就没有组织申报。而是生物资源与环境工程学院党总支书记在掌握了申报信息之后，通过倒逼校长，倒逼科技处处长来牵线达成。这位书记说道：

> 科技处长当时不以为然，他讲这个我晓得，我们不够条件。好，我再跟学校一讲，校长就非常感兴趣，反过来由校长促使他们把这个事情做成了。现在是第一块零的突破啦，就是国家杜仲工程实验室。①

由此可见，项目的申报以及获得立项的过程中，存在信息不对称，S大学处于弱势，更多是依靠项目资源掌握的部门。

2. 经费使用监督

目前，由于S大学科研经费总量不多，经费管理按照立项部门的要求。科研管理部门提取5%的管理费之外，其余都是转入项目负责

---

① SSH20170427访谈材料。

人个人账户，按照课题立项部门的要求开支报账。在科研经费管理上完全没有自主权，严格按照上级部门的科研经费使用办法。比如，2012年修订《S大学科研经费配套及管理办法》中依据《S大学各单位职责范围》规定：

> 科技处负责组织学校除教学改革以外的科研项目申报及在研项目与结项的管理与服务，党建项目归口组织部管理，高校政治思想课题归口到宣传部管理，人事厅项目归口到人事处管理，其他项目按主管单位下达的对口部门管理。

S大学的经费配套管理办法，在上级部门对科研项目经费使用与管理办法规定以及相关政策要求框架下执行。这些上级部门包括财政部、教育部、科技部、国家自然科学基金委员会、国家社科规划办和湖南省科研主管部门，经费开支范围都必须按照通知要求。科研立项部门对科研经费按条款管理的目的，是防止科研经费挪作其他用途。同时，大学本身也存在科研经费中的弄虚作假现象，给科研立项部门的强制规定提供了理由。教育厅严控科研经费的使用，认为是大学本身缺乏科学管理的能力。教育厅某处长说道：

> 科研经费管理问题比较突出，个别大学通过虚开发票、领取研究生劳务费等种种方式来套取科研经费，这些问题显而易见。为什么大学财务部门视而不见，明明是违纪违法而照常予以报销？说明大学财务没有把好关。①

不可避免的是，虽然按条款来使用科研经费能够防止资金的挪用，然而科研工作本身的复杂性与一刀切的条款划分之间存在统一性和多样化的冲突和矛盾，本身缺乏体制的灵活性。科研主管部门不可能详细准确地掌握所有科研项目的真实经费运用信息，所以只能是

---

① ZXI20170507访谈材料。

个统一的规范。对于大学而言，在科研经费报账的具体管理操作中困难重重。比如有些项目已经结题，票据都是真实的，就是因为不符合要求报不了账。项目下达部门的目的督促大学科研有序进行，往往采用中期检查或者绩效评估的方式。科研管理沿袭行政单位管理，某副处长说道：

> 有些项目比如省教育科学规划课题，省教育厅项目等一年，甚至半年下来就要进行绩效评估。而对于人文社科而言，获得一个项目立项后，一年半年的时间可能还只是得到某种信心的提升，一种愉悦，才开始读两本书，那么上级部门就要求搞绩效，没有办法只有搞点假材料了。①

虽然这并不代表所有的现象，可以给出一个判断，教育主管部门的行政思维与学术活动之间并不完全匹配，存在对科研管理过度的干预。为什么会出现这种过度干预呢？主管部门的目的是要矫正大学内部科研管理的违规行为，因为部分大学出现乱报账、套取科研经费的行为。大学本身出现这种行为而不予遏制，可以看作是大学自身管理弱化。而科研项目下达部门来制定经费使用等管理规则，则是在"有序规范"的名义之下，因此，大学自身管理弱化在一定程度上给予了这种"有序规范"的合理性。

三 横向项目：政府与项目方共同要求

横向项目跟纵向项目比较仍是十分微弱的部分，比如，2002年企、事业单位委托项目经费为8.8万元，而当年的科研经费收入为653.04万元。2013年签订合同的横向项目增加到23项，共计129.16万元。在横向项目管理上，政府仍然存在一定程度的规制，政府从监督经费使用的角度提出经费使用要求。从经费性质而言，横向科研经费是指非财政性质的经费。横向经费纳入学校事业收入，由

---

① SWU20170421访谈材料。

财务处统一管理。横向经费实际报销当中，按照纵向项目，即财政性经费项目的类别以及横向项目合同规定来报销。虽然不是财政性经费，但是仍需按照财政性经费报销的门类来报账。

横向项目按照2012年修订的《S大学科研项目经费配套及管理办法》规定：

> 对横向项目不给予配套。对于主要利用学校设备开展的项目，学校除收取一般横向项目管理费之外，预留经费5%单独建账用于设备维护。

整体而言，目前省属本科主要依靠政府科研项目的争取。S大学自身科研水平不高，目前社会不太愿意跟S大学合作，整个横向项目份额很小。

以上分析表明，S大学科研管理充当照章办事的"传达工"，从项目申报、立项到平台建设、经费使用规范都必须按照课题项目下达部门的规定要求办事。S大学的自治空间局限在校级科研管理层面，以及依靠自己经费的科研奖励政策、科研导向等方面。在横向项目的管理上，除了按照项目合作的协议之外，在经费的使用上也同样参照国家纵向项目的管理，统一审批。科研主管部门细化到大学科研内部管理，比如经费使用规定，其中存在大学经费使用违规行为的矫正，更多是一种谁出资谁管理逻辑。那么，在S大学面向社会来拓展研究项目、获得研究经费的状况没有改善的情况下，将会持续依赖和遵循科研主管部门的规则，以此获得科研资助。

第七节　对外交流与合作管理：程序审批

随着对外开放的程度提高，S大学对外交流与合作逐渐增加，开展的形式多样化，对外交流得到拓展。

一 按程序聘请外籍专家

因教学需要 S 大学聘请有少量的外籍专家。外籍专家聘请需要按一系列的程序操作，首先严格根据国家外国专家聘请程序办理聘请手续，签订外交工作协议。政府为了保证外籍专家质量，聘请的外籍专家需要在外国专家局办理工作许可，如果外国专家局不认可则不能办理工作许可。在专家待遇上，国家给出一个指导性意见，S 大学再根据经费预算具体需求来决定。

在外籍专家的引进上，大学和政府都希望能够引进高质量的人才。外国专家局之所以要进行审查，是因为大学存在聘请外国专家的盲目行为。对于高层次的大学，基本不存在这种情况，高层次大学声誉和条件本身就可以吸引高水平的外国专家。而恰恰是层次比较低的省属本科，在聘请外国专家时盲目性大。比如聘请英语外教，就存在不聘请英语母语国家教师的现象。为了保障学生的合法权益，外国专家局的审查具有了合理性。对于层次高的大学，不存在聘不到外教，而且聘到的都是层次比较高的。但是对于财力一般、地处偏远的省属本科而言，引进高水平的外籍专家有一定难度。随着对外交流进一步拓展，比如 2016 年，聘请了美国、英国、加拿大、日本和乌克兰等国家的外籍专家共计 11 人次。在对国际交流处副处长的访谈中，谈道：

> 比如像音乐、艺术专业，海外人才虽然学历不高，但是专业特长达到世界高水平，但是不符合政府要求，则不能聘请。S 大学专门请示，政府能够对专业类的文教专家区别对待，结果还未出来。[1]

因此政府的保障具有必要性，同时也可以说明省属本科院校在自身地位能力上不够强，通过外国专家局的把关来保证质量。然而这种

---

[1] SLU20170317 访谈材料。

统一的规范，与实际情况的复杂性之间存在差距。

二 按计划考察访问

随着对外交流的扩大，S大学开始出国考察、访学。因公出国必须按照 2008 年中共中央办公厅下发的《关于进一步加强因公出国管理的若干规定》和省委、省政府以及教育厅等政府部门的相关规定。这一政策制定的动机是出于国家资金安全、国家外交安全、严守纪律等方面的考虑，试行按计划因公出国（境），必须是纳入计划之内的才有资格出国（境）。总体而言，出国（境）交流的次数比较少（见表 5-8）。每年 S 大学都会在前一年统计有意向对外交流的人员情况，没有上报计划的则不能出国（境）交流。究其原因，出国（境）交流使用的是财政性经费。

表 5-8　　S 大学出国（境）交流活动次数统计（2012—2016 年）

年份	上级部门组织	学术交流	培训、考察
2012	2	4	2
2013	3	4	2
2014	3	6	1
2015	0	4	0
2016	0	6	2

注：上级部门组织指教育厅等组织，诸如校长培训之类的对外交流活动。

教师和管理人员的出国交流，目前教师是半自主权，学校基本上自己决定让不让去，然后到省教育厅、省外事办按流程办理相关手续。一般情况下，只要具有正常的邀请函，正常的学术交往、交际交往，学校具有把关权、人员审核权，包括政审权。只有厅级干部，也就是校领导出国审核需要到教育厅和省外事办。教师基本上不是审批，到省外事办进行备案登记。随着对外交流扩大，以前由教育厅审批，现在都是大学自己进行审核，教育厅进行人员备案，基本上还是具有自主权。因公出国（境）的办理流程如图 5-2 所示。

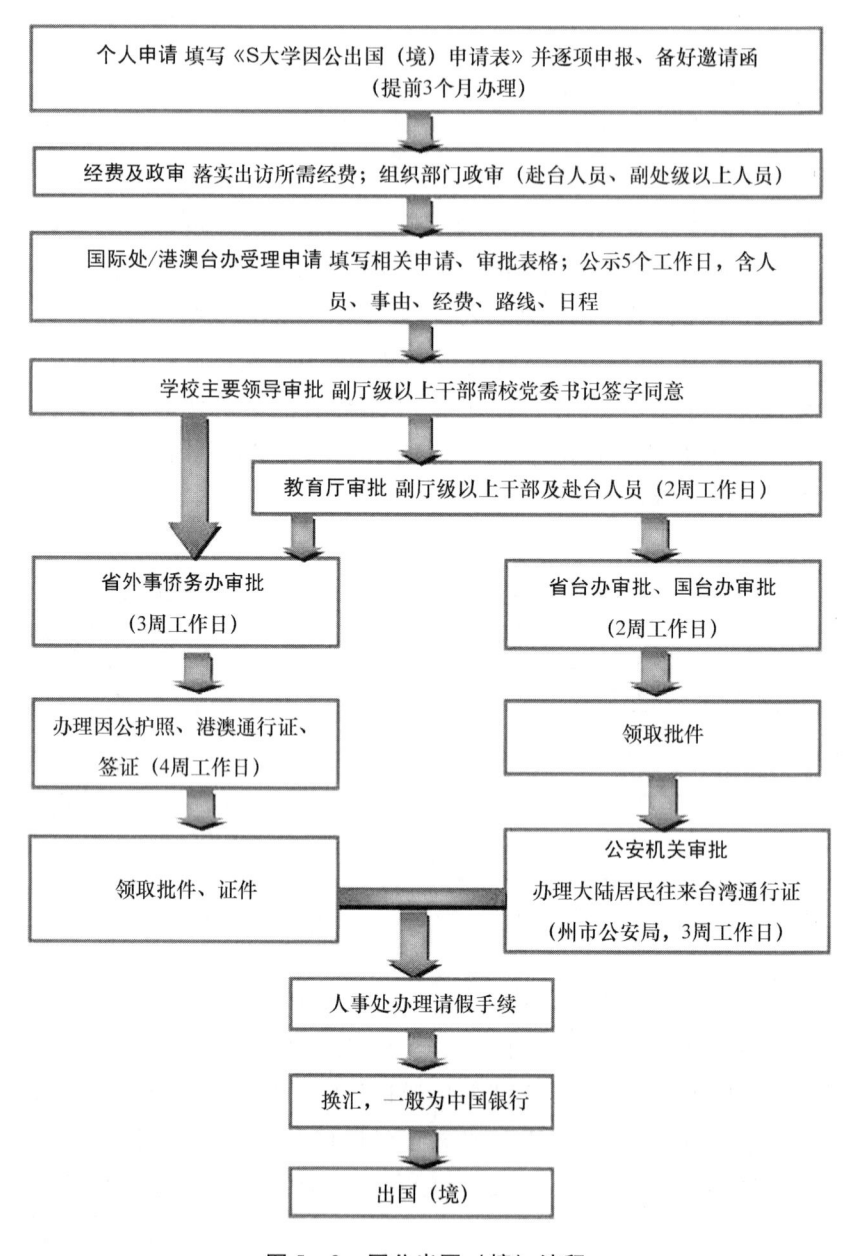

| 规制与自治：大学管理体制变革研究

```
┌─────────────────────────────────────────────────────┐
│ 个人申请 填写《S大学因公出国（境）申请表》并逐项申报、备好邀请函 │
│              （提前3个月办理）                       │
└─────────────────────────────────────────────────────┘
                          ↓
┌─────────────────────────────────────────────────────┐
│ 经费及政审 落实出访所需经费；组织部门政审（赴台人员、副处级以上人员） │
└─────────────────────────────────────────────────────┘
                          ↓
┌─────────────────────────────────────────────────────┐
│ 国际处/港澳台办受理申请 填写相关申请、审批表格；公示5个工作日，含人 │
│              员、事由、经费、路线、日程                │
└─────────────────────────────────────────────────────┘
                          ↓
┌─────────────────────────────────────────────────────┐
│ 学校主要领导审批 副厅级以上干部需校党委书记签字同意   │
└─────────────────────────────────────────────────────┘
            ↓                           ↓
                        ┌─────────────────────────────┐
                        │ 教育厅审批 副厅级以上干部及赴台人员（2周工作日）│
                        └─────────────────────────────┘
            ↓                           ↓
┌──────────────────────┐       ┌──────────────────────┐
│ 省外事侨务办审批      │       │ 省台办审批、国台办审批 │
│ （3周工作日）         │       │ （2周工作日）         │
└──────────────────────┘       └──────────────────────┘
            ↓                           ↓
┌──────────────────────┐       ┌──────────────────────┐
│ 办理因公护照、港澳通行证、│     │ 领取批件              │
│ 签证（4周工作日）      │       │                      │
└──────────────────────┘       └──────────────────────┘
            ↓                           ↓
┌──────────────────────┐       ┌──────────────────────┐
│ 领取批件、证件        │       │ 公安机关审批          │
│                      │       │ 办理大陆居民往来台湾通行证│
│                      │       │ （州市公安局，3周工作日）│
└──────────────────────┘       └──────────────────────┘
                          ↓
                ┌──────────────────────┐
                │ 人事处办理请假手续    │
                └──────────────────────┘
                          ↓
                ┌──────────────────────┐
                │ 换汇，一般为中国银行  │
                └──────────────────────┘
                          ↓
                ┌──────────────────────┐
                │ 出国（境）            │
                └──────────────────────┘
```

图 5-2 因公出国（境）流程

三 申报留学基金项目

如果是国家留学基金项目,则需要申请、遴选,从高分到低分,择优录取。在留学基金项目上,遴选是政府层面的。遴选主要对经费的使用,人员出国之后达到的目标,做一个效益评估。事前的遴选阶段,则是评价申请人的资质。比如课题、论文,前期研究成果能否作为此次出国的基础,这些都是国家的积极干预。另外,出台了经费管理办法,看能否达到预期效益,起到事后保证作用。S大学在获得中西部能力建设上规定开展国际交流,或者课程国际化的改革。中西部能力建设不仅仅用来购买设备,可以进行软建设。其中就有开展国际交流,课程内容国际化的部分。在对S大学某处长访谈中,认为政府的这种规定保证整个项目质量,以及资金的使用效益。在失去监督之下,受损的不仅仅是学校,国家也受到损失。

以上的分析表明,在国际交流与合作管理上,随着国际交流的扩大,S大学国际交流与合作增多,包括对外考察、访学、聘请外籍专家、学生交流。在不需要国家项目资助的情况下,国家放松审批权限,只需要遵守一般的外交流程,服从国家利益的前提。而在需要国家项目资助的情况下,则需要严格的审批以及绩效考察。在外籍专家的聘请上,因为S大学这一层次的学校本身在吸引高层次人才上能力不具备,因而给政府的把关提供了依据,需要接受国家的指导。

本章小结

相对于松散管理时期,这一时期大学从扩大规模转向内涵建设,并且更为注重面向市场培养人才、发展学科、设置专业,同时政府加强了对大学各方面的规范,处于"有序规范"的管理时期。国家加大了对高等教育的财政投入力度,给予S大学稳定的生均拨款,并设立了多种竞争项目引起大学之间相互竞争经费。政府帮助大学化债之后杜绝了大学向市场借贷行为,财政厅和教育厅从规范资金使用,防范资金风险的角度对S大学财务管理实行预算审批和国库集中支付,并设定了资金使用条款。通过审批式规制，财政厅和教育厅把握了S大学每一笔资金的走向，实际上是一种强规制逻辑。教育厅一次性审批招生计划，在某种程度上恰恰是给予大学生存保障，可以免受激烈的市场竞争。虽然S大学过半收入来源于学费，因招生指标由教育厅下拨，且学费标准由物价局核定，大学既没有对招多少人，也没有对收多少学费的决策空间。虽然学费占到了S大学收入的一半，可以认为这一半的收入依然取决于上级主管部门的审批。生均拨款与教职工人数已经没有关系，但是政府出于"有序规范"的需要，仍然在机构设置与人事管理上采用总量控制的方式。在绩效津贴发放上不能突破总数，在编制上限总量，并且在职称结构上同样限定总量不能突破。政府防范大学因机构膨胀与人员膨胀，而避免使有限的经费不能用到教育教学方面。实际上，社会保障不配套以及出于维护稳定等原因，大学内部人员无法退出，职称结构已趋饱和，人才流失严重。经费不足和声誉一般，不足以吸引高层次人才，使得面向市场管理专业和教学管理无法真正实行，而这又为政府的专业审批和教学评估提供了合理性依据。同时，在面向市场来管理专业的硬件和师资不具备条件下，政府的审批和评估实际上起到了内部规范作用。出于资源依赖的逻辑，只有遵从上级主管部门的学科管理规范和科研项目以及国际交流项目要求，才有可能竞争到上级部门的项目，以获得资金来开展学科管理和科学研究以及国际交流活动。这种依靠上级部门的项目必然遵守上级部门的管理规范，按规定办事。即使是依靠自身财力维持的校级项目管理也须参照上级部门的管理要求，因为最终资金的使用审批权在教育厅和财政厅手中，否则，将会以资金使用不规范的名义而通不过。

七个维度的管理构成了S大学主要的管理场景，这七个维度又不是独立的，七个维度之间相互联系，构成S大学松散联盟的整体。其中财务、机构与人事、招生，构成了管理场景的基础，在此基础上才为学科、专业、科学研究、对外交流与合作统称为学术事务的管理提供保障。而学术事务的管理又是大学在获得资金、设立机构和吸引教师和学生之间的内生动力。因此七个维度互为条件，相互制约。七个维度分析中，S大学从社会获取资源能力有限，以及本身财力不足，其实就是一种自治条件，而自治条件不具备则使得大学无法很好地建立起内部管理制度。七个维度分析显示，在大学自治条件存在缺陷时，大学反而是依赖政府的强制规范，在束缚与依赖之间，大学更倾向于资源和路径依赖。因此，政府在放松规制的过程中，依然使用总量控制、审批式的强制规制工具，政府这种规制工具合理依据则是在对大学进行"有序规范"，这种"有序规范"部分造成对大学过度干预，以至于与政府简政放权的政策导向偏离。同时，大学自身作为改革的行动者自治条件不成熟也为政府的"有序规范"提供了合理依据，并且在某个方面呈现出对政府强规制的依赖。因为自治条件不具备则使得S大学无法真正面向社会自主办学，在面向社会获取资源的通道狭小时，转而依赖政府强规制，以获得生存资源。

第六章 讨论：政府与大学规制关系

本章将讨论政府与大学规制关系，在大学管理体制演进特征基础上对已有的规制关系理论进行回应，并提升相关理论。在 S 大学个案研究基础上提炼大学管理体制变革特征时，将追溯到西方大学从源头中世纪到现阶段的演进特征，以期待更为清晰的认识大学管理的传统和变革的走向。结合大学管理体制变革的特征，对已有文献进行理论回应，从而深入探讨政府与大学规制关系。

第一节 大学管理体制演进特征

一 西方大学：从"行会自治"到规制治理

探讨政府与大学规制关系的变迁，有必要回溯到大学管理变革的历史，从而得出规律性的认识。因为大学作为遗传和变异的混合体，总是具有相同的基因。从历史的演进中来发现管理体制的不同模式，从而来丰富大学管理体制理论。中世纪欧洲大学作为大学的源头，形成了"行会自治"的传统。而到了 19 世纪的德国现代大学，国家给予大学财政支持并管理大学人事，保障大学学术自由，形成了"科层管制下的教授治校"模式。到了 20 世纪 70 年代，"全能型"政府规制向"掌舵型"政府转变，在权力的向度上从自上而下向多元、互补转变，政府采用合作、协调的方式参与公共事务管理。[1] 政府与大学的规制关系朝向"政府监督的机构自治"转变，以美国大学为典

---

[1] 俞可平：《治理与善治》，社会科学文献出版社 2000 年版，第 6 页。

型代表。大学从简单的自治过渡到能够适应社会需求的政府和市场的双重规制下将会更具有效率,大学的高层次自治是对政府和市场双重规制的理性自觉,规制与自治并非始终处于冲突状态,最具效率的状态是大学主动接受社会规制,政府提供市场规制的环境,大学与社会形成高度契合。

1. "行会自治"

大学应社会需求而生,到 11 世纪末期,欧洲呈现出生机繁荣景象,农业革命、商业革命、城市复兴、中产阶级崛起,经济增长为大学兴起奠定了物质基础。其中一个契机是古代典籍的发现催生了知识复兴,当时社会迫切需要把这些知识运用于实践,吸引了大批学子和研究者。商人和手工业阶层进入城市社会生活,为了在竞争中保护自身利益,商人和手工业者组成行会,形成了 11 世纪行会聚集大潮。行会在中世纪是具有法人资格的团体,行会在 1228 年的政治革命中确认其宪政地位,行会领导者理论上对内拥有执政官的权力,对外不接受市政行政官命令。早期大学借鉴行会的形式建立起来,因教会取得对社会的统治权,教会企图把大学纳入教会体制为其统治服务,开展了对大学管理权的争夺。

大学与教皇和国王的关系经历从"特许状"到"审查制度"的变化。教皇或者国王通过颁发"特许状"来承认大学的合法地位。[1] 历史学家拉斯达尔(H. Rashdall)考证博洛尼亚大学由外籍学生创建,时间大概为 12 世纪末期。在博洛尼亚大学学者的乞求下,1158 年由腓特烈一世(Frederick Barbarosa)在朗格卡利亚会议上授予第一则法律宪章,虽无法判定是否是立校章程,但是在此会议上获得相关特权,规定全体学者都处于神圣罗马帝国君主特权保护下。[2] 到 14 世

---

[1] [英]海斯汀·拉斯达尔:《中世纪的欧洲大学:大学的起源》,崔延强等译,重庆大学出版社 2011 年版,第 7 页。
[2] [英]艾伦·B. 科班:《中世纪大学:发展与组织》,周常明等译,山东教育出版社 2013 年版,第 60 页。

纪20年代，大学具有监视异端邪说的责任。① 大学对异端邪说实行严格的审查制度，以获得教皇的支持。14世纪，大学定期向教皇通报大学学生和毕业生名单，以便教皇发放教会奖学金。虽然持有异端邪说的学者会受到教会的严厉惩罚，诸如烧死、谴责，但仍然不能阻止知识的进步。

即便教会和当局都希望能控制大学，但是大学并非完全顺从，而是摆脱教会控制。行会性质的大学实行集体决策，并没有一个统一的权威中心，而是采用集会的形式来共同管理，形成学者联合管理。"全体集会"（general assembly）成为当时进行决策的方式，集会议程实际上不存在任何讨论程序，与人数的多寡也没有关系，因为一个学院或者系科只有一票。此外，学院、同乡会组织中存在集会方式。倾向是大学事务和决定交给一小部分领导组成的议会来处理，全体集会由校长主持。② 大学最初的首领是主教的代理人，主教坐堂主事权力削弱伴随着大学主事人权力增加，主事人就是现在称之为校长的人物。到13世纪主教代理人的司法权力转移给大学自己选出来的校长。于是，校长成为大学行政首领，管理学校财务、主持会议、保管文件，官方事务中代表学校。

"行会自治"是在教会与市政当局夹缝中的自治，在教会和当局给予特权的时候起到了保护作用，但在斗争的过程中大学的力量偏下风，最终被纳入宗教专制当中。行会自治造成了教授席位之间的近亲繁殖，从13世纪开始教授席位呈现明显的世袭性。而行会自治一旦其学术失去了社会的检验，便会造成封闭和僵化。大学逐渐失去了智识探究的热情，而变得故步自封，逐渐成为复制封建皇权和教会人员的工具。

2. 国家官僚下的教授治校

政府在管理社会公共事务时，也逐步发展起了科层制模式。"科

---

① William J. Courtenay, "Inquiry and Inquisition: Academic Freedom in Medieval Universities", *Church History*, Vol. 58, No. 2, 1989, pp. 168 – 181.
② ［比］希尔德·德·里德－西蒙斯：《欧洲大学史》第1卷，张斌贤等译，河北大学出版社2008年版，第132页。

层制"是德国社会学家马克斯·韦伯创造的词汇,它最大的特点是理性和程序化,按照规章制度办事。在这种制度安排下,公职人员的作用监督大学按法律办事,大学行政管理人员的管理专业水平要求反而不高。科层制产生的一个前提是大学成员与所需物质资源相分离,也就是说大学只有接受政府管理才能获得生存资源。国家成为大学最大的资助者时,国家取代了教会把大学纳入统一管理。资助的潜在要求,大学就必须遵守服务于国家设定的目标。这种模式的典型是19世纪的德国大学。

国家立法规定大学的双重属性,从柏林大学重建开始,法律规定大学既是法人团体,又属于国家机构。政府集中管理大学局限于精英教育,在拿破仑战争的摧毁下,德国34所大学消亡了18所。[①] 1810年教育文化大臣洪堡创建的柏林大学翻开了大学史崭新的一页。19世纪德国创建了11所技术学院,技术学院由工业技术学校发展而来,1899年技术学院获得大学称号,并获得博士学位授予权。德国并非采用拿破仑大革命后的中央集权制,而是各邦州享有教育管理权限,州有权力监督所有的人事和财政管理。国家机构性质决定由政府创办、出资、管理,政府制定大学和学院治理规章法律、决定组织结构,这就体现为科层制的自上而下照章办事的特点。但是,政府在制定规章之前听取法人社团意见,大学能够授予学术头衔。

政府控制人员准入和教授评定,政府出资并规定财政使用。国家干预大学重要手段是考试,国家控制了大学的准入和毕业生流向。在普鲁士以及其他邦国,有严格入学选拔考试。在普鲁士由国家组织考试,作为进入职业的准则。政府控制大学人事,但以科学竞争能力为标准选拔教授。在19世纪,通常的规则是一门学科(discipline)仅由一位在过去几十年里对建立新的讲座有突出贡献的教授代表。而一个学科在一个学校只能有一位正教授,要想晋升为教授必须等到有空缺,或者开辟新的学科。因为一个学科只设立一个教授职位,而本学

[①] [瑞]瓦尔特·吕埃格:《欧洲大学史》第3卷,张斌贤等译,河北大学出版社2014年版,第3页。

科的教授职位已饱和，比如在 1830 年至 1840 年间人文学科达到饱和，这个时候，便开始向采用实验方法的自然科学拓展，带来自然科学的繁荣。在 19 世纪早期和中期，每门学科拥有超过 20 位一流的全职研究职位，加上正在形成的学科，形成了巨大的市场来吸引相当的人才竞争这些职位。在大学管理体制上，国家充当的角色是提供物质条件，并不干预大学内部事务。国家认为政府当局并不具有认识科学真理的能力，科学的规范问题只能由科学自身来规范。国家的责任是管理人数和财政，而在学术方面国家不予干预。政府包括联邦和州政府采用详细的规章制度管理大学，并且拨款方式严格按项目拨款（item allocation）。

在这种模式中，大学自治局限于学术自治，讲座教授联盟管理大学学术事务。国家官僚通过规章制度对大学加以规制，从学生准入、学生考试、教师的任命、讲座的设置，到教授工资等都由政府所设的专门教育部门进行规定。从理论上而言，为大学教授治校提供了物质条件，在政府的规制下，管理变得简单，主要是学术事务。德国政府以立法的形式给予大学学术自由，而且这一法规精神贯穿大学发展始终。大学保留由学者组成的法人团体管理性质，自己选择内部管理人员。教授不仅是研究所的管理者，讲座的持有者，而且大学管理者只能在教授中产生。每年 7 月份大学评议会从全体教授成员中推选出校长，选举必须得到教育部长确认。选举由在任校长主持，采取秘密投票方式，全体教授一人一票。校长任期很短，一两年时间。因为推崇学术自由，并且科研至上，所以各个讲座教授之间的权力是平等的，不同之处研究领域分工不同，于是在大学各学院之间构成同僚制。德国在国家官僚规制下保障大学的学术自由和学术自治，大学决策权在教授手中。这种管理体制，使得德国大学在高度竞争的环境中达到世界科学和研究的顶峰。但是学术寡头抵制变革，强调个人的研究和教学的自由，在内部的协调上存在障碍。政府采用自上而下的官僚科层制管理体制在经费不足时，这种模式的合理性受到质疑。

3. 政府监督下的机构自治

另一种大学管理模式则是以美国为典型的政府监督下的机构自治模式，接受国家和市场的双重绩效，呈现出规制治理的特征。这种管理体系取决于大学本身的性质，美国没有一所国家大学，区分为私立大学和州立大学。美国大学建立之初具有高度的自治，不受政府干预。1861年，《莫雷尔法案》颁布，联邦政府成功以立法方式介入大学管理，打破了大学不受联邦干预的传统。赠地法案引导大学服务社会，赠地法案的成果即大批赠地学院建立，广泛为农业和工业服务。这种干预采用的是激励而非官僚的规制，开启了联邦政府通过立法、研究资助、学生资助等方式对大学进行监管的模式。二战后联邦政府通过立法手段加大对学术研究的支持，把战后的研究合同转化为民用研究，使大学通过科学研究以及科研成果转化服务国家。

就政府层面而言，州政府对公立大学的管理主要是任免董事会，并以此来控制关于预算、学费和学位授予范围内的主要学术决策。这种干预程度随着存在于州和其公立高等教育部门之间的宪法和立法关系而变化。然而，高度机构自治也会出现危机，比如在20世纪60年代，大学校园无法自身处理学生运动。这时候，政府部门相应加大了对于大学的协调。在20世纪80年代美国州政府加强对州立大学的管理，治理机构集中化，主要原因是州公共资源下降，并且对于公共资金使用效率的问责加强，特别对社区学院和公立综合学院加强了公共控制。州政府对预算制定和拨款使用更为关注，包括州立法机构在内，对大学加强管制。州政府对大学管理从实质性和程序性的控制，转向鼓励市场力量介入，通过加强责任制、质量评估、绩效预算等手段间接干预大学的管理。公立大学在使用州政府分配的基金款项以及教育服务方面，基本上对议会负责。州政府官员通过方案实施审查或评价干预学术事务。

联邦政府对大学的管理通过市场实行，并且采用一系列措施提高信息的透明度，以利于充分的市场竞争。联邦对大学资助通过教育券形式给予学生，再由学生自己选择大学，由此政府创造竞争性的学生市场，这种方法在1944年《退伍军人权利法案》时开始使用。1972

年,《高等教育法（修正案）》改革联邦资助学生的方式。《高等教育法》规定对无法完成中等教育后教育者给予财政援助,而修正案中将基本教育补助金（Basic Educational Opportunitity Grants）直接发放给学生,学生可以自由选择学校。这种方式,加大了市场竞争,改变了把补助金发放给学校,再由学校转给学生的方法。为了赢得学生市场,大学就必须改善管理,提供社会所需的专业、课程、技能等等。政府为了防止市场失灵,进行必要的干预,美国许多州要求州立大学和学院提供 NSSE 调查（全国性入学调查）。信息公开内容至少包括：毕业生就业/接受专业培训/进入高一级学位比例、毕业生平均起薪。由此可见,政府运用必要政策来刺激大学之间的竞争,而不是采用直接的行政规章制度。政府的监管不可缺乏,政府监管目的是防止市场失灵。于是大学处于对于国家和公众以及市场需求的双重绩效之间。

在大学决策上实行外行董事会决策,美国法律规定,大学董事会充当监护人作用,不论是营利还是非营利都必须成立董事会。董事会一般不参与直接管理,董事会权力委托给校长执行。校长因此成为大学管理和领导力的核心人物,具有强大的实权。董事会有权选任和罢免校长,董事会与校长之间有时产生冲突。比如密歇根大学对塔潘校长,加州大学对克拉克·克尔校长。大学学者在管理上仅仅起到咨询作用,教授会的建立,教师获得在大学管理上一定的影响力,但仍然只是作为大学管理的咨询作用。权限限定在制定颁发毕业证书和学位的标准、课程设置以及聘任教师上面。但这不局限于教授会,必要时候校长,甚至董事会都会插手。

从西方国家大学管理改革的趋势来看,政府的规制一直存在,只是规制的工具发生了变化,都在朝向"国家监督式"的方式变革,自治从局限于学者对学术事务的管理扩大到大学对自身事务的管理。早期大学与教会和当局的争斗,目的是保存大学自由探索、自我规制的权利,并形成了大学的自治传统。政府出于效率原则,对大学加以引导和规制显然是必要的,并且证明了大学的重大转型几乎都是政府引导的结果,大学在政府的规制下从中世纪追求心智训练的大学走向为理性经济社会服务的大学。19 世纪德国大学政府规制高于英国大学，但是德国大学达到世界顶峰。政府规制带来的弊端并非是说政府在大学管理中没有存在的必要，政府引导是在政府提供资金，并且能够营造自由的竞争环境下，保障和激化学者自治为前提。大学整体的自治微弱，决策主体在政府手中，大学决策主体在教授的手中，这种体制在政府能够提供足够的资金，并且能够保障学者自治时体现出效率。但是这种体制在应对社会变化时，大学的自主行动能力不足，依靠政府规制改变，仅仅适应与工业化大机器批量生产的时代，在全球化以及信息化背景下，则显露出危机。国家的作用负责给予大学充分的办学自主权，营造大学能够在市场机制下充分竞争的政策环境，在竞争中提升创造力和服务社会的能力。

行会自治中，市政当局或者教会企图把大学纳入自己的统治，作为维护自己统治垄断的工具，而大学则是处于反抗当中。欧洲国家取得社会的统治权后，把大学纳入国家的统一管理中，大学成为培养国家所需的公务员和专业人才的基地。在欧洲的传统中，国家充当了监护人的角色，行会自治模式保留在学者自治当中，但是自治权局限在学者对教学和研究学术事务中，学术自治局限在基层单位，讲座或者学部。而大学整体上不具有自治权，因为国家制定了严格的规章制度，大学的资金来源于国家，大学必须遵守。而这一模式维系的条件，大学从国家获得资金、保护，并且更为重要的，国家进行所有学位认证，并且负责毕业生的雇佣。而在北美模式中，大学呈现出整体机构自治，拥有强大管理中心，学者共同治理。政府规制的手段是财政刺激，并且通过培育学生市场来促使大学之间相互竞争，以实现政府预期目标。由此可见，政府规制与大学自治并不矛盾，大学管理体制由大学行会式自治转变成为政府、市场参与的规制治理。

二　中国大学：政府全面干预到"有序规范"

从S大学三个主要阶段的管理变革分析中，可以看出政府从全面干预的计划指令式规制，经历一段过渡时期后，演变成为现阶段的"有序规范"管理。而在大学办学自主权方面，则从没有自治的空间，到获得狭小的自治空间，演化为现阶段自主权仍然微弱。政府呈现出强规制状态，《高等教育法》赋予的大学办学自主权并没有得到落实，S大学三个主要阶段管理呈现出如下的特征（见图6-1）。

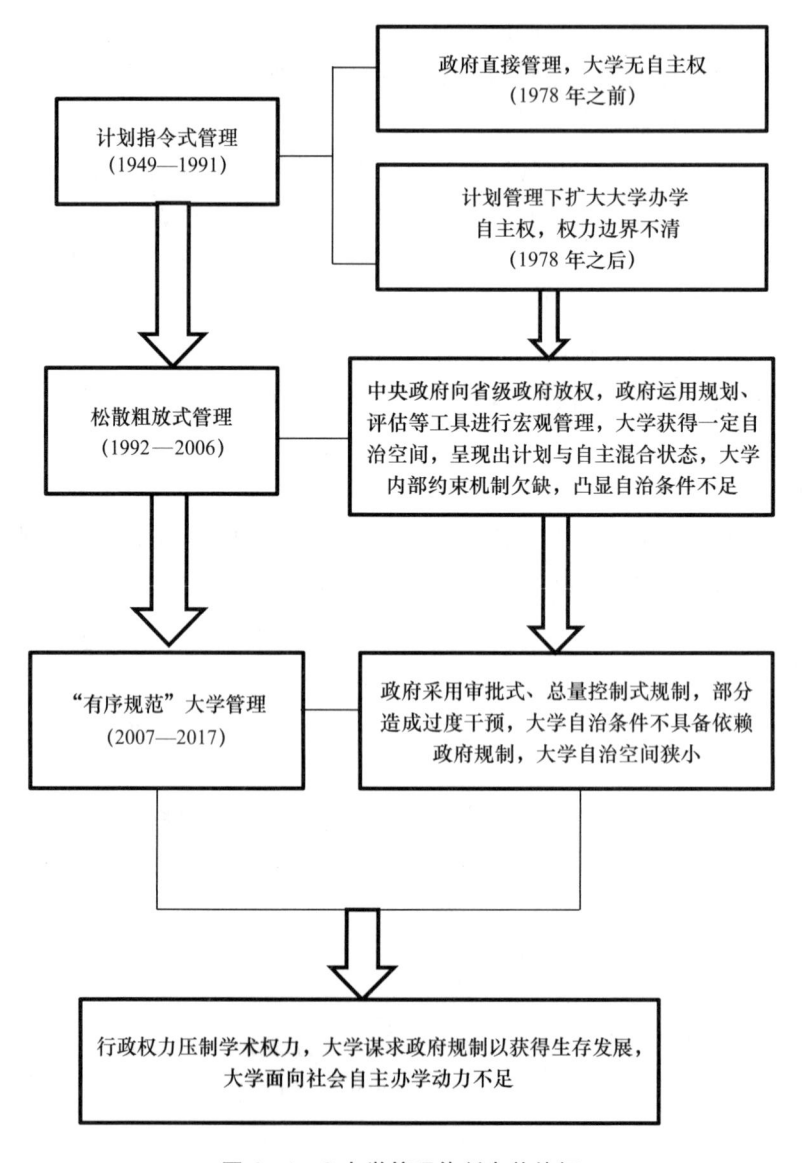

计划指令式管理（1949—1991）
— 政府直接管理，大学无自主权（1978年之前）
— 计划管理下扩大大学办学自主权，权力边界不清（1978年之后）

松散粗放式管理（1992—2006）
— 中央政府向省级政府放权，政府运用规划、评估等工具进行宏观管理，大学获得一定自治空间，呈现出计划与自主混合状态，大学内部约束机制欠缺，凸显自治条件不足

"有序规范"大学管理（2007—2017）
— 政府采用审批式、总量控制式规制，部分造成过度干预，大学自治条件不具备依赖政府规制，大学自治空间狭小

行政权力压制学术权力，大学谋求政府规制以获得生存发展，大学面向社会自主办学动力不足

图6-1 S大学管理体制变革特征

1. 政府规制促使大学构建内部管理制度

已有研究认为政府的规制束缚了大学办学活力，个案研究发现政府规制在促进大学内部财务管理规范、大学招生规范、人员准入规范、教学规范等方面起到了积极作用。从S大学三个阶段的管理体制变革分析中，可以看出大学内部管理制度的构建基本是在政府有关部门的规制之下来完成。比如，就教育部对大学的质量评估而言，合格评估和水平评估两种形式都是由教育主管部门设置指标，大学对标管理。按指标进行管理虽然在自主权上缺乏，但对于像S大学这种还处于逐步规范办学的省属大学群体，实际上促使大学以此来完善内部教学管理制度。财政厅和教育厅等部门对大学财务的规范，给大学内部财务管理制度产生一种拉力，推动大学建立内部财务管理制度。然而这种内部管理制度的建立，并不能脱离政府规制的框架。而在政府没有执行强制规范时候，出于打"擦边球"等心理，大学并没有建立内部控制制度。

从另一层面而言，在大学内部缺乏一套完整的控制制度，而政府规制又处于缺位状态时，这时候出现大学内部管理的混乱。第二阶段松散管理时期表现明显，比如财务管理上，大学从市场疯狂融资而无力偿还，带来大学内部财务管理混乱。在大学开始参与招生时，大学采用的手段通过请示汇报来追加指标，在控制分数线上的自由录取演化为"寻租"行为。吉本斯（Michael Gibbons）在对知识经济的研究中，指出知识已经不是传统的线性发展模式，而是更具弥散性，呈现出"知识生产模式2"特征。在"知识生产模式2"中，对于大学来讲，重要的不在于研究是否能够积累以学科为基础的知识，而是在于能不能对社会发展起到作用。[1] 随着高等教育低回报率以及高级知识分子的失业，文凭主义的高涨，在这种趋势下，政府在专业设置上引导大学办契合社会需求的专业，鼓励大学与产业和劳动力市场建立紧密联系。大学给予了面向市场来办专业的空间，但是要真正面向市场

---

① [美]菲利普·阿特巴赫：《全球高等教育趋势——追踪学术革命轨迹》，姜有国等译校，上海交通大学出版社2010年版，第266页。

办专业，必须进行市场调研，具备行业性老师等条件。S 大学案例显示，教师们既无动力，学校内部也没有进行制度性的安排，而只有要应对教育主管部门的专业评估时，才开始做一些形式上的调研和数据整理，实际上并没有起到多大作用。由此可见，政府的规制不可缺乏，政府还不能完全退出大学管理，在大学内部发生冲突时充当"上诉法庭"作用，而非扮演全能政府角色。[1]

从 S 大学的个案分析中，清晰的显示大学内部管理体制，以及大学与外部社会的联系几乎都是在政府规制下的行动结果，而非大学的理性自觉。从 S 大学三个主要管理变革的阶段分析中，可以看出 S 大学每一次内部管理的制度规范都不是自身的理性自觉，而是在政府规制下，也就是在政府的政策要求之下，以及政府采用的评估验收手段之下形成的内部规范。比如，学术委员会人员的构成，在政府没有强制性规定之前，大学自身并没有构建内部规范的动力。然而这种混乱的行为与大学组织本身的多重属性，多重学理逻辑相关。从公共部门的角度，一旦政府没有加以规范，则公共部门可能会出现寻租、内部预算不严谨等行为。在规范的意义上，政府的规制具有了规则的操作意义，在构建大学内部治理的规范时起到一定的积极作用。

2. 政府过度规制难以激发大学活力

计划经济时代政府对大学的直接管理，其存在条件是大学规模小，入学率低。而在计划体制被打破，市场作为资源配置方式引入时，政府按照计划的手段来管理大学客观上体现为效率不高。1978 年之后，大学被赋予教学和科研双重功能。政府直接管理下，政府在减少财政投入时，加大了竞争性财政拨款，但是这种竞争性的拨款却不是在市场的环境下透明公开的竞争，而是体现出政府权威的官僚特性的倾向性拨款。同时，项目繁多，这迫使大学疲于应付，使得大学没有自我定位来发展的制度环境。这种体制最大的弊端，大学服务社会的效率低。管理体制最终价值取向是要激活大学的内部创造力，这

---

[1] ［英］鲍勃·杰索普：《治理与元治理：必要的反思性、必要的多样性和必要的反讽性》，程浩译，《外国理论动态》2014 年第 5 期。

种体制更多驱使大学迎合上级主管部门，以此来获得更多的资源。由此一来，大学整体自治缺乏，大学尚未形成能够自主发展的对社会负责的行为主体，大学行为更多是在政府规制下的结果。

政府规制多以行政命令，缺乏能够充分调动大学积极主动性的长效的竞争机制。政府过度规制在组织目标上，表现为由政府来设置价值目标。政府从提高效率的原则出发，呈现出同质化特征。而大学又必须接受政府规制，来获取资源以及通过政府的审批、评估时，必然都会朝政府设置的目标来设定组织目标。由此一来，中国大学呈现出同质化倾向，多共性少个性。而大学本身的历史积淀、所处社会环境、自身条件都不相同，却要追寻同一的目标，在整体上体现出办学效益偏低，个性不彰显。

政府规制在一定程度上发挥了作用，但这种强规制关系仍然不是最优的选择，在某些方面而言，比如招生计划审批，对大学的生存起到保障作用，可以使得大学免受激烈的市场竞争。虽然大学在一定程度上并不反对，然而这样与面向社会自主办学是相偏离的，并没有真正促使大学面向社会自主办学。而且对于经费使用方式的规定，以及职称结构控制等规制，与大学作为学术组织的灵活性本身相冲突。政府的强规制关系中，大学与政府之间是一种封闭的关系，大学依赖政府资源分配，那么大学面向社会的积极性不足。政府审批式规制，比如在专业审批方面，因为信息不畅通，政府本身也会出现审批滞后。显然，政府并不能完全地替代社会需求。

计划指令式管理时期，政府部门直接参与大学管理，全面干预大学办学。经历一段放权的过渡时期，现阶段则以"有序规范"名义，严格限制大学自主权。大学领导干部匹配党政管理部门行政级别，从财务管理到人事审批都被纳入国家的行政体制。比如财务上实行国库集中支付制度，实行严格的行政审批。

政府强规制虽然能保障重大公共需求，但很难激发活力和行动效率，造成大学趋同现象，实际上无法满足多样化的社会需求，整体而言是效率低下。大学是由学科和专业组成的矩阵组织，政府虽然处于权力中心但对社会需求与大学能否提供的供给能力方面缺乏信息，这种信息不对称影响决策效率。而掌握了信息的大学则处于服从和执行的地位，也会使得制度变革的效率打折扣。克拉克·克尔（Clark Kerr）认为高等教育治理问题如此复杂，而一旦权力变成由单一集团，不管是金钱集团还是投票者，都会导致校园分裂，而一旦分裂将很难整合。① 集中管理的机构可能会面临官样文章（red-tape）的危机。在 S 大学的"有序规范"阶段，往往依靠政府的红头文件来解决内部的管理问题。

3. 大学组织多重特性与科层管理的冲突

从组织类型来进行分析，省属公办大学具有多重身份。伯顿·克拉克（Burton Clark）在对高等教育进行组织分析中，概括出大学是以知识生产为特征的学术组织，控制高深知识和方法的场所。② 而对于知识生产的管理服从学术权威，从而产生学术权力。"知识生产模式 2"的研究显示，大学管理又不仅仅局限于学术权威，社会利益相关者参与将会是实现大学管理的一种途径，这与中国大学面向社会自主办学的政策导向如出一辙。学界对学术组织特征形成了普遍共识，表现为松散联盟的特征，比如韦克（Weick）把教育组织定位为松散的联盟（loosely couple systems）。③ 研究者提出大学自治实际上局限在对学术自治上，学术组织特点与自上而下的科层行政管理的运作机制不同，学术组织尽量减少繁文缛节和规章制度来给予学者自由发挥想象力和创造力的空间，以便于学者来独立思考。以此形成大学既是最保守，又是最能促进社会变革的机构。

大学的作用局限于传播知识时，一般大学的内部事务不需要政府的干预。学者之间具有共同的文化信仰，为追求知识和真理服务。在管理上面，趋向于社团模式。按照学术组织的特点，一门门的知识构

---

① Clark Kerr, "Governance and Functions", *The Embattled University*, Vol. 99, No. 1, 1970, pp. 18 – 121.

② ［美］伯顿·克拉克：《高等教育新论——多学科的研究》，王承绪等译，浙江教育出版社 1987 年版，第 128 页。

③ Karl E. Weick, "Educational Organizations as Loosely Coupled Systems", *Administrative Science Quarterly*, Vol. 21, No. 1, pp. 1 – 19.

成学科，而专业则是对应的社会职业，那么大学如何进行学科专业管理就凸显出了复杂性。再加上"知识生产模式2"的研究，知识具有弥散性，那么社会利益相关者也需要参与管理其中。在这层面上而言，大学即使在学术管理上完全地自治也是不可能，但是又必须给予大学学术权力作为保证知识生产的动力机制。

既然大学是一个公共机构，那么大学服务于公共利益，服务于学生和劳动力市场以及外部利益相关者的需求。如果大学完全由学者自我管理，那么就会存在公共机构的私人化，大学的所有权从主要的顾客转移到教师控制。[①] 如果大学在政府的宽松的实质性控制和严格的程序控制下，集中体现大学的服务社会功能，而不只是追求真理时，这种模式更为有效。比如在18世纪法国大学的管理为法国培养了工业所需劳动力服务。德国管理体制政府注重通过竞争的机制，以及教授职位的评定来发展和创造新的学科，从而有利于科学发展。但是，往往这种状态很难维持，因为学者往往关注学科知识本身，而对社会需求很少关注。政府在放松对大学的规制时，大学往往不能很好体现出社会绩效。

因大学以传递与创造高深学问为己任，保障学术权力成了高等教育管理的逻辑起点，行政权力向学术权力倾斜。在大学内部，基本分为三个等级，学校、学部或者学院、系或者讲座，构成自上而下的权力体系。学术权力，不同于制度化的权力，属于一种权威。由学术活动本身内在逻辑决定，具有合理化，不以严格的制度为依托，同样存在等级制。严格的等级管理，在机构运行良好时，便于提高管理的效率。不足是学术权力偏弱，教授在决策中权威受到忽视，权力呈现倒金字塔形结构，基层的自主权削弱。有活力和创造力的大学必定强化中央管理层的作用，构建强大的管理中心，强化校长首席执行官作用。激化学术的活力当然需要彰显学者的学术管理权力，大学由学科和专业构成的矩阵特征表明，学者忠于自己的学科胜过忠于大学组

---

① World Bank, *Constructing Knowledge Societies: New Challenges for Tertiary Education*, Washington DC: World Bank, 2002, p. 62.

织，同样，学者对于所属的院系的归属感胜过于整个大学。中国大学缺乏的是学者的制度化的权力，单个著名学者的影响力是存在的。而教授的信息优势集中在学术事务方面，比如课程设置、学位评定等，但是当学者的个人利益与组织目标相冲突时，学者的信息优势就会丧失。于是在资源分配、人员聘任、院系发展的优先权方面需要学者给予咨询和参考，不适宜决策。学者所构成的二级单位院系应该给予更大的自治权，从放权的角度而言，大学上层管理者应向基层单位分权。院系享有充分的自主权，包括院系在教师聘任、课程设置、学位评定、资源分配等方面拥有一定的自由裁量权。

从七个维度的分析中，清晰地显示出政府的全面干预，限制大学的办学自主权。"有序规范"和照章办事塑造了大学外部行政化延伸至大学内部，造成内部管理行政化。政府过度规制，造成一个弊端是行政色彩浓烈。表现两个方面，其一是大学外部管理行政化，其二是内部管理行政化，总结下来则是行政权力压制学术权力。因此作为学术组织的大学与政府的科层规制发生冲突。

4. 政府各部门多重管理难以协调

大学规模的扩大，政府在不能相应地增加财政投入时，改变了管理策略，把部分决策权给予大学。这时候，政府的规制或多或少带来必然的转型或者重塑。政府从一个控制者或者是监督者的角色，更多朝向协调者或者是裁判员。并且对大学进行统一管理，在遥远的空间上而言，也体现出力不从心。这时中央政府部门卸下部分责任，把财政和协调责任授予区域政府，比如中央政府向省级政府放权。从 S 大学的个案分析中，显示出 S 大学主要受到省级政府管理，同时也要接受中央政府部门的总规范。

马克斯·韦伯认为理想官僚的定义包括权力的等级，其中身居高位的人将会行使更多的组织权力。官僚管理模式的特点是，官僚把组织分割成为部门进行管理。通过制定规章制度，以命令的等级形式来规范组织人员的行动，在制定政策方面体现出高度独裁。默顿（Merton）等研究指出官僚模式下的规章制度可以在最低程度上确保完成组织目标，但是很难超越组织的目标，因为每个部门人员基本是忠于自己的部门。① 行政权力对应"科层化"特征，韦伯把科层化的权力界定为法定的权力，保证行动目标的效率化，对应严格的等级制度，科层化的权力又称之为"制度化"的权力。政府各部门都对大学进行规制，其目的都是保证大学实现办学目标。各部门都认为是在对大学进行"有序规范"管理，并且各部门在改变对大学的规制工具，以及放松对大学规制时并不一致。显然，各部门都拥有对大学的控制权，而且这种控制权又难以协调，以致大学受到多头管理。比如在计划指令式管理中，编制部门、人事部门、教育行政部门因分工不明确而相互推诿，造成管理的滞后和效率低下。在现阶段，财政部门采用生均拨款，由此一来人员编制与经费不挂钩，但是编制部门、人事部门以及组织部门都要对大学加以管理。并且其他的部门也通过隐性的控制来加以影响，已达到实现对公共事务管理的目标。

每个部门都有自己的逻辑，组织部门的逻辑把大学作为行政部门，保证领导干部符合政治选拔的要求。编制部门则把大学纳入国家编制的总量控制，防止机构膨胀。因此各部门在没有取得协调时，教育主管部门即使给予大学自主办专业、自主发展学科的空间也无法真正实现。从意识形态语境上，大学必须回应外部政治环境需求，因此政府在对课程价值的规制上具有合理性。国家也具有控制某种职业的手段，比如学科专业的审批。

政府行政权威塑造大学内部行政权威，从而压制学术权威的作用发挥。政府部门管理大学的逻辑与政府对各行政机关管理的规律一致，并且通过各种政府部门来对大学进行管理。教育部作为国家层面的教育行政机构，省属大学实行以省级政府为主的管理。省级层面的政府各部门，比如财政厅、人事部门、教育厅、编制部门、发展和改革委员会、宣传部等等都要对大学进行规制。省属大学依然受到国家层面的政府规制，比如中宣部、财政部、教育部、发展和改革委员会等部门。虽然行政审批制度不断改革，放低审批层级，取消部分审批

---

① Merton and K. Robert, "Bureaucratic Structure and Personality", *Social Force*, Vol. 18, No. 4, 1940, pp. 560–568.

项目，但是这种自上而下的行政化管理并没有根本改变。即使作为公共部门，需要接受政府的管理。然而组织交易成本理论已经显示出过度的政府干预会造成过高的行政成本。而在实际的个案研究中发现，现实的逻辑与理论逻辑相偏离。

第二节 政府与大学规制关系理论回应

政府与大学的关系，研究者从规制与自治的角度提炼出了诸种理论，下面将结合个案研究发现，对相关文献进行理论回应，并深入讨论政府与大学规制关系。

一 政府规制理论

在文献综述中，了解到经济学家对政府规制效果、合理依据、规制工具等进行了系统的研究。施蒂格勒（George J. Stigler）得出的观点是产业集团希望得到政府的规制，因为政府具有了资源分配的强制力，可以通过强制手段给予某些产业集团利益，使得产业界免受竞争之苦。在个案的研究中发现，政府的规制在一定程度上也起到了保护大学免受激烈市场竞争的作用，比如在对招生计划的总量控制中，实际上起到对于大学生存的保障作用。在这一层面上，施蒂格勒的政府规制理论可以运用到大学管理中。然而在中国的语境下，并不符合施蒂格勒认为的产业界以选票支持等利益交换来回报政府的观点。

对于省属本科群体而言，政府的规制采用科层管理模式，具有统一性，至少在同一省份，同一层次的大学规制都是相同的。因为政府具有了资源分配的强制权力，而大学通过其他渠道，诸如市场获得资源的能力薄弱，形成对政府资源的路径依赖逻辑。研究者集中批评政府规制束缚了大学发展，而在个案的研究中表明，政府规制并非全都在束缚大学发展。比如政府对大学财务的预算审批，虽然被喻为"别扭的预算"，而在实际操作中，则强化了内部预算刚性执行原则，以及内部预算的严谨性，减少随意签批行为。于是，政府对省属本科的规制显得异常复杂，既有大学自身愿意接受的成分，

第六章　讨论：政府与大学规制关系

也有过度规制的成分。

布雷耶在对政府规制的正当依据研究中提出，规制出现不匹配时就需要更改规制工具。对于竞争性产业而言，放松规制比强化规制效果会更好。因为政府规制基本都是一刀切的、统一的规范。中国政府提出简政放权，是因为计划经济时代的指令和强制禁止、规定等规制工具，已经不适应社会经济体制转型之下的大学发展，指令和规定束缚了社会对人才培养的多样性需求，不利于大学办出活力。在此情况下，政府本身提出放松规制。诚如研究者提出的引入竞争机制比政府规制将会更有效率，并且从历史的演进中可以看出，政府都在放松规制，引入市场竞争，政府充当协调者的角色。个案研究发现，中国省属大学仍然处于政府的审批式、总量控制式的强制规制中，这种规制工具就体现为准入控制、制定标准、强制禁止等。目前大学之间的竞争主要是围绕政府资源的竞争，比如项目申报，而并非围绕市场来竞争，由此，政府的规制工具仍然需要变革。然而如何来测量政府规制的效果，则因为教育产品本身的复杂性，使得测量具有很大的难度，还局限在对政府这种规制束缚的经验性认识层面。因此，放松规制、扩大大学办学自主权也一直是国家不断深化改革的重点。

大学受到政府的规制来自于不同的部门，不仅仅是教育主管部门，对于省属本科而言，受到财政厅、教育厅、编办、人社厅、发改委等部门的规制，而各部门都把握有分管的控制权，比如财政权、人事权、各种项目的审批权等等。各部门之间都对大学加以规制，使得政府放松规制的过程变得异常复杂。首先各部门都出于规范的重要性对大学进行规制，以至于在放松规制的过程中各部门之间不能保持同一性。在各部门政策没有统一情况下，大学受到多头管理。比如人社厅下放了职称评审的权力，而编制部门却并没有放松对职称结构的控制。相对S大学而言，职称结构基本趋于饱和，职称评审的权力实际上不能发挥出很好的作用。由此可见，人社厅与编办的放松规制是不统一的，以至于人社厅放松规制并未起到实质性作用。编办控编的目的，仍然沿袭编制和职称相关的经费挂钩的规制模式，从经费的角度加以控制。而财政拨款已经发生了变化，生均拨款与教师的职称并无关联。所以，各部门之间放权并不统一。

政府各部门对大学的规制中，实际上存在相互制约，目的都是为了"有序规范"。比如，编制部门控制了机构设置的总数，但是像教育厅等部门却对大学机构设置产生隐性控制，诸如红头文件、舆论引导等方式。编办的目的是防止大学机构膨胀，然而编办无权来干涉教育厅给大学下发红头文件，编办规范的办法就以控制机构总量来达到制约作用。在项目审批过程中，教育主管部门即教育厅希望能够放松对大学的规制，比如简化审批的程序，但是财政厅出于资金安全考虑不会按照教育厅的意愿行事。

即使是同一部门，对大学放松规制也存在政策的不一致。对大学规制的部门显然是拥有许多特权，因为规制权是一种稀缺资源。规制权存在寻租空间，拥有规制权的部门不会轻易放弃。财政部门在财政拨款发生变化时，防止经费偏向人员经费而忽略教育教学，则设定绩效工资总量。又比如，财政厅要求当年财政经费当年用完，而财政经费下拨往往安排在下半年，造成财政经费用不完的假象。个案研究中发现，政府部门对大学的规制多重而又复杂。放松规制若只是某一部门的单一行为，则扩大大学办学自主权不会有明显的改变。

二　规制关系变化

首先对已有理论再进行一些简单的梳理，虽然在文献综述部分已经做了简要介绍，这里有必要重新梳理以便形成回应。政府与大学管理关系存在两种价值取向，完全自治还是规制式自治，不论是哪种取向都在阐明大学具有自治权。完全自治前提是国家作为大学的保护者，这种自治以国家提供物质条件，而又对大学不加以任何干涉为这种前提则以大学自觉追求真理的理性行动者为基础。即便如此，大学对真理的追求并不能满足社会对于大学的期望，因此大学涉及广泛的利益相关者，政府成为最为主要的外部利益相关者。由此一来，大学完全的自治并不存在。但是国家并没有直接介入大学的管理，而是大学从以行会自治的形式自己制定行业规则，内部成员共同遵守，转变成为能够建立起与社会各种利益相关者的协调,主动融入对于国家和社会的责任,把外部利益相关者的需求作为大学内部决策依据的更高程度的自治。

由此产生政府与大学之间种种规制关系理论。经常被提及的是伯顿·克拉克的政府、大学、市场三角形关系模型,这种模型中政府与大学之间处于一种协调关系。这种关系强调大学自身组织松散联盟的特点,高等教育太过于复杂和专业,政府看似有序的科层管理反而会造成大学管理的无序,因此政府对大学的规制从科层指令的模式转变成为协调方式,大学是自治的主体。英国历史学家 H. 帕金(H. Parkin)教授曾描述政府与大学的关系,"当大学最自由时,它最缺乏资源;当它拥有最多资源时,却最不自由"[1]。三角形模型说明,在政府与大学的两极中,还要引入市场,大学能够面向社会来获取资源,才不至于大学形成对政府资源的路径依赖,也就形成了政府作为协调者的基础。三角形关系中只讲到三者之间的关系,而没有阐释这种三角关系形成的条件,而本研究对此作了进一步的理解,认为三角形协调关系,建立在大学自身满足一定的自治条件时才会成立。因此,三角形协调关系并不适用于中国大学,因为大学自治条件缺乏,再加上一个并不充分的市场,仅仅形成了政府与大学之间的两极关系。三角形模型中必须要具备大学向市场获取资源的条件,政府的协调作用才能发挥。

在市场转型下,政府与大学之间形成互动关系,政府并非完全退出,而是以参与者的身份与大学进行互动。那么本书在研究中发现,政府放权给大学,给予大学诸如面向市场筹资的空间,面向市场来引进高层次人才的空间,此时政府退出,没有为防止市场失灵而进行规制。因此互动关系中,政府仅仅放松规制,不足以构建大学面向社会自主办学,还需要政府参与互动,需要政府培育自治条件,否则政府与大学之间的互动关系无法形成。

---

[1] [美]伯顿·克拉克:《高等教育新论——多学科的研究》,王承绪等译,浙江教育出版社1988年版,第24页。

政府与大学之间的委托—代理关系,同样在说明通过政府激励措施的设计,来构建大学契约式自治。那么这种理论关系存在有一个前提,即大学是自治的主体。在这种关系中,政府的规制工具变为激励,委托—代理关系才成为可能。通过研究发现,政府单方面放权仍然不够,同样需要培育自治条件,在自治条件成立的情况下,才有可能通过激励措施构建委托—代理关系。

种种理论都表明政府对大学的规制始终存在,只是这种规制并非指令式的强制规制。政府并未直接管理大学,而是通过政策驱动的方式引导大学实现服务社会目标,政府并不以行政手段或者官僚控制方式依靠指令全面干预大学管理,包括审批或者规定等形式。相反,政府采用协调、互动、财政刺激等方式对大学实行一种行业性规范,大学自身制定内部规则在行业规范和法律准则下自我管理。正如制度经济学家的观点,政府的责任仅仅根据经济发展规律,建立具有激励作用和遵循公平原则的经济规则,而不是告诉"经济人"怎么行动。大学作为一个资源依赖型组织,随着政府资源分配能力的增强,必定要接受政府的规制。同时,从现代教育服务社会服务国家的特点而言,大学也必须主动地接受政府的规制。那么这种规制的目的都是要促进大学面向社会来自主办学,因此前提是大学自己做出决策,并非由政府替代做出决策。

有研究者把政府对大学的强制规范称为"强规制",把政府放松规制称为"弱规制"。那么上述理论都在指向政府弱规制状态,政府采用协调、互动、激励等方式来实现对大学的管理。而中国的现实中,政府扮演着资源的分配者和规则制定者的角色。本书研究表明,上述种种诸如协调关系、互动关系、委托—代理关系都不符合中国省属本科高校管理现状,中国的现实呈现出政府"强规制"状态。

已有研究得出一致的结论,大学管理体制变革的内在逻辑集中在政府的作用变化上,研究者注意到政府是形塑管理体制的推动力量。已有研究提出管理体制与中华人民共和国成立头17年无实质性改变,以及"高等教育是计划经济的最后一个堡垒"等的观点,研究者站在政府的层面对政府的规制进行研究,可总结为三种评价:一是政府不愿放权;二是政府放权不彻底;三是政府放权但又收回。因而,国家权力仍然占据主导地位,只是强规制的方式发生了变化。国家与大学之间从计划经济时代的行政隶属关系,转变到现在名义上是业务指导关系,实质上仍然是上下级领导关系。

本书认为,这仅仅符合计划经济时代政府规制大学的特点,这一时期呈现出政府高度主导,甚至采用直接管理的方式。政府被称为具有统制型绝对权威,这是谢庆奎对政府垄断管理公共事务的特征进行的描述,即以行政手段来达到对公共事务的强制干预。[①] 计划经济时代政府集中了收入再分配的优势,大学管理通过政府的计划实现。而在计划经济向社会主义市场经济转型过程中,政府无法实现集中收入再分配的优点时,包揽大学事务已经无法适应社会发展需求时,政府自身提出简政放权,落实和扩大大学的办学自主权,并且在《中华人民共和国高等教育法》中明确大学的七项办学自主权。也就是说放松对大学的规制,改变对大学的规制工具。那么在放权的过程中,政策逻辑与现实逻辑之间出现偏离,使得省属本科的管理异常复杂。

三 规制与自治的平衡

政府规制目的以及政府放松规制的价值取向,都是促进大学面向社会自主办学。正如布鲁贝克(John S. Brubacher)所说的,高等教育越来越卷入社会事务,那么就更有必要以政治的立场来观察。[②] 虽然大学自治不可避免受到限制,然而政府完全的控制也不可能。正如雅斯贝斯(Karl Jaspers)曾指出,学院应该清醒地认识到,既然国家能够轻易地获得对大学的最高控制权,那么只要国家愿意甚至会毁掉大学。[③]

无论是历史的演进还是个案的研究,以及种种理论的阐释,都

[①] 谢庆奎:《论政府发展的目标与途径》,《新华文摘》2002年第11期。
[②] John S. Brubacher, *On the Philosophy of Higher Education*, Lodon: Jossey-Bass, 1982, p. 30.
[③] Karl Jaspers, *The Idea of the University*, Boston: Beacon Press, 1959, p. 123.

在说明政府的规制将始终存在,只是规制的工具发生了变化。因为国家对大学的作用始终存在,国家具有资源分配的强制权力。显然,研究者集中指出了政府强规制的弊端,概括起来就是大学办学呈现出"千人一面、千校一面"。那么就是说,政府的规制与大学本身的多样性之间存在矛盾。政府的强规制,采用的手段就是科层模式,虽然科层体制一直没有变化,在科层体制之下的规制工具却发生了变化。比如从指令,政府规定大学怎么做,政府来决策,就转变成了审批,由大学自己决定怎么做,政府作为准入的批准人。从规制的效果而言,研究者集中批评的是大学面向社会自主办学的效益低。这从个案研究,以及历史的演进趋势中都得出了经验性的认识。因为,政府的规制在一定程度上反而是保护大学免受激烈的市场竞争,那么此时,研究者都认为规制需要改变,引入市场将会更加有效率。

大学从诞生之日起,就承担了探究高深知识的重任,源于社会对知识的渴求。因此大学完全自治仅仅只是一种理想的图示,大学一开始就不是"象牙塔"。当国家意识到大学的作用时,把大学纳入政府部门的规制之中。比如19世纪的德国大学就具有双重身份,国家机构与独立法人并存。目的是把大学作为实现国家目标的工具,发挥大学的功用,培养现代化需求的各种专业人才和国家公务员。中国的现实,在计划经济时代,大学被纳入政府的统一管理,大学成为人才的"加工厂"。在市场转型之下,大学出现人才培养之间的种种不适应,说明政府规制出现不匹配,政府才开始放松规制。在大学出现与社会脱节,或者在政府的规制下大学出现僵化时,政府都在放松规制。比如德国模仿美国大学管理,引入外行董事会和市场竞争。而像美国这种大学一开始就摆脱了国家控制的国家,至今仍没有一所国家大学。政府意识到大学对社会经济的作用,也纷纷加大对于大学的协调,采用激励市场竞争的方式参与大学与市场之间的互动。随着办学成本的加大,大学本身也极其依靠政府资源,遵守政府的规制。

那么,就需要找到一个政府规制与大学自治的平衡点,任何两极都不具有合理性。尼夫认为大学自治表现为"语境地和政治地"。①也就是说不存在完全的自治，而完全的规制同样会毁掉大学自由探索的精神。政府规制是因为政府具有资源分配的强制力，政府可以通过税收的形式来再分配资源，因此政府天然具有规制大学的条件。而大学自治同样需要条件，大学是一个资源依赖型组织。资源依赖理论告诉我们，组织生存对于组织来讲是至关重要的，而组织生存必须寻求自身不能生产的必备资源。②那么组织必定会对掌握了核心资源的组织进行回应，组织必须与所依赖的环境因素产生互动。而要产生互动，组织必须提高自治和谋利的策略。那么在这个回应当中就产生了控制与权力的关系。组织为了确保生存，将从外在限制中获得尽可能多的自主权。这种权力用来对掌握了核心资源的组织作出回应。这也符合资源依赖理论集大成者菲佛（Jeffrey Pfeffer）和萨兰基克（Gerald R. Salancik）提出的中心假设。基于S大学案例研究表明，因为综合实力以及社会影响力不够，面向社会获取资源极其有限，目前掌握大学核心资源的是政府。大学依赖政府拨款和学费收入获得生存，因为学费依靠政府定价，并且招生指标由政府划定，仍然可以认为大学的核心资源都是依靠政府，那么在只有政府提供资源时，大学就主要回应政府，很少面向社会需求，来回应其他社会利益相关者。

那么大学只有能够从其他的外部组织中获取关键性资源，或者能够依靠自身定价，争夺学生市场时，大学才能具备回应外部利益相关者的自治条件。也就是说呈现出政府之外的社会其他力量的资源供给模式时，规制与自治之间的平衡才会有可能。学术资本主义的观点告诉我们大学可以通过科研成果的转化等形式，把学术能力转化成资本。而对于省属本科在不具有较强学术资本转化能力时，只有通过聚

---

① G. Neave, "The Cultivation of Quality, Efficiency and Enterprise: An Overview of Recent Trends in Higher Education in Western Europe, 1986 – 1988", *European Journal of Education*, Vol. 23, No. 1 – 2, 1998, pp. 7 – 23.

② F. Gerald, J. Davis and Adam Cobb, "Resource Dependence Theory: Past and Future", *Research in the Sociology of Organizations*, Vol. 28, 2010, pp. 21 – 42.

焦学生市场的形式或者与产业联盟形式获取资源。那么学生市场就需要能够有一个市场定价的空间，或者政府资源的投入方式发生转变，通过学生市场来投放，或者以刺激产业联盟来投放，改变政府资源单一的依赖模式，才有可能创造能够面向社会获取资源的自治条件。因此，具有多元筹资渠道，不仅仅只是依赖政府资源，大学才有可能实现与规制之间的平衡。

根据尼夫的自治理论，大学自治的决策主体不再局限于内部成员，外部利益相关者也参与决策，这种决策模式典型地体现在外行董事会管理体制当中。而基于S大学案例研究，决策几乎都需要政府的审批或者指导。可以认为，仅仅政府参与大学的决策，而其他社会利益相关者没有参与到大学的决策之中，这也就说明了大学缺乏面向社会自主办学的机会。政府之外的其他利益相关者缺乏参与决策的渠道，也就无法建立平衡。因此，要达到平衡，需要具备能够反映外部利益相关者参与决策的渠道，而不仅仅只是政府的审批或指导。

再回到大学组织的特点，大学就是学科和专业构成的矩阵，大学组织具有松散联盟的特点。[①] 从大学组织特点来看，有组织的无政府状态中的"垃圾箱"决策，更能充分利用信息优势。而从S大学案例研究表明，政府采用审批式和总量控制式进行管理，目前"一刀切"的行政管理模式与大学组织特点相冲突，具有明显的制度趋同性。在这种自上而下的科层模式下，政府认为是给大学带来"有序规范"，矫正大学的失范行为，强化大学的内部制度规则，而在实际中大学本身并未有建立一套基于学术权力和行政权力相协调的内部管理制度，而造成行政思维贯穿于整个管理。正因为缺乏内部完善的控制制度，造成内部在诸如财务管理、机构设置等等的失范。大学不具有能够实现内部自我控制的完善管理制度，平衡同样无法确立。

---

① [美]伯顿·克拉克：《高等教育新论：多学科的观点》，王承绪等译，浙江教育出版社1998年版，第107页。

第六章 讨论：政府与大学规制关系

本章小结

　　大学管理体制不仅仅是大学本身的问题，而且是大学从社团逐渐演化成为一个专业团体，以及"社会轴心机构"在社会中的规制问题。因此管理体制变革包含了大学本身、民族国家以及社会的需求。对西方大学而言，大学从中世纪的"行会自治"管理模式，经历了国家科层管制下的教授治校，转变成了政府监督下的机构自治模式。大学自治经历了不同的变体，始终以一定的方式存在于大学管理之中。"行会自治"体现为社团联合管理，教授治校实际上限定在以教授为主体的学者对学术事务管理，也即是以"学术自治""学术自由"的方式展现。机构自治模式中大学的自治程度提高，大学内部管理作用上升，学者仅仅起到咨询作用。这一进程说明，大学完全的自治不存在，政府规制始终在起作用，大学由行会式的自治过渡到规制性治理，大学应对政府和社会的双重绩效。也说明了政府规制与大学自治本身并不矛盾，大学主动接受政府的规范。而对S大学的个案分析中，展示出政府从对大学全面干预的计划指令式管理过渡到现阶段的"有序规范"管理。政府的规制促进了大学内部管理制度的构建，然而政府过度规制难以激化大学办学活力。大学组织具有多重属性，既是学术组织又是公共管理部门，大学这种多重组织特性本身与政府自上而下的科层管理产生冲突。并且政府多部门之间本身难以协调，造成大学受到多头管理。呈现出管理效率低下，个性不足。体现为行政权力压制学术权力，大学自治空间狭小。

　　S大学个案发现，出于资源依赖逻辑，大学具有谋求政府规制的成分。然而政府部门以"有序规范"为目的，对大学的规制多重而又复杂，使得扩大大学办学自主权没有明显改变。现有三角形模型理论、互动关系理论以及委托—代理理论，都不适合中国现实，因为中国大学尚未成为决策的主体，不具备相当的自治条件。中国的现实呈现出"强规制"状态，现实逻辑与政策逻辑相偏离。基于大学作为松散联盟的学术组织特点，以及作为公共事务部门的特点，大学需要一定自主管理学术事务的权力，同时又需要回应政府等其他利益相关者的需求，因此需要培育自治条件来达到规制与自治的平衡。

第七章 结论与启示

本书基于省属本科 S 大学的个案研究，采用访谈法和观察法，根据《中华人民共和国高等教育法》赋予大学的七项办学自主权，即财务管理、招生管理、机构与人事管理、学科与专业管理、教学管理、科研管理、对外交流与合作管理七个维度来考察大学管理体制变革。研究源于政府简政放权，扩大大学办学自主权，促使大学面向社会自主办学的政策背景。采用"规制与自治"作为概念分析框架，深入到大学内部管理场景探索政府在放松规制促进大学面向社会自主办学过程中，规制工具的变化，以及大学的自治空间，从而探讨政府与大学规制关系形成的内在逻辑。个案研究发现，目前政府规制呈现出审批式、总量控制式状态，是政府出于"有序规范"而放权不彻底，以及大学行为者本身自治条件不具备或不成熟两者共同作用所致，而并非完全是政府单向度的原因。

第一节 个案研究发现：政府与大学合力

本书基于 S 大学案例研究，认为政府在对大学放松规制的过程中，从计划指令式的规制转变成了目前总量控制式、审批式的规制，政府与大学之间依然呈现出强规制关系。政府对大学规制一直都存在，变化的只是规制工具，由计划经济时代的指令方式，变成了目前的准入控制、制定标准等方式。准入控制包括审批，而制定标准则包括总量计划、评估等方式。形成目前这种规制关系，从政府角度而言，目的是对大学进行"有序规范"。而从大学行动者而言，则源于自治条件不具备或者不成熟。政府规范约束会导致大学管理的强规制局面的出现，但这并不是唯一的原因，大学行为者本身自治条件同样会导致这种管理逻辑，因此大学本身也参与了这种规制方式的生产。自治条件在这里指大学面向社会获取资源的能力和机会，并构建内部管理制度，从而形成具有自我决策能力和权力的理性行为主体。大学本身自治条件不具备，就无法成为理性的制度主体，由此便形成了大学对政府规制的路径依赖。所以本书的研究发现是：当前中国省属本科管理审批式、总量控制式的规制关系是政府以对大学进行"有序规范"需求导致放权不彻底，以及大学行动者本身自治条件不具备或不成熟共同作用的结果，而并非完全是政府单向度原因。

第一，大学自治条件不足反而谋求政府的强制规范

七个维度的管理构成了S大学主要的管理场景，这七个维度相互联系，构成S大学松散联盟的整体。其中财务、机构与人事、招生，构成了管理场景的基础，在此基础上才为学科、专业、科学研究、对外交流与合作统称为学术事务的管理提供保障。而学术事务的管理又是大学在获得资金、设立机构和吸引教师和学生之间的内生动力。因此七个维度互为条件，相互制约。七个维度分析中，S大学从社会获取资源的能力有限，以及本身财力不足，其实就是一种自治条件的欠缺，而自治条件的不具备则影响到大学内部管理制度的健全。七个维度分析显示，在大学自治条件存在缺陷时，大学反而是依赖政府的强制规范，在束缚与依赖之间，大学更倾向于资源和路径依赖。因此，政府在放松规制的过程中，依然使用总量控制、审批式的强制规制工具，政府这种强规制工具合理依据则是在对大学进行"有序规范"，这种"有序规范"部分造成对大学过度干预，以至于与政府简政放权的政策导向偏离。同时，大学自身作为改革的行动者，自治条件不成熟也为政府的"有序规范"提供了合理依据，并且在某些方面呈现出对政府强规制的依赖。因为自治条件不具备，S大学无法真正面向社会自主办学，在面向社会获取资源的通道狭小时，转而依赖政府强规制，以获得生存资源。

从财政管理上显示，S大学这种声誉和影响力一般的大学无力从

政府之外获取生存资源，即使给予大学面向社会筹资的权力，却因为疯狂融资而无力偿还债务。在政府放松规制下，内部财务管理并未有完善而出现混乱，当政府给予稳定拨款时，出于保证资金正确使用的目的，对大学采用审批式规制。招生管理表明，政府从计划分配到计划审批中，曾给予大学参与管理的狭窄空间，演化成为向政府争要指标以及招生录取寻租行为，对于市场吸引力一般的S大学反而寻求教育厅总量计划式规制来保障生存。机构与人事管理上，政府从计划到总量控制，S大学在资金缺乏和社会保障配套滞后的条件下，无力建立人员退出机制，而又给政府以控制机构膨胀和人员膨胀为由的总量控制以及分类结构控制提供了合理性依据。学科、专业管理上实行框架下的审批，S大学无力获取政府以外的资源，转而只能依靠政府的指导框架，以此来获得发展空间。S大学在硬件设备和师资力量双重不足的情况下，面向行业市场办专业成为形式，转而只能依靠政府的审批来把握基本的标准。教学管理从计划到指导，同样在师资和资源的双重不足下很难激发出教师的主体性活力，使得S大学依靠政府的评估规制来规范教学管理。科研管理上依赖政府资金的部分完全照章办事，而在横向项目上依然纳入政府规制，体现出政府的干预过度，同时也因为获取社会资金的横向项目能力不足，转而只能依靠政府的项目投入，接受政府的规制。对外交流与合作管理上实行程序性审批，出于同样的原因，S大学面向社会获取资金的能力不足，只能依赖政府的计划和项目来交流，遵守政府的规则。

第二，政府规制在一定程度上起到对大学内部管理规范作用

政府这种审批式和总量控制式的规制，在某种程度上是大学为了寻求保障、不具备自我规范的条件，共同生产出来的。个案研究发现，政府规制并非完全是一种束缚，在一定程度上起到了对大学内部管理规范作用，诸如政府的审批和评估，对大学本身的资金使用和专业教学管理都起到促进作用。在计划经济时代，政府把大学纳入集中统一管理。在计划经济向市场经济转型时，政府下放部分权力给大学。政府与大学之间是一种单一资源依赖关系，更多是政府的单方行动，政府在质量保障、资金安全、内部规范的合理依据下制定规则，

并且大学本身自治条件不够也为政府规范的依据增加了合理性，在某种程度上使得政府采用这种规制方式。因此，完全的自治并不存在，规制与自治并不矛盾。也由此可以认为，大学在内部治理规范上尚缺乏理性的行动自觉。

第三，政府各部门多重规制造成大学管理无序

虽然大学内部没有建立控制制度以及大学出现管理失范行为，引起政府的"有序规范"的审批式规制。然而政府各部门之间协调沟通不到位，S大学受到教育厅、财政厅、编制管理部门、人力资源和社会保障部门、发展和改革委员会等多部门的规制，导致多头监管，政出多门，多层委托方与单一代理方之间冲突。大学资源的获得仍然是依靠政府的再分配，也强化了大学来迎合政府的要求，以获得资源，由此形成政府与大学之间封闭的回路。与政府放松规制，以促进大学面向社会自主办学政策导向偏离。

政府以科层规制的手段来达到规范有序，并且政府的各部门都有对大学进行规范的自身逻辑，各部门的规制本身可能出现不相容，种种规范实际上会造成无序的状态。S大学的个案分析，已经验证了这一观点，S大学围绕政府，而不是围绕社会其他利益相关者来行动。基于S大学案例分析，S大学呈现出政府单一的资源依赖关系。从目前中国状况来看，政府出资则是由政府来制定规则，必须按政府的审批来开支经费。并且在审批的过程中，政府本身各部门之间缺乏体制的协调，各自为政，相互之间并不采信。政府在资源配置上并不均衡，省属本科以上级指令为行为规范。大学具有向社会获取资源的能力，才有可能实现政府从强制规制转变为协调方式。政府在人员编制以及职称结构上加以严控，而在尚未建立退出机制时，造成人员老化与人才流失并重的困境。教育主管部门的审批和评估以规范的名义促使大学专业建设、教学管理的完善，而在实际上，却并没有形成大学面向市场真正办学的局面，市场因素很难进入到决策之中。而在政府没有改变出钱就一定要做主的思维，并且大学本身无法面向社会筹资的情况下，那么这种政府强规制将会依然存在。政府部门对大学的规制多重而又复杂，在缺乏协调一致时，仅仅是某单一部门的放松规制

并不会明显地改变大学自主权。启示我们在政策层面进一步改革政府规制，改变规制工具，从而激发大学自主面向社会需求办学的活力和能力。

第四，行政思维贯穿于整个大学内部管理导致学术权力式微

大学具有多重组织特性，其中最为本质的特征是大学作为一个知识生产组织，大学通过生产、传播和运用知识来服务社会。个案研究发现，在对学术事务的管理上，比如学科、专业、教学、科研、职称的评聘等依然按照政府相关部门或者是政府部门设立的权威组织，比如教学指导委员会的框架来进行管理。在省属本科层面，即使是组建的学术委员会也是大部分由行政职务的人员组成。大学内部学术权力没有得到彰显，大学内部学术权力的逐步建立，恰恰是在政府相关部门的强制规范之下的结果。

学术权力式微，又反过来无法激发出教师的积极性和创造力。在没有获得制度性认同和权力保障时，教师们并不安心于教书育人。相反，教师们倾向于通过遵守政府各部门制定的规则来获得诸如科研项目、各种量化指标等以此来提升自身价值地位。因此，政府规制形塑了大学的内部管理。个案研究表明，政府规制从计划指令式管理，到逐步放松规制运用规划等方式的宏观管理，演化成为现阶段的审批式、总量控制式的"有序规范"管理，这三种模式依然属于强规制的范畴。这三种模式中，基本运用自上而下的科层行政模式，由政府部门来决策。而为了贯彻落实政府相关部门的决策、指示，大学内部也形成了等级分明的科层管理体制，形成了行政权力压制学术权力的状态。而大学内部学术权力的式微，呈现出大学自治条件不足的悖论，反而给政府部门的"有序规范"提供合理性依据。因此需要进一步调试大学作为学术组织和公共部门的规制方式。

第二节 大学管理体制变革启示：走向规制与自治的平衡

个案研究启示我们大学管理体制变革并非不要政府的规制，政府

的规制在个案研究中起到了促进作用,而是平衡政府规制与大学自主办学之间的关系。政府规制尊重大学作为学术组织的特点,遵循大学自身的办学规律。已有的研究都认为政府的规制束缚了大学办学活力,研究发现政府规制在促进大学内部财务管理规范、大学招生规范、人员准入规范、教学规范、经费使用规范等方面起到了积极作用。但这种强规制关系仍然不是最优的选择,在某些方面而言,比如招生计划审批,对大学的生存起到保障作用,可以使得大学免受激烈的市场竞争。虽然大学在一定程度上并不反对,然而这样与面向社会自主办学是相偏离的,并没有真正促使大学面向社会自主办学。而且对于经费使用方式的规定,以及职称结构控制等规制,与大学作为学术组织的灵活性本身相冲突。政府的强规制关系中,大学与政府之间是一种封闭的关系,大学依赖政府资源分配,而面向社会的积极性却不足。政府审批式规制,比如在专业审批方面,因为信息不畅通,政府本身也会出现审批滞后。显然,政府并不能完全替代社会需求,政府并不能完全代表社会利益相关者的利益。因此需要改变的是政府规制工具,而不是放弃规制。需要政府进一步放松规制,提升大学自治能力,共同推进省属本科真正面向社会自主办学。

一 政府:从规则制定者到协调者

基于案例分析,S大学呈现出政府单一的资源依赖关系,并且政府出资,由政府来制定规则,必须按政府的审批来开支经费。在审批的过程中,政府本身各部门之间缺乏统一,各自为政,相互之间并不采信,造成多头审批。因此仅仅是政府单一部门之间的放松规制并不会取得良好效果,在政府各部门诸如教育厅、财政厅、编制部门、人事部门在没有取得统一协同下,放松规制显得举步维艰。同时,政府各个部门都出于"有序规范"的目的,对大学进行规制,制定相应的规则,而这些规则往往存在冲突。因此,政府在放松对大学规制时,首先要协调好政府各部门之间的关系,政府各部门之间内部达成共识。并且政府部门完善社会保障制度,为大学之间人员的流动退出提供保障,也有助于大学形成良性的人员流动机制。比如在编制问题上，编办部门对总量控制以及结构的控制，使得人事部门放松规制，激活大学用活人、用好人变得很难实现。编制部门对编制进一步放松，比如在职称评审上可以给予大学自己设定结构比例的权力，促使大学自己形成内部控制制度，真正按照学术水平和教学能力而不是按照指标来衡量，由此聘任制的意义才会真正地发挥。

个案研究表明，政府掌握了财政投入大权，而大学又主要从政府获取经费投入时，大学只能依赖政府的路径规制。由此一来，大学在没有经费自由使用决定权时，阻碍其内部发展的优先权，束缚了大学自主办学。那么，借鉴国外的经验，要能够放松这种规制方式，像德国这种完全依靠政府投入的国家，政府从条款式拨款转向整体拨款，增加大学自由裁量权。而像美国则是把资金投放到学生手中，让大学来竞争学生市场。于是，启示我们可以从两个方面来改革政府对大学的财务规制。其一，改善政府对大学资金的规制方式，从严格审批转变为整体绩效问责，增加大学资金使用的自由裁量权。其二，改革政府财政投入模式，政府培育市场，创造大学能够面向社会办学的条件。于是，政府就应改变规则制定者的身份，转变成为通过协调方式，参与大学管理。目前政府在资源配置上呈现出不均衡状态，趋使省属本科大学以上级指令为行为规范。三角形协调模型已经得出大学具有向社会获取资源的能力时，才有可能实现有序的自治。而在政府没有改变出钱就一定要做主的情况下，以及大学本身无法面向社会筹资的情况下，这种政府强规制将会依然存在。也只有在政府改变对大学投资就一定要对大学实行审批式干预发生转变，才有可能提升自主办学的空间。

政府以项目等方式对大学投入资金，实际的常规拨款偏低，引起各大学围绕政府来竞争，围绕政府跑项目。这种财政投入模式为政府的科层管理，制定用钱的规章制度提供了依据。借鉴欧洲大学"政府出钱，不总是政府做主"的经验，政府放松对大学财务规制，从项目预算或者是单列预算转变为整体拨款，给予大学自由裁量的权力。政府只需监督是否符合国家的财政法规，由此一来总量控制、经费审批之类的束缚都将为大学内部自身控制所取代。

同时，政府可以模拟市场，国家资金以市场私人资金投放的形式，把学生培养的经费投放到学生手中，形成充满竞争力的学生市场。由此，刺激大学不得不关注专业的适切性和学生人才培养的适切性。形成一种市场的拉力和压力，政府在其中并非完全退出，而是参与互动，充当信息透明等事务上的监督者。

政府放松规制给了大学面向社会办学的空间，但大学表现出获取社会资源的能力不足。个案研究分析表明，S大学在科研服务社会上并无多大的吸引力，转而只能依赖政府项目审批。政府鼓励大学提高声誉，获取社会捐赠，而基于S大学的个案研究，在此筹资渠道上，政府则是退出管理。由此，政府在放松规制时并非退出管理，而应提供政策支持和财政补贴等积极方式，鼓励企业与大学合作，刺激社会与大学的合作。以此形成拉力，改革大学的教学科研管理，形成政府、大学、市场之间的互动。政府应积极实行资金配套，或者营造良好的氛围空间，提升大学面向社会获取资源的能力。

基于上面的分析，政府总的改革趋势是从指令或者审批式的规则制订者角色转变成为协调者角色，注重培育大学自治条件，而不是从防止大学行为失范的立场而进行强制规范。政府与大学之间由上下级的行政关系，审批式的规制关系，向政府与大学之间的协调关系转变。

二 大学：行政权力与学术权力有序共生

个案研究发现目前这种规制关系形成的一个重要原因是大学作为改革的行动主体，本身不具备自治条件，从而表现出自我规范动力不足。那么在自治条件不足的条件下，为政府的强制规范提供了合理性依据。然而自治条件不足，却是因为大学学术组织特征与公共部门的规制相冲突。那么，改革的走向为构建有序的行政权力和学术权力协调机制，从而实现真正具有理性决策能力和行为能力的行动主体。

管理主要就是决策，那么在面向社会自主办学上，S大学个案研究表明很少反映外部利益相关者的声音。根据尼夫对自治的外部定义，自治应在决策中包含有外部利益相关者的目标需求。而个案研究

第七章 结论与启示

表明,大学更多处于政府与大学两者的封闭回路。基于国外的经验,引入有外部利益相关者成员参加的董事会,主要是产业界的人士、校友等来参与大学决策将会更为契合社会需求,这并不与《中华人民共和国高等教育法》确立的党委领导下的校长负责制相冲突。S大学实践中,在引入了企业人员的学院董事会的软件专业改革案例中,企业人员与学院共同制定人才培养方案,这样才能够真正体现出社会适切性。因此,可以推广至整个学校管理,由此一来,才会真正地面向社会办学。

个案研究表明,大学内部规范制度的混乱,比如在财务管理、人事管理上自身缺乏严格的内部控制制度造成自身诸多行为失范,而为政府的审批提供了依据。因此,建立一套能够自我控制,并且能够反应外部需求的内部管理制度是提升大学办学自主权的基础。大学在政府的政策驱动下,设立了学术委员会,制定了大学章程,就需要在实际运行中成为大学的内部立法,而不是流于一种摆设。现实运行中更多是管理部门按照政府的要求来规范教学科研人员,政府的规制下移到管理人员身上,政府的微观管理下移到大学内部行政人员对学术事务的微观管理。大学作为学术共同体,"有组织的无政府状态"的组织特征,说明没有教师的积极工作,大学内部的管理以及政府的管理都没有意义。因此,需要通过正式的方法来吸收教师对于资源分配和院校管理的要求,高度尊重教学和研究,形成学术人员对大学决策的咨询制度,构建内部管理民主共同体。

在人事管理上,大学受到编制部门和人事部门的总量控制和准入审批,其中一个因素,这些部门认为大学在内部规范上缺乏制度安排,在控制人员膨胀以及把握人员准入质量上不能够恰当把握。因此,作为大学就必须建立起一套严谨和规范的内部制度,而不是像个案分析中一样存在多种影响因素,使得大学内部无法成为自治主体,反而来把人事部门的审批作为权威,以及作为解决内部争端的依据。

在外部人员参加决策,内部完善管理制度,以及吸收学者参与咨询的共同作用下,大学面向外部利益相关者需求来办学的契合度则会相应增加。于是,大学关注学生市场,按学生市场需求来调整学科专业，按产业等需求调整方向，形成了与社会互动的空间，政府的强规制也就具有了转变成为协调的条件。

然而，培育大学成为具有自治条件的理性主体，同样离不开政府的放权和协调。因此，只有政府与大学二者的合力才有可能实现大学自治与政府规制的平衡，共同推进省属本科面向社会自主办学。

附录　访谈对象

一　管理部门

1. SZH20170316，曾任科技处科长、校办副主任，访谈时间：60分钟。

2. SCH20170317，曾任学院学工办主任，访谈时间：30分钟。

3. SPE20170317，曾任教务处副处长，访谈时间：57分钟。

4. SLU20170317，曾任国际交流处副处长，访谈时间：53分钟。

5. SHU20170320，曾任学院副书记、组织部副部长，访谈时间：39分钟。

6. SLI20170320，曾任校办副主任，访谈时间：60分钟。

7. SSH20170320，曾任机构改革办公室副处长，访谈时间：30分钟。

8. SLU20170320，曾任组织部部长，访谈时间：60分钟。

9. SSH20170328，曾任教务处处长，访谈时间：30分钟。

10. SXI20170328，曾任组织人事部部长、后勤产业处处长，访谈时间：60分钟。

11. SXI20170401，曾任基建办公室处长，访谈时间：60分钟。

12. SZH20170401，曾任基建办公室科长，访谈时间：60分钟。

13. SJI20170401，曾任学科建设与发展规划处副处长，访谈时间：60分钟。

14. SDA20170405，曾任校办主任，访谈时间：180分钟（回访）。

15. SWE20170405，曾任人事处副处长，访谈时间：100分钟。

16. SYI20170407，曾任财务处副处长，访谈时间：40 分钟。

17. SHU20170411，曾任财务处预算科副科长，访谈时间：60 分钟。

18. SLI20170417，曾任招生就业处处长，访谈时间：105 分钟。

19. STA20170419，曾任人事处处长，访谈时间：126 分钟。

20. SWU20170421，曾任社会科学处副处长，访谈时间：40 分钟。

21. SLI20170424，曾任教务处副处长，访谈时间：98 分钟。

22. SZH20170425，曾任学生工作部处长，访谈时间：43 分钟。

23. SLI20170427，曾任财务处副处长，访谈时间：78 分钟。

24. SLI20170502，曾任副校长，访谈时间：50 分钟。

25. SFU20170502，曾任科技处处长，访谈时间：40 分钟。

26. SWA20170503，曾任财务处处长，访谈时间：65 分钟。

27. SLI20170510，曾任教务处科长，访谈时间：65 分钟。

28. SHE20170609，曾任人事处科长，访谈时间：30 分钟。

29. SYO20170515，曾任党委书记，访谈时间：60 分钟。

30. SBA20170519，曾任校长，访谈时间：60 分钟。

二　院系

31. SSH20170407，曾任体育科学学院民族传统体育单招办公室主任、系主任，访谈时间：40 分钟。

32. SSH20170427，曾任宣传部副部长，访谈时间：90 分钟。

33. SWU20170513，曾任法学与公共管理学院院长，访谈时间：30 分钟。

34. SPE20170512，曾任纪委副书记，访谈时间：40 分钟。

35. SZH20170510，曾任软件工程学院院长，访谈时间：60 分钟。

36. STA20170608，曾任医学院院长，访谈时间：60 分钟。

37. SDI20170609，曾任商学院副院长，访谈时间：60 分钟。

38. SLI20170610，曾任信息与工程学院院长助理，访谈时间：60 分钟。

39. SZH20170610，曾任音乐舞蹈学院教师，访谈时间：40分钟。

40. SHU20170320，曾任马克思主义学院教师，访谈时间：60分钟。

41. SLI20170321，曾任体育科学学院教师，访谈时间：60分钟。

42. SDA20170420，曾任数学与计算机学院教师，访谈时间：60分钟。

43. STI20170610，曾任物理与机电工程学院教师，访谈时间：30分钟。

44. SYA20170612，曾任数学与计算机学院教师，访谈时间：30分钟。

45. SSH20170613，曾任物理与机电工程学院教师，访谈时间：30分钟。

三 政府以及教育主管部门

46. ZYA20170320，曾任教育厅处长，访谈时间：110分钟（回访）。

47. ZXI20170507，曾任教育厅处长，访谈时间：40分钟。

48. ZSH20170703，曾任省人社厅副处长，访谈时间：40分钟。

49. ZZH20170802，曾任省编办处长，访谈时间：40分钟。

50. ZYU20170815，曾任省发改委科长，访谈时间：30分钟。

参 考 文 献

一 专著

陈富良：《放松规制与强化规制——论转型经济中的政府规制改革》，上海三联书店2001年版。

陈洪捷：《德国古典大学观及其对中国大学观的影响》，北京大学出版社2002年版。

冯增俊：《当代比较教育学》（第2版），人民教育出版社2015年版。

冯增俊：《教育创新与民族创新精神》，福建教育出版社2002年版。

冯增俊：《教育人类学》，江苏教育出版社1991年版。

冯增俊：《现代高等教育模式论》，广东高等教育出版社1993年版。

黄崴：《教育管理学：概念与原理》，广东高等教育出版社2002年版。

劳凯声：《中国教育改革30年·政策与法律卷》，北京师范大学出版社2009年版。

李工真：《德意志现代化进程与德意志知识界》，商务印刷馆2010年版。

裘克安：《牛津大学》，湖南教育出版社1986年版。

汤尧：《学校经营管理策略：大学经费分配、募款与行销》，五南图书出版股份有限公司2001年版。

王英杰、刘宝存：《中国教育改革30年（高等教育卷）》，北京师范大学出版社2009年版。

薛天祥：《高等教育管理学》，广西师范大学出版社2001年版。

姚启和：《高等教育管理学》，华中理工大学出版社2000年版。

于北辰：《高等教育管理学》，上海交通大学出版社1988年版。

俞可平：《治理与善治》，社会科学文献出版社2000年版。

张维迎：《大学的逻辑》，北京大学出版社2004年版。

中国高等教育学会：《改革开放30年中国高等教育发展经验专题研究》，教育科学出版社2008年版。

邹忠科：《21世纪欧洲联盟高等教育整合与世界高等教育大趋势——兼论台湾高等教育问题及因应之道》，五南图书出版股份有限公司2014年版。

［澳］W.F.康纳尔：《二十世纪世界教育史》，孟湘砥译，湖南教育出版社1991年版。

［比］希尔德·德·里德－西蒙斯：《欧洲大学史》第2卷，张斌贤等译，河北大学出版社2008年版。

［比］希尔德·德·里德－西蒙斯：《欧洲大学史》第1卷，张斌贤等译，河北大学出版社2008年版。

［德］弗里德里希·包尔生：《德国大学与大学学习》，张弛等译，人民教育出版社2009年版。

［德］马克思：《机器 自然力和科学的应用》，中国科学院自然科学史研究所译，人民出版社1978年版。

［德］马克斯·韦伯：《经济与社会》（上卷），林荣远译，商务印刷馆1997年版。

［德］马克斯·韦伯：《学术与政治》，冯克利译，广西师范大学出版社2010年版。

［德］威廉·冯·洪堡：《论国家的作用》，林荣远等译，中国社会科学出版社1998年版。

［法］让－雅克·卢梭：《社会契约论》，徐强译，江西教育出版社2014年版。

［法］涂尔干：《教育思想的演进》，李康译，上海人民出版社2006年版。

［法］雅克·韦尔热：《中世纪大学》，王晓辉译，上海人民出版社

2007年版。

［加］约翰·范德格拉夫：《学术权力——七国高等教育管理体制比较》，王承绪等译，浙江教育出版社1989年版。

［美］C. E. 林德布鲁姆：《市场体制的秘密》，耿修林译，江苏人民出版社2002年版。

［美］G. J. 施蒂格勒：《产业组织和政府管制》，潘振民译，上海三联书店1996年版。

［美］伯顿·克拉克：《高等教育新论——多学科的研究》，王承绪等译，浙江教育出版社1987年版。

［美］查尔斯·T. 葛德赛尔：《为官僚制正名：一场公共行政的辩论》第4版，张怡译，复旦大学出版社2007年版。

［美］查尔斯·维斯特：《一流大学　卓越校长：麻省理工学院与研究型大学的作用》，蓝劲松译，北京大学出版社2008年版。

［美］达尔·尼夫：《知识经济》，樊春良等译，珠江出版社1998年版。

［美］大卫·科伯：《高等教育市场化的底线》，晓征译，北京大学出版社2008年版。

［美］丹尼尔·F. 史普博：《管制与市场》，余晖等译，上海三联书店、上海人民出版社1999年版。

［美］丹尼尔·贝尔：《后工业社会的来临》，高铦等译，商务印书馆1984年版。

［美］德里克·博克：《走出象牙塔：现代大学的社会责任》，许小洲等译，浙江教育出版社2001年版。

［美］菲利普·G. 阿特巴赫：《21世纪的美国高等教育：社会、政治、经济的挑战》（第2版），施晓光等译，中国海洋大学出版社2007年版。

［美］菲利普·阿特巴赫：《全球高等教育趋势——追踪学术革命轨迹》，姜有国等译校，上海交通大学出版社2010年版。

［美］弗雷德里克·E. 博得斯顿：《管理今日大学：为了活力、变革与卓越之战略》，王春春等译，广西师范大学出版社2006年版。

参考文献

［美］亨利·埃兹科维茨：《麻省理工学院与创业科学的兴起》，王孙禺等译，清华大学出版社2007年版。

［美］克拉克·科尔、玛丽安·盖德：《大学校长的多重生活》，赵炬明译，广西师范大学出版社2008年版。

［美］罗伯特·阿诺夫：《比较教育学：全球化与本土化的辩证关系》，冯增俊等译，人民教育出版社2012年版。

［美］罗伯特·伯恩鲍姆：《大学运行模式——大学组织与领导的控制系统》，别敦荣等译，中国海洋大学出版社2003年版。

［美］罗纳德·G.爱伦伯格：《美国的大学治理》，沈文钦等译，北京大学出版社2010年版。

［美］莫顿·凯勒：《哈佛走向现代——美国大学的崛起》，史静寰等译，清华大学出版社2007年版。

［美］威廉·克拉克：《象牙塔的变迁：学术卡里斯玛与研究性大学的起源》，商务印书馆2013年版。

［美］亚瑟·科恩：《美国高等教育通史》，北京大学出版社2010年版。

［美］詹姆斯·J.杜德斯塔特：《舵手的视界——在变革时代领导美国大学》，郑旭东译，教育科学出版社2010年版。

［美］詹姆斯·马奇：《组织》第2版，邵冲译，机械工业出版社2008年版。

［葡］佩德罗·泰克希拉：《理想还是现实——高等教育中的市场》，胡咏梅等译，北京师范大学出版社2008年版。

［苏］苏联教育学院：《马克思恩格斯论教育》（上卷），华东师范大学马克思恩格斯论教育辑译小组译，人民教育出版社1985年版。

［英］M.M.波斯坦、［英］H.J.哈巴库克：《剑桥欧洲经济史》（第6卷），王春法等译，经济科学出版社2002年版。

［英］艾伦·B.科班：《中世纪大学：发展与组织》，周常明等译，山东教育出版社2013年版。

［英］查尔斯·霍默·哈斯金斯：《大学的兴起》，王建妮译，上海三联书店2007年版。

［英］海斯汀·拉斯达尔：《中世纪的欧洲大学：大学的起源》，崔延强等译，重庆大学出版社 2011 年版。

［英］简·莱恩：《新公共管理》，赵成根等译，中国青年出版社 2004 年版。

［英］迈克尔·吉本斯：《知识生产的新模式——当代社会科学与研究的动力学》，陈洪捷等译，北京大学出版社 2011 年版。

［英］迈克尔·夏托克：《高等院校宏观调控管理》，丁安宁等译，江苏教育出版社 2009 年版。

［英］亚伦·博尔顿：《高等院校学术组织管理》，宋维红译，江苏教育出版社 2010 年版。

二　期刊论文

毕宪顺等：《教授委员会：学术权力主导的高校内部管理体制》，《教育研究》2011 年第 9 期。

别敦荣：《略论我国高等教育宏观管理体制改革》，《华中师范大学学报（哲社版）》1995 年第 3 期。

蔡昉：《中国改革成功经验的逻辑》，《中国社会科学》2018 年第 1 期。

蔡建英：《政府干预大学基本模式变迁及特征研究》，《公共治理》2012 年第 5 期。

陈学飞：《高等教育系统的重构及其前景——1990 年代以来中国高等教育管理体制的改革》，《高等教育研究》2003 年第 4 期。

陈至立：《认真学习贯彻党的十七大精神以提高质量为核心加快从高等教育大国向高等教育强国迈进的步伐——在教育部直属高校工作咨询委员会第十八次全体会议上的讲话》，《中国高等教育》2008 年第 1 期。

戴晓霞：《市场导向及其对高等教育之影响》，《教育研究集刊》2000 年第 42 期。

丁小浩、闵维方：《规模效益理论与高等教育结构调整》，《高等教育研究》1997 年第 2 期。

冯增俊:《论教育变迁与人类发展》,《华南师范大学学报》1990 年第 4 期。

冯增俊:《论教育的现代演进》,《教育研究》2002 年第 12 期。

冯增俊:《论中国比较教育学发展的新阶段》,《比较教育研究》2008 年第 12 期。

冯增俊:《市场机制引入与教育管理体制创新》,《比较教育研究》2005 年第 3 期。

冯增俊:《现代教育管理理论发展特征及趋向探析》,《教育研究》2004 年第 11 期。

冯增俊:《中国教育制度世纪变革回顾与展望》,《华南师范大学学报(社会科学版)》2002 年第 1 期。

韩德湘:《高校内部管理体制改革的关键在向系放权》,《高等教育研究》1994 年第 2 期。

何兵等:《从专业课程设置析大学自治与政府管制》,《行政法学研究》2005 年第 2 期。

贺国庆:《从莫雷尔法案到威斯康星观念:美国大学服务职能的确立》,《河北大学学报(哲学社会科学版)》1998 年第 3 期。

胡弼成:《论高校内部管理体制改革的症结》,《高等教育研究》2000 年第 5 期。

胡建华:《国立大学法人化给日本国立大学带来了什么》,《高等教育研究》2012 年第 8 期。

纪宝成:《世纪之交中国高等教育管理体制改革的历史回顾》,《中国高教研究》2013 年第 8 期。

康翠萍:《我国公立高校内部管理体制的实践反思与现实选择》,《教育研究与实验》2010 年第 4 期。

康宁:《当前我国高等教育体制改革与结构调整的理论基础》,《教育研究》2000 年第 10 期。

劳凯声:《教育市场的可能性及其限度》,《北京师范大学学报(社会科学版)》2005 年第 1 期。

李亚东：《构建"政府管、学校办、社会评"教育管理新格局——兼论我国教育行政管理体制的创新》，《辽宁教育研究》2007年第11期。

李延保：《中国大学改革回顾与发展展望》，《中国高校科技》2013年第4期。

刘如赞：《我国区域经济发展与高等教育宏观管理体制创新》，《教育研究》2001年第6期。

路文生：《论现代教育行政管理体制的发展趋势》，《高等师范教育研究》1994年第6期。

马陆亭：《我国高等教育管理体制改革30年——历程、经验与思考》，《中国高教研究》2008年第11期。

钱民辉：《政府·市场·大学：谁决定大学教育的主流话语》，《北京大学学报（哲学社会科学版）》2015年第5期。

任玉珊：《大学组织转型研究评述》，《国家教育行政学院学报》2008年第9期。

史秋衡：《现代教育管理理论及其对高等教育管理体制改革的意义》，《漳州职业大学学报》1999年第2期。

孙绵涛等：《学术自由性与受控性的对立统一——学术自由大学本质观的重新审视》，《教育研究》2011年第6期。

谈松华：《我国高等学校管理体制的未来模式初探》，《教育研究》1995年第9期。

汤智：《大学基层学术组织运行机制：国外模式及其借鉴》，《教育研究》2015年第6期。

王家庭：《第三次工业革命视角下的教育与经济转型》，《经济社会体制比较》2014年第1期。

王善迈：《改革高等教育管理体制提高高等教育投资效益》，《高等师范教育研究》1992年第6期。

王英杰：《大学危机：不容忽视的难题》，《探索与争鸣》2005年第3期。

邬大光：《试论高等教育管理、办学与投资体制改革的相关性》，《高等教育研究》1999 年第 2 期。

吴岩：《高等教育管理体制改革的若干问题》，《江苏高教》1996 年第 6 期。

谢安邦、阎光才：《高校的权力结构与权力结构的调整——对我国高校管理体制改革方向的探索》，《高等教育研究》1998 年第 2 期。

谢庆奎：《论政府发展的目标与途径》，《新华文摘》2002 年第 11 期。

熊丙奇：《大学只有一个真正的功能：人才培养》，《大学（学术版）》2010 年第 2 期。

徐同文：《经营大学：借用企业管理理念提高管理效益》，《教育研究》2005 年第 6 期。

杨克瑞：《中国高校的权力结构与监督模式》，《清华大学教育研究》2010 年第 4 期。

尹晓敏《寻求政府控制与大学自治的平衡——世纪之交政府与大学关系的合理定位》，《高教探索》2007 年第 4 期。

俞曙霞：《推进高等教育管理体制改革之我见》，《高等工程教育研究》1999 年第 1 期。

喻岳青：《政府对高等教育宏观管理的职能：调控与服务》，《辽宁高等教育研究》1995 年第 6 期。

岳经纶：《市场转型与治理变革：中央劳动行政部门的个案研究》，《公共管理研究》2006 年第 4 期。

翟文豹、李英：《高等教育管理体制：问题及改革的切入点》，《中国高教研究》1997 年第 3 期。

张斌贤：《我国高等学校内部管理体制的变迁》，《教育学报》2005 年第 1 期。

钟秉林：《教育观念和教育制度创新是中国大学发展的关键》，《北京教育·高教版》2003 年第 12 期。

周川：《中国高等教育管理体制改革的政策分析》，《高等教育研究》2009 年第 8 期。

周清明：《建设社会主义和谐社会推进高校管理体制改革》，《高等教育研究》2005 年第 10 期。

卓越:《运用市场机制促进高校管理体制改革》,《教育研究》2000年第7期。

[美] H. 汉斯曼:《高等教育中国家与市场的关系》,《北京大学教育评论》2005年第3期。

三 政策文件

国家教育委员会:《中华人民共和国现行教育法规汇编 1949—1989》,人民教育出版社 1991 年版。

国家教育委员会政策法规司:《十一届三中全会以来重要教育文献选编》,教育科学出版社 1992 年版。

何东昌:《中华人民共和国重要教育文献(1949—1975)》,海南出版社 1998 年版。

何东昌:《中华人民共和国重要教育文献(1991—1997)》,海南出版社 1998 年版。

四 外文

Alan E. Bernstein, "Magisterium and License: Corporate Autonomy Against Papal Authority in the Medieval University of Paris", *Viator*, Vol. 9, No. 1, 1978, pp. 291 – 307.

Barbara M. Kehm, "The Impacts of University Management on Academic Work: Reform Experiences in Austria and Germany", *Management Revue*, Vol. 18, No. 2, 2007, pp. 153 – 173.

B. P. Clark, *The Encylopedia of Higher Education*, Oxford: Pergomon Press, 1992.

Brian Salter, "The External Pressures on the Internal Governance of Universities", *Higher Education Quarterly*, Vol. 56, No. 3, pp. 245 – 256.

Bruce Gunn, "The Paradigm Shift in University Management", *International Journal of Educational Management*, Vol. 9, No. 1, pp. 28 – 40.

Burton R. Clark, "The Many Pathways of Academic Coordination", *Higher Education*, Vol. 8, No. 3, 1979, pp. 251 – 267.

Carnegie Commission on Higher Education, "Governance of Higher Education: Six Priority Problems", New York: McGraw-Hill, 1973.

Clark Kerr, "Governance and Functions", *The Embattled University*, Vol. 99, No. 1, 1970, pp. 18 – 121.

Clark Kerr, Marian L. Gade, *The Guardians: Boards of Trustees of American Colleges and Universities*, Washington, DC: The Association of Governing Boards of Universities and Colleges, 1989.

Clark Kerr, "The American Mixture of Higher Education in Perspective: Four Dimensions", *Higher Education*, Vol. 19, No. 1, 1990, pp. 1 – 15.

David P. Gardner, "Forces for Change in the Governance of British and American Universities", *Policy Studies Journal*, Vol. 10, No. 1, 1981, pp. 123 – 136.

David W. Leslie, "Legitimizing University Governance: Theory and Practice", *Higher Education*, Vol. 4, No. 2, 1975, pp. 233 – 246.

D. Dill, "Higher Education Markets and Public Policy", *Higher Education Policy*, Vol. 10, No. 3 – 4, 1997, pp. 167 – 185.

F. A. Van Vught, *Governmental Strategies and Innovation in Higher Education* London: Jessica Kingsley, 1998.

Federica Rossi, "The Governance of University-industry Knowledge Transfer", *European Journal of Innovation Management*, Vol. 13, No. 2, 2010, pp. 155 – 171.

Gerard Delanty, "The Governance of Universities: what is the Role of the University in the Knowledge society?", *The Canadian Journal of Sociology*, Vol. 27, No. 2, 2002, pp. 185 – 198.

Giliberto Capano, "Government Continues to Do its Job: a Comparative Study of Government of Governance Shifts in the Higher Education Sector", *Pubic Administration*, Vol. 89, No. 4, 2011, pp. 1622 – 1642.

Henry Mintzberg, "Strategic Management Upside Down: Tracking Strategies at MrGillUniversity from 1829 to 1980", *Canadian Journal of Administrative Sciences*, Vol. 20, No. 4, 2003, pp. 270 – 290.

Hitoshi Osaki, "The Structure of University Administration in Japan", *Higher Education*, Vol. 34, No. 2, 1997, pp. 151 – 163.

C. Hood, "Paradoxes of Public Sector, Old Public Management and Public Service Bargains", *International Public Management Journal*, Vol. 3, No. 1, 2000, pp. 1 – 22.

Ingo Liefner, "Reforms in German Higher Education: Implementing and Adapting Anglo-American Organizational and Managemnet Structures at German Universities", *Higher Education Policy*, Vol. 17, No. 1, 2004, pp. 23 – 38.

Ivar Bleiklie Maurice Kogan, "Organization and Governance of Universities", *Higher Education Policy*, Vol. 20, No. 4, 2007, pp. 477 – 493.

J. G. March, J. P. Olsen, "Organizing Political Life: What Administrative Reorganization Tells us about Government", *American Political Science Review*, Vol. 77, No, 2, 1983, pp. 281 – 297.

Joseph Ben-David, A Wraham Zloczower, "University and Academic Systems in Modern Societies", *European Journal of Socioligy*, Vol. 3, No. 1, 1962, pp. 45 – 84.

J. Pfeffer, and G. R. Salancik, "Organizational Decision Making as a Political Process: The Case of a University Budget", *Adiministrative Science Quarterly*, Vol. 19, No. 2, 1974, pp. 135 – 151.

Ka Ho Mok, "When State Centralism Meets Neo-liberalism: Managing university Governance Change in Singapore and Malaysia", *Higher Education*, Vol. 60, No. 4, 2010, pp. 419 – 440.

Karl E. Weick, "Educational Organizations as Loosely Coupled Systems", *Administrative Science Quarterly*, Vol. 21, No. 1, 1976, pp. 1 – 19.

Keiko Yokoyama, "Changing Definitions of University Autonomy: the Case of England and Japan", *Higher Education in Europe*, Vol. 32, No. 4, pp. 399 – 409.

Kiyoshi Yamamoto, "Corporatization of National universities in Japan: Revolution for Governance of Rhetoric for Downsizing?", *Financial Accountability and Management*, Vol. 20, No. 2, 2004, pp. 153 – 181.

Klaus Hüfner, "Governance and Funding of Higher Education in Germany", *Higher Education in Education in Europe*, Vol. 28, No. 2, 2003, pp. 145 – 163.

Klaus Hüfner, "Governance and Funding of Higher Education in Germany", *Higher Education in Education in Europe*, Vol. 28, No. 2, 2003, pp. 145 – 163.

L. E. Greiner, "Evolution and Revolution as Organizations Grow", *Harvard Business Review*, Vol. 50, No. 4, 1972, pp. 37 – 46.

Leo Trakman, "Modelling University Governance", *Higher Education Quarterly*, Vol. 62, No. 1, 2, pp. 63 – 83.

Luciana Lazzeretti, "Ernesto Tavoletti. Governance Shifts in Higher Education: a Cross-national Comparison", *European Educational Research Journal*, Vol. 5, No. 1, 2006, pp. 18 – 37.

Mary Soo, Cathryn Carson, "Managing the Research University: Clark Kerr and the University of California", *Minerva*, Vol. 42, No. 3, 2004, pp. 215 – 236.

Masao Homma, "Major Challenges Facing Japanese Universities, and their Response", *RIHE International Seminar Reports*, Vol. 18, 2012, pp. 57 – 71.

Mathew Rafferty, "The Bayh Dole Act and University Research and Development", *Research Policy*, Vol. 37, 2008, pp. 29 – 40.

Matin Trow, "Governance in the University of California: the Transformation of Politics into Administration", *American Journal of Hypertension*, Vol. 12, No. 12, 1998, pp. 1 – 19.

McPherson, M. S., Schapiro, M. O., "Tenure Issues in Higher Education", *Journal of Economic Perspectives*, Vol. 13, No. 1, 1999, pp. 85 – 98.

Merton, Robert K., "Bureaucratic Structure and Personality", *Social*

Force, Vol. 18, No. 4, 1940, pp. 560 – 568.

Michael Dobbins, "An Analytical Framework for the Cross-country Comparison of Higher Education Governance", *High Education*, Vol. 62, No. 5, pp. 665 – 683.

Michael K. McLendon, "The Politics of State Higher Education Governance Reform", *Peabody Journal of Education*, Vol. 78, No. 4, 2003, pp. 66 – 88.

Michael Shattock, "Re-Balancing Modern Concepts of University Governance", *Higher Education Quarterly*, Vol. 56, No. 3, 2002, pp. 235 – 244.

M. J. Demiashkevich, "The Organization and Administration of Universities in Germany", *Peabody Journal of Education*, Vol. 10, No. 6, 1933, pp. 342 – 357.

Olsen Johan, P., "Democratic Government, Institutional Autonomy and the Dynamics of Change", *West European Politics*, Vol. 32, No. 3, 2009, pp. 439 – 465.

Paul Thompson, "University Governance and the Accountability of Academic Administrators", *Journal of Academic Ethics*, Vol. 2, No. 3, 2004, pp. 188 – 197.

Paul W. Hamelman. Missions, "Matrices and University Management", *The Academy of Management Journal*, Vol. 13, No. 1, 1970, pp. 35 – 47.

Peter M. Kretek, "Transformation of University Governace: on the Role of University Board Members", *Higher Education*, Vol. 65, No. 1, 2013, pp. 39 – 58.

Robert E. McCormick, Roger E. Meiners, "University Governance: a Property Rights Perspective", *The Journal of Law & Economics*, Vol. 31, No. 2, 1988, pp. 423 – 441.

Rosemary Deem, Kevin J. Brehony, "Management as Ideology: the Case of 'New managerialism' in Higher Education", *Oxford Review of Education*, Vol. 31, No. 2, 2005, pp. 217 – 235.

Sir D., Hague, *Beyond Universities*, London: Institute of Economic Affairs, 1991.

Subrata Kumar Mitra, "Why Universities are Adopting Market Oriented Management Practices?", *Asian Social Science*, Vol. 5, No. 3, 2009, pp. 137 – 142.

Tom Christense, "Japanese University Reform—Hybridity in Governance and Management", *Higher Education Policy*, Vol. 24, No. 1, 2011, pp. 127 – 142.

Tom Christensen, "University Governance Reforms: Potential Problems of More Autonomy?", *High Education*, Vol. 62, No. 4, 2011, pp. 503 – 517.

Ved P. Nanda, "The 'Good Governance' Concept Revisited", *The Annals of the American Academy of Political and Social Science*, Vol. 603, No. 1, 2006, pp. 269 – 283.

Verne A. Stadtman, *The University of California 1868 – 1968*, New York: McGraw Hill, 1970.

Wasburn, *Power, Participation and Ideology: Readings in the Sociology of American Political Life*, New York: David McKay, 1969.

Wilhelm Hennis, "The Legislator and the German University", *Minerva*, Vol. 15, No. 3、4, 1977, pp. 286 – 315.

William E., "Brit" Kirwan, "The 21st Century: The Century of the American Research University", *Innov High Edu*, Vol. 35, No. 2, 2010, pp. 101 – 111.

William J. Courtenay, "Inquiry and Inquisition: Academic Freedom in Medieval Universities", *Church History*, Vol. 58, No. 2, 1989, pp. 168 – 181.

William L. Waugh, Jr, "Issue in University Governance: More 'Professional' and Less Academic", *The Annals of the American Academy of Political and Social Science*, Vol. 585, No. 2, 2003, pp. 84 – 96.

William O., Brown Jr, "Faculty Participation in University Governance and the Effects on University Performance", *Journal of Economic Behav ior & Organization*, Vol. 44, No. 2, 2001, pp. 129 – 143.

World Bank, *Constructing Knowledge Societies: New Challenges for Tertiary Education*, Washington DC: World Bank, 2002.

Yoshikazu Ogawa, "Challenging the Traditional Organization of Japanese Universities", *Higher Education*, Vol. 43, No. 1, 2002, pp. 85 – 108.

后　　记

本书是由我的博士论文修改而成，是聚焦对大学内部真实管理场景的探究而进行的质性研究，从个案的分析中来理解大学管理体制变革的逻辑。从论文的写作完成到书稿的修订都凝聚了我的博士生导师冯增俊教授的教诲和期待。冯先生治学十分之严谨，思想十分之深邃，在先生身上我领悟到的是作为一位教育研究者对整个民族未来忧思而探索践行的情怀与气魄。跟随先生一起调研、做实验、参与研讨、写作，其中先生言传身教，让我渐渐领悟如何做人、如何做学问。论文从选题、提炼问题、查找资料、调研、论证、修改等一系列过程包含了导师的心血，导师诲人不倦，引导我的思维，当我陷入迷思困境时，先生的教诲让我茅塞顿开。

中山大学教育学院撤销，转入政治与公共事务管理学院，在研究范式和研究方法上都历经了转型。转型的过程是痛苦的，然而从中收获颇丰。一个最大的收获就是聚焦中国大学管理实践，从鲜活的案例中发现目前大学管理变革的症结问题，从而来修正和发展政府规制与大学自治的理论。论文的写作得到了诸多老师的指导和帮助，他们的真知灼见让我受益匪浅。他们是肖滨教授、陈昌贵教授、黄崴教授、陈天祥教授、朱亚鹏教授、何艳玲教授、王邠强教授、踪家峰教授、梁平汉教授、赵敏教授、周祝瑛教授、岳经纶教授、陈那波教授、钟明华教授、黄岩教授、周燕博导、毛秋石博导、练宏副教授、陈永杰副教授、王雨副教授、钟爽副教授等。感谢论文外审专家提出的宝贵意见，使我在后续修改中更为完善。感谢中山大学政治与公共管理事务学院龙明伟老师的鼓励和指导。感谢湖南师范大学孙俊山教授的教诲和鼓励。我很幸运，在求学的路上遇到很多好老师。感谢我的硕士生导师王攸欣教授把我领上学术之路，王先生曾鞭策我们"板凳要坐十年冷"，学术研究重在创新，而这个创新的过程则是不断的学习、反思与研究。

论文写作还得益于一群非常重要的人，出于学术的规范不能写出他们的名字，那就是我的访谈对象。没有他们的帮助，论文就无法完成。书稿的完成得到了许多人的帮助和支持，包括我的家人、我的朋友、我的同门等。这里就不一一列举他们的名字，我将永远铭记在心，以此勉励自己不断前行。

特别感谢吉首大学校长白晋湘教授对书稿出版的大力支持，白校长注重学术研究服务社会的理念鞭策我对此研究的深入。非常感谢吉首大学武陵山片区高等教育研究中心戴林富研究员对书稿出版的敦促、支持，戴先生一直关注我的成长，他本人也是高教研究的行家，对论文的写作悉心指导。非常感谢吉首大学社会科学处吴晓博士对书稿出版的支持。感谢吉首大学马克思主义学院院长廖胜刚教授的指导。感谢所有对本书出版期待的领导、老师和朋友们。本书责任编辑孙铁楠老师非常严谨地做好本书出版，非常感谢孙老师的批评指正和辛勤工作。感谢负责本书出版事务的所有工作人员，是你们的付出使得本书能够顺利出版。

孙明英

2018 年 10 月 8 日